U0526285

中国社会科学院创新工程学术出版资助项目

中国法官职业保障研究

胡昌明 著

中国社会科学出版社

图书在版编目（CIP）数据

中国法官职业保障研究／胡昌明著 .—北京：中国社会科学出版社，2019.1

ISBN 978 – 7 – 5203 – 3942 – 1

Ⅰ.①中… Ⅱ.①胡… Ⅲ.①法官—社会保障—研究—中国 Ⅳ.①D926.174

中国版本图书馆 CIP 数据核字（2019）第 016870 号

出 版 人	赵剑英
责任编辑	孔继萍
责任校对	冯英爽
责任印制	李寡寡
出　　版	中国社会科学出版社
社　　址	北京鼓楼西大街甲 158 号
邮　　编	100720
网　　址	http://www.csspw.cn
发 行 部	010 – 84083685
门 市 部	010 – 84029450
经　　销	新华书店及其他书店
印　　刷	北京明恒达印务有限公司
装　　订	廊坊市广阳区广增装订厂
版　　次	2019 年 1 月第 1 版
印　　次	2019 年 1 月第 1 次印刷
开　　本	710×1000　1/16
印　　张	17.75
字　　数	280 千字
定　　价	75.00 元

凡购买中国社会科学出版社图书，如有质量问题请与本社营销中心联系调换

电话：010 – 84083683

版权所有　侵权必究

序

法官职业的社会地位是一个民族文明的标志

郝银钟[*]

  法官是法律职业共同体中最为特殊的行当。一方面，作为法律的权威解释者，法官往往被视为社会公平正义的化身或喉舌。"法院是法律帝国的首都，法官是法律帝国的王侯。"因此，法官普遍具有较高的社会地位和影响力，甚至法官职业的社会地位成为一个民族文明的标志。正如德国著名法学家拉德布鲁赫所言：法官就是法律由精神王国进入现实王国控制社会生活关系的大门；法律借助于法官而降临尘世。对于法官与法律的关系，美国金融之父汉密尔顿有过非常经典的论述：法律如果没有法官来阐说和界定其真正含义和实际操作，就是一纸空文。因此，在当今国际社会，法官都具有崇高的职业尊荣感，法律人大多感觉可望而不可即。美国19世纪最有影响力的米勒大法官无比自豪地声称：当我回头看看世界上的各种职业时，只有法官职业让我心动和感激，它有智者的渊博，有上帝的仁爱，有父亲的慈祥。我选择了法官职业，是我一生中做得最好的事。另一方面，法官的职业保障建设尤为重要。否则，法官就会丧失作为社会公平正义最后一道防线的制度功能，甚至有可能异化为危害法治社会的一剂毒药。为此，马克思高瞻远瞩地指出：法官是

---

 [*] 作者系最高人民法院高级法官、西藏高级人民法院副院长、教授、博士生导师。

法律世界的国王,除了法律就没有别的上司。这是马克思主义法学的基本原理,深刻阐释了法治社会中法官的崇高地位和保障法官独立审判的极端重要性。当代著名法学家亨利米斯认为:在法官作出判决的瞬间,被任何形式的外部权势或压力所控制或影响,法官就不复存在了——法院必须摆脱胁迫,不受任何控制和影响,否则他们便不再是法院了。这些经典论述充分揭示了一个通俗易懂但思想深刻的道理:法官没保障,法院没地位,法治没希望。

胡昌明博士选择中国法官的职业保障这一重大课题进行系统研究,具有重大的学术价值和现实指导意义。当前,人民法院的司法改革正在如火如荼地全面展开,核心目标就是要加强法官的职业保障,进而提升司法的公信力,努力让人民群众在每一个司法案件中感受到公平正义。自1999年开始,最高人民法院连续发布了四个《人民法院五年改革纲要》,而2015年发布的《人民法院第四个五年改革纲要(2014—2018)》,提出了65项具体的改革措施。其中,建立司法责任制、推动法院人员分类管理制度改革,实行法官员额制管理,改革法官选任制度、完善主审法官、合议庭办案责任制等,真正实现"让审理者裁判,由裁判者负责"。但是,自2015年5月1日起立案登记制改革实施以来,各级人民法院受理的案件数量大幅度攀升,有些地方甚至呈井喷之势。案多人少的矛盾异常突出,法官的离职现象随之愈演愈烈。正如本书作者所言:缺乏充分的职业保障,是我国法官工作压力大、职业风险高、职级待遇低、法官的尊荣感与成就感逐渐消失、法官生存状态恶化、法官离职潮愈演愈烈的重要原因之一,长此以往必将动摇法官队伍的稳定性,从而影响裁判的质量、司法的公正。作者通过大量第一手的实证资料,深刻剖析了中国法官职业保障的现状,全面分析了法官保障不力的原因,深入研究了法官离职背后的问题及加强法官职业保障的有效措施,提出了可行性的对策与建议。本书的研究成果具有以下几个鲜明的特征:第一,选题具有重大的现实指导意义。中国法官的职业保障问题是一个非常现实而又迫切需要解决的问题。作者以问题为导向,对该课题进行了深入、系统的研究,所取得的重大学术成果对于完善我国法官制度提供了智力支持。第二,实证材料丰富。作者通过田野调查法,对全国四级法院两千余名法官的调查问卷及众多的典型案例,透彻地分析论证了法官的身份情况、经济状况、工作负担、心理压力、职业满意度及对未来的期望，对法官现实生存状况进行了深沉的思考，得出的结论更加具有说服力和影响力。第三，比较研究充分。本书在每一项法官保障制度的具体分析过程中，都侧重对国际社会法官保障法律和现状的比较研究，以汲取其中的精华和养分为我所用。胡昌明博士以国际视野来审视、反思我国法官制度，故本书的研究成果具有重要的学术价值。第四，论述全面。本书对法官保障制度中的履职保障、身份保障、经济保障、安全保障和责任豁免等五项制度进行了比较全面的分析和论述，逻辑严谨，结构合理，结论明确。因此，胡昌明博士对法官职业保障的研究具有充分的实证性、系统性、针对性、时代性、前沿性等鲜明特征，必将在该学术领域产生重大影响力。另外，党的十八届三中全会对全面深化改革作出系统部署，强调深化司法体制改革，加快建设公正高效权威的社会主义司法制度。党的十八届四中全会通过的《中共中央关于全面推进依法治国若干重大问题的决定》指出，司法公正对社会公正具有重要引领作用，司法不公对社会公正具有致命破坏作用；完善确保依法独立公正行使审判权的制度，建立健全司法人员履行法定职责保护机制等重大决策。因此，本书的研究成果高度契合当前中央司法改革的精神。综上，本书的学术价值和实践意义在于：一是全方位揭示了法官面对的现实社会环境，直接为司法改革提供了实证素材；二是为人民法院正在开展的法官员额制、司法责任制、法院人财物省级统管等多项司法改革试点工作提供了实践指引、理论支撑和风险预警；三是在对策建议部分提出了设立法官单独职务序列、改革法官等级制度、加大法官保障力度等具体措施，提高法官群体整体素质和职业化水平，切实解决目前法官流失严重的状况，有利于稳定法官队伍；四是为正在进行的《法院组织法》《法官法》的修订提供了文献资料、理论依据和立法建议等；五是为建设新时代中国特色社会主义司法制度提供了理论和实践支撑。

  胡昌明博士是我指导的博士后，他品学俱佳，司法能力和审判业绩突出，并以优异成绩如期完成了出站报告，本书就是在其博士后出站报告的基础上修改而成。为了能够全身心地深入研究中国司法制度，他主动放弃了深爱的法官职业，毅然决然地走进中国社会科学院法学研究所，成为一名专职研究人员。虽然明知此后注定清贫寂苦，但他始终心向往之。在如今十分浮躁的社会环境下，他的学术勇气和对学术追求的执着精神令人敬佩。我对胡昌明博士的优秀研究成果顺利出版表示祝贺，也希望社会各界对法官职业保障问题展开更加广泛和深入的研讨，为建设新时代中国特色社会主义司法制度添砖加瓦！

是为序。

2018 年 4 月 30 日于拉萨

法律职业与法官生涯(代自序)

这本书凝结了我三年博士后研究工作心血,在即将付梓之际,自是欢喜。

本书不仅是对我十二年法官生涯的一个总结,更是对法官群体生存状态进行实证研究、对法官保障制度进行理论探索的一个初步尝试。作为一名昔日的法官,我始终怀有浓厚的法院情结。对法院和法官的这种体认和感受,将我与这个群体紧紧地联结在一起,这本书就是这个情结的首个成果。

本书的内容,无须在序言中赘述,但我却有一种强烈的冲动,想跟读者分享当初着手进行这项研究以及从法官到法学研究者转变的心路历程。

记得最初接触这个课题是在四年前,无意之中看到了中国应用法学研究所公布的博士后研究课题——中国法官制度研究,这让当时还在犹豫是不是要继续做一个博士后研究的自己最终下定决心,再次踏上学术的征程。之所以关注这个课题,与自己的亲身经历和关注爱好都不无关系。

身为前法官,深切地感受到法官不仅是镶嵌在法律制度中的审判者,也是一个个有血有肉的自然人。法律赋予其法定的职责,完成法律和上级交办的任务,但是作为一个个体,他/她们也有自己的喜怒哀乐,自己的偏好、不安、焦虑和恐惧,这些人类的情感同样会左右他/她们的行为,最终影响他/她们的判断。就拿法院的考核指标来说,如果将上诉率、发回改判率作为衡量法官业绩的重要指标,那么法官可能会在量刑时尽量轻判，降低被告人上诉的可能性或者依照当事人的情绪而非法律判决；将年度结案率作为考核指标，被逼无奈的法官就可能会在年底动员部分当事人撤诉，以提升他们自身的业绩。法官出于自身利益得失的考量对司法行为产生影响，甚至形成一些"诉讼潜规则"，目前法学界对此的探讨和研究都付之阙如。法官的经历让我发现这个问题，并对此产生了浓厚的兴趣，对法官制度、法官身份、法官行为都有更加感性的认识和天然的研究优势。

其次，在法理学专业中，我始终关注的是法社会学方向，近年来，撰写论文也大多与司法制度有关，采用的则往往是实证分析的进路。窃以为，中国法官制度的研究，除了本身不受关注和感兴趣学者较少外，实证研究的匮乏也是这个领域往往少有扛鼎大作的重要原因。此前实证研究方法的积累和对法官群体熟悉的社会研究资源，为我专注于这项研究奠定了基础。

再次，2014年正是本轮司法体制改革刚刚发轫之际，虽然国家的大政方针已定，具体的司改细节仍不明朗，法官在社会上的地位和尊荣感渐有下降趋势，再加上近年来社会对法律人才的需求旺盛，离职法官往往能够得到高薪职位，法院对于法律人的吸引力大不如前。法院无法吸引一流高校的毕业生前来应聘，在招聘条件不断降低的同时，招录比也明显下降，不仅在西部偏远省份，北京一些远郊区县基层法院的法官招录也出现"零报名"现象，而且法官离职也从大新闻变成了"稀松平常"之事。北京法院法官离职的微信群，早在数年前就达到500人上限，北京一些基层法院的离职人数也超过百人。虽然官方一直强调法官没有"离职潮"，但是周围越来越多法官通过用脚投票离开法院是不争的事实。造成这一现象的原因到底是什么，其中能否映射出中国法官制度的弊端和不足，值得深思。因此，在这个时间点开展的这项研究对于本轮司法体制改革，以及司法配套机制改革都具有一定的价值。

然而，当我正式开始做法官制度研究的时候，发现事情并没有想象得那么容易，特别是涉及司法体制改革、法官离职、法官薪酬待遇等研究资料，要么涉密，要么不宜公开或者根本没有精确统计。因此，只能自己动手发掘尽可能接近真实的材料。于是在2015年初，我设计了两份调查问卷，分别针对法官生存状况和法官离职情况，期望通过问卷形式收集中国法官的生存环境、真实的想法和离职原因的一手资料。在"法官之家"微信公众号李量编辑的帮助下，短短半个月，两份问卷分别收到了2660份和600份答卷，这些问卷最终成为本书实证分析的基础。在对问卷分析后，形成了一些调研报告和论文，这些文章在网上、自媒体上传播甚广，受到了很多法官同人的鼓励以及一些媒体的关注。特别是在《中国法官职业满意度考察报告——以2660份调查问卷为样本的分析》一文被《中国法律评论》2015年第4期刊载后，被国内外很多主流媒体转载。但随之而来，个别媒体对这篇文章断章取义，采用了"95%的法官想离职""三成法官因领导、他人请托案件困扰不已"等吸引眼球的标题进行报道，最后甚至引发法院高层领导的不满。不过幸亏周围的法官，还有郝银钟教授、李明德研究员等几位导师的鼎力支持，使我的这项研究得以继续开展，并把研究重点放在法官保障方面，遂有了今天呈现在读者面前的这本书。

回顾过往，去年的现在，我脱下了法袍，结束了法官生涯，也开启了这份"坐冷板凳"的工作，但是依旧没有远离对法院和法官的关切。一年来，我在社科院法学所法治国情研究室这个团队中，调查、研究始终围绕着司法、法院，从司法公开到"智慧法院"、基本解决"执行难"，再到司法体制改革，跟着田禾老师跑遍了大江南北的法院。换了一个视角，反而对法官群体、法官保障有了更加全面的理解。

今天，在整理、出版这份一年半前写下的书稿时，我似乎再次回到了法院，回顾了在中国当一名法官面临的艰辛与不易，他们的渴望与期待。在这一年中，不同级别、不同地域的法官跟我聊过自己的内心体会，有些地方法官的待遇确实提高了不少，法官的等级提高了，法官的保障和职业尊荣感也渐渐回归，《法官法》和《人民法院组织法》正在修改完善。但是，也有法官告诉我，司法改革确实没有解决所有的问题，特别是在法官保障方面还有很大的提升空间，入额法官遴选过程中，遴选的办法没有广泛征求意见，遴选的法院院、庭长比例过高，普通法官、年轻法官入额难在部分地区矛盾比较突出；院、庭长办案制度落实普遍不尽理想，特别是在带头办理疑难、复杂案件方面需要通过出台有效的制度加以落实；在法官员额制和立案登记制的双重冲击下，一些地方法院的"案多人少"矛盾越发凸显，法官办案压力越来越大；多数法院司法辅助人员的配备不到位，法官助理面临招录难、留人难，人员素质难以保障，职业前景不明等问题；法官保障委员会、惩戒委员会尚未普遍建立，已经建立的委员会在保障法官权益、推进法官责任豁免等方面仍没有起到实质性作用；各地法官薪资待遇增长差异明显，一些地方法院在人财物统管后，法官的收入增长不明显，甚至出现司法行政人员绩效高于员额法官的不正常现象；法官的绩效考核仍然有待通过科学的方法加以完善，这些都有待于在推进司法体制综合配套改革时不断加以完善。

今天，在司法体制综合配套，改革正如火如荼推进，《法官法》《人民法院组织法》即将修订完善的背景下，出版这本以中国法官保障为主旨的书仍然具有现实意义。至少希望它能够记录当下中国法官的真实状况，能够为中国法官保障制度的建设做出些微的贡献，也期待中国法官的明天会更好！

2018 年 3 月 7 日初稿
2018 年 5 月 4 日修改于北京

目 录

导论 ·· (1)
  一 为什么要研究法官保障 ·· (2)
  二 研究法官保障状况的方法 ·· (4)
  三 如何提出法官保障的对策建议 ··· (5)
  四 本书的主要结构 ··· (6)

第一章 法官离职状况的实证分析 ·· (9)
  第一节 法官离职的特点 ·· (10)
    一 法官离职规模大、速度快、单向性 ···································· (10)
    二 离职法官地域分布广 ·· (11)
    三 离职法官去向多元 ··· (14)
    四 离职法官多年富力强 ·· (15)
    五 基层法官离职更集中 ·· (16)
    六 法官离职法院应对失当 ·· (17)
  第二节 法官离职的影响 ·· (18)
    一 法官职位空缺、法官断层 ··· (18)
    二 法官素质下降 ··· (18)
    三 加剧法院"案多人少"矛盾 ··· (19)
    四 影响案件审判质量 ··· (19)
    五 助推法律共同体融合 ·· (20)
  第三节 法官离职的原因分析 ··· (20)

第二章　法官职业保障状况的实证分析 (24)

第一节　调查方法与问卷设计 (25)
一　调查问卷的设计 (25)
二　调查问卷的信度考察 (26)

第二节　受访法官的基本情况 (27)
一　个人基本状况 (27)
二　法官家庭情况 (30)
三　法官工作情况 (32)
四　法官专业学历情况 (36)

第三节　法官的工作量 (39)
一　法官月均结案数量 (39)
二　司法辅助人员数量 (41)
三　法官加班情况 (43)
四　不同法官群体工作量的差别 (44)

第四节　法官的经济状况 (46)
一　法官收入情况 (46)
二　法官家庭支出情况 (47)
三　收入满意度 (48)
四　经济状况差别 (50)

第五节　法官压力来源 (52)
一　法官压力来源 (52)
二　法官的烦恼 (54)
三　不同群体法官压力来源差异 (55)

第六节　法官的职业理想 (57)
一　法官的入职理想 (57)
二　法官期待的保障 (58)
三　审判工作的挑战 (59)
四　理想中的法院 (60)

第七节　法官离职意愿调查 (61)
一　法官的离职倾向 (61)

二　法官的离职去向 …………………………………… (64)
　　三　法官心仪的部门 …………………………………… (64)
　　四　法官对于同事离职的态度 ………………………… (66)
　　五　不同法官群体的离职意愿 ………………………… (67)
第八节　法官的职业满意度 ………………………………… (70)
　　一　法官职业满意度概述 ……………………………… (70)
　　二　法官不满意的原因 ………………………………… (71)
　　三　不同法官群体的满意度差别 ……………………… (72)
第九节　法官生存状况小结 ………………………………… (80)
　　一　法官生存状况整体不佳 …………………………… (80)
　　二　法官生存状况的群体性差异 ……………………… (82)
　　三　法官生存状况不佳的原因分析 …………………… (85)

第三章　法官履职保障状况及其完善 ……………………… (87)
第一节　法官履职保障的规范分析 ………………………… (88)
　　一　宪法、法律条文的分析 …………………………… (88)
　　二　其他规范性法律文件的分析 ……………………… (90)
第二节　法官履职保障的实证分析 ………………………… (92)
　　一　法院内部的案件汇报协商制度 …………………… (92)
　　二　外部权力对法院和法官履职的干涉 ……………… (100)
第三节　法官履职保障制度的外国立法例 ………………… (110)
　　一　国际公约中的法官履职保障 ……………………… (111)
　　二　其他国家或地区法律中的法官履职保障 ………… (112)
第四节　法官履职保障的理论分析 ………………………… (114)
　　一　履职保障是审判独立的题中应有之义 …………… (114)
　　二　履职保障应是全面的保障 ………………………… (115)
　　三　履职保障是法官保障的根本性制度 ……………… (116)
　　四　履职保障与坚持党的领导的关系 ………………… (116)
　　五　履职保障与外部监督制度的关系 ………………… (117)
第五节　完善法官履职保障的对策建议 …………………… (117)
　　一　《宪法》层面的完善和修订 ……………………… (117)

二　完善《法官法》的相关规定 …………………………………… (118)
　　三　剥离院、庭长的案件管理责任 ………………………………… (118)

第四章　法官身份保障状况及其完善 ………………………………… (121)
　第一节　法官身份保障的规范分析 …………………………………… (121)
　　一　法官身份保障的总则性条款分析 ……………………………… (122)
　　二　法官免职的相关条款分析 ……………………………………… (123)
　　三　法官辞退的相关条款分析 ……………………………………… (124)
　　四　法官调离的相关条款分析 ……………………………………… (125)
　　五　法官受处分的相关条款分析 …………………………………… (125)
　第二节　法官身份保障的实证分析 …………………………………… (127)
　　一　审判执行中的错误和瑕疵 ……………………………………… (127)
　　二　法官行为失当 …………………………………………………… (130)
　　三　法官因其他事由追责 …………………………………………… (131)
　　四　处分法官的规范性文件繁多 …………………………………… (133)
　　五　法官面临"辞职难" …………………………………………… (135)
　第三节　法官身份保障制度的外国立法例 …………………………… (139)
　　一　国际公约中的法官身份保障 …………………………………… (139)
　　二　其他国家或地区法律中的法官身份保障 ……………………… (140)
　第四节　法官身份保障的理论分析 …………………………………… (142)
　　一　身份保障是作为法官的前提 …………………………………… (142)
　　二　身份保障是法官自立的需要 …………………………………… (143)
　　三　法官身份保障措施的可操作性强 ……………………………… (143)
　　四　身份保障是稳定司法人才的需要 ……………………………… (143)
　第五节　法官身份保障的立法研究 …………………………………… (144)
　　一　增加《宪法》条文的保护 ……………………………………… (144)
　　二　整合法官免职的法定事由 ……………………………………… (144)
　　三　删除一些不合时宜的法官免责事由 …………………………… (145)
　　四　在《法官法》中明确法官的免职事由 ………………………… (145)

第五章　法官经济保障状况及其完善 ……………………（146）
第一节　法官经济保障的规范分析 ……………………（146）
　　一　法律条文比较粗疏 ……………………………………（147）
　　二　缺乏实施细则　经济保障无法落地生根 ……………（147）
　　三　对法官的特殊经济保障付之阙如 ……………………（148）
第二节　法官经济保障的实证研究 ……………………（148）
第三节　法官经济保障制度的外国立法例 ……………（151）
　　一　给予法官较高的薪酬待遇 ……………………………（152）
　　二　规定法官不得降薪的条款 ……………………………（154）
　　三　法官的其他福利待遇丰厚 ……………………………（155）
　　四　给予法官特殊的退休待遇 ……………………………（156）
第四节　法官经济保障的理论探讨 ……………………（158）
　　一　给予法官优渥福利待遇保障的原因 …………………（158）
　　二　法官薪资的设定标准 …………………………………（163）
第五节　完善法官经济保障的立法建议 ………………（164）
　　一　加强宪法法律层面保障 ………………………………（164）
　　二　司法经费单独列支 ……………………………………（164）
　　三　明确建立法官的单独职务序列 ………………………（165）
　　四　完善法官的其他福利待遇保障 ………………………（167）
　　五　完善法官退休制度 ……………………………………（168）

第六章　法官安全保障状况及其完善 ……………………（170）
第一节　法官安全保障的规范分析 ……………………（171）
　　一　《宪法》和《法官法》中法官安全保障的条文分析 …………（171）
　　二　基本法律中法官安全保障的条文分析 ………………（171）
　　三　其他规范性文件中对法官安全保障的条文分析 ……（173）
第二节　法官安全保障的实证分析 ……………………（175）
　　一　法官执行公务受阻 ……………………………………（176）
　　二　法官频受当事人的诽谤、侮辱 ………………………（178）
　　三　法官及其家属受到人身威胁 …………………………（183）
　　四　殴打、伤害、杀害法官 ………………………………（185）

第三节　法官安全保障制度的外国立法例 …………………（187）
　一　外国的法官安全保障事件 ……………………………（187）
　二　外国的法官安全保障措施 ……………………………（189）
　三　外国的藐视法庭罪规定 ………………………………（191）
第四节　法官安全保障的理论分析 …………………………（194）
第五节　完善法官安全保障制度的对策建议 ………………（196）
　一　扩大法官安全保障的区域范围 ………………………（196）
　二　扩大法官安全保障的对象范围 ………………………（196）
　三　降低威胁法官行为的惩戒难度 ………………………（197）
　四　加强法官安全事故的事先防范 ………………………（198）
　五　增加法官保护举措和力度 ……………………………（198）
　六　增设藐视法庭罪 ………………………………………（199）

第七章　法官责任豁免状况及其完善 ………………………（200）
　第一节　法官责任豁免制度的规范分析 …………………（200）
　　一　《法官法》中的缺失与错案追究制度 ………………（200）
　　二　《责任制若干意见》与《履职规定》 …………………（202）
　第二节　法官责任追究的实证分析 ………………………（204）
　　一　裁判结果错误被追责 …………………………………（204）
　　二　工作失误被追责 ………………………………………（207）
　　三　因开罪于其他部门被追责 ……………………………（210）
　　四　因负有领导责任被追责 ………………………………（212）
　第三节　法官责任豁免制度的外国立法例 ………………（213）
　　一　英美法系国家的法官责任豁免制度 …………………（214）
　　二　大陆法系国家法官责任豁免制度 ……………………（215）
　　三　国际公约中的法官责任豁免 …………………………（216）
　第四节　法官责任豁免制度的理论探讨 …………………（218）
　　一　司法权威性的要求 ……………………………………（218）
　　二　司法裁判公正具有相对性 ……………………………（218）
　　三　司法程序已给予充分的救济途径 ……………………（219）
　　四　对杜绝冤假错案无益 …………………………………（220）

五　中国建立法官责任豁免制度的特殊意义 …………………（220）
　第五节　完善法官责任豁免制度的对策建议 ……………………（221）
　　一　确立法官责任豁免制度 …………………………………（221）
　　二　明确法官责任豁免的界限 ………………………………（222）
　　三　明确法官的责任范围 ……………………………………（223）
　　四　明确法官的追责机构 ……………………………………（224）
　　五　明确法官责任豁免与司法责任制的关系 ………………（224）

第八章　法官保障制度完善的对策与立法建议 ………………（226）
　第一节　完善法官保障的近期目标 ………………………………（228）
　　一　修改完善《法官法》 ……………………………………（228）
　　二　修改与法官权利保障相关的其他法律规定 ……………（236）
　第二节　完善法官保障的中远期目标 ……………………………（241）
　　一　《宪法》中增加法官保障条款 …………………………（241）
　　二　适时出台《法官保障法》 ………………………………（243）
　　三　设立"藐视法庭罪" ……………………………………（244）
　第三节　《法官法》中法官保障的立法建议稿及说明 …………（246）

附录　关于法官生存状态的调查问卷 …………………………（250）

参考文献 ……………………………………………………………（257）

后记 …………………………………………………………………（266）

导 论

> 法官是法律世界的国王，除了法律就没有别的上司。[①]
>
> ——卡尔·马克思

司法是社会纠纷解决的最后途径，[②] 也是衡量一个社会公平正义的标准。法官作为执掌法律，从事司法的专业人员，对于社会公平正义的贡献和重要性毋庸置疑。因此，法官作为"法律帝国的王侯"（德沃金语）被誉为"天底下最接近上帝的职业"之一。

然而，近年来中国法官离职的声音却不绝于耳，甚至被一些外媒所关注。作为一名法官，[③] 看到昔日周围的兄弟姐妹纷纷华丽转身，有的进入国家部委、检察机关，有的去知名律师事务所、大型国企、互联网巨头大展身手，或者干脆开办企业、自主创业，笔者在由衷祝福他们的同时，也为司法和法院的人才外流扼腕不已、痛心疾首。虽然，在法官大量离职的过程中，法律人才流动带来了法律职业的繁荣；虽然，离职的法官在不同法律行业中努力拼搏，同样为推动中国法治建设做出了非凡的贡献，并推动了法律职业共同体的融合。但是，从司法工作和法院的视角看，大量人才外流，导致法官人手短缺、青黄不接，而在短期内招录到同样多优秀人才进入法院、成长为合格的法官又是一个几乎不可能

[①] 《马克思恩格斯全集》第 1 卷，人民出版社 1956 年版，第 56 页。
[②] 汤维建：《论民事诉讼中的诚信原则》，《法学家》2003 年第 3 期。
[③] 笔者 2005 年进入法院系统，2017 年离职，先后在基层法院和高级人民法院担任法官近十年，也是法官离职的亲历者之一。

完成的任务。由此，法官流失是法院亟待解决的一个重大挑战。

正是看到了法院面临这样的挑战，满怀着对法院和法官们最深沉的爱，笔者利用工作上获取实证资料的便利，结合自身研究兴趣和报告的研究方向，从法官离职现象的特点、危害、原因入手，通过日常的观察、访谈和对法官群体的问卷调查，全景式地分析中国当下法官保障所面临的困境，剥茧抽丝般地厘清法官生存状况所面临的各方面问题。通过上述方法，为中国法官制度把一把脉，找到切实的病症，并对症下药，提出建立完善的、符合司法规律的法官制度的对策建议，以改善法官生存状态、控制法官流失、吸引法律人才，为司法体制改革和国家法治建设奠定坚实的基础。

一 为什么要研究法官保障

（一）法官职业的重要性

自从人类社会诞生之日起，矛盾纠纷就随之而来。最早人类通过自力救济来解决相互之间的争斗，也就是说人类处于一个弱肉强食的时代，谁的拳头硬，谁就说了算。那时无所谓法律、无所谓情理，更没有什么公平正义。但是，这样的一个时代人人自危，因为强者担心有更强者出现，最强者也害怕几个弱者联合起来对付自己。直到有一天，人类的群体中出现了德高望重的长老，他的权威硬过了拳头，他话语的分量重过了暴力的威胁，人们信服于他的威望，他能够调处人们的纷争，判断人与人之间的是非曲直。甚至在法律还没有诞生之前，他就以说理的方式给他人解决纠纷，化解矛盾，他的出现给人类社会带来了和平的希望，也带来公平正义。人们开始不再相互倾轧，人们开始以理服人，人类终于脱离了野蛮和暴力，一步步走向文明社会。这套制度就是司法的雏形，而这个长老就是法官的原型。

由此，法官的出现远早于行政和立法，从法官的起源来看，这一职业是人类社会进入文明社会的基石，其重要性不言而喻。法官是代表国家行使裁判权进而解决纠纷的中立裁判者，是司法的执行者，他们的生存状态是观察一个国家司法问题的最佳视角。法官素质的高低、能力的高下，直接决定着一个国家司法水平的高下，决定了司法能否公正和高效。一旦对司法人员保障不力，法官地位低下、生存状况恶劣就无法吸引和留住最为优秀的法律人才，作为司法主持者的法官，其素质和水平就无法提升。低层次的法官无法产生高质量的司法产品，司法的公正性就会大打折扣。

（二）契合司法体制改革的要求

党的十八届三中全会把"完善司法人员分类管理制度、完善司法责任制、健全司法人员职业保障制度、推动省以下法院人、财、物统一管理"① 四项改革，作为司法体制改革的四项基础性措施。

这四项内容都与法官的职业保障有着千丝万缕的联系，"健全司法人员职业保障制度"，这是党的决议首次明确对完善法官保障制度提出要求；"司法人员分类管理"，这项改革有助于厘清法官与法官助理、书记员等司法辅助人员的职权分野，划定法官的职责范围与责任边界，突出法官的身份和独立地位，加强法官的履职能力；"完善司法责任制"改革，要求实现"让审理者裁判、由裁判者负责"的改革目标，其中，"让审理者裁判"旨在突出法官的职责和审判权，有助于提升法官的履职保障水平；"由裁判者负责"虽然突出的是法官的责任制，但是在改革中必然要明确哪些是法官应当承担的责任范围，哪些是法官不应承担的责任，明确了法官不应承担责任的事项，就为设立法官责任豁免提供了制度空间；"推动省以下法院人财物统一管理"改革，旨在保证国家法律统一正确地实施。一方面，将有助于减少地方政府、人大等对法官履职的影响，保障法院、法官独立行使审判权；另一方面，在实现法院人财物统一管理的基础上，有利于提高法官等司法人员的经济保障水平。

可见，法官保障制度的研究高度契合了当下司法体制改革的总体目标和四项基础性措施，能够为整体上推进司法体制改革提供对策建议。

---

① 彭波：《中央司改办负责人解读——司法体制 4 项改革先行试点》，《人民日报》2014 年 6 月 16 日第 11 版。

（三）与法院当下的人员流失问题紧密相连

当下，法院面临诸多突出问题，诸如司法公信力低下、权威不足，司法环境不佳，司法法院人、财、物不独立，审判独立性不强等等。然而，法官队伍人员流失是法院面临的最棘手问题之一。

笔者在法院从事审判和司法调研工作十余年，对于法官离职现象有着深切的体会，对于大量优秀法官离职有自己独特的感悟：法官离职一方面可以归因于随着社会法治建设的发展，法律人才市场需求旺盛，而法律教育的繁荣、法院职业化建设的进步，法院吸引和培养了大量优秀的法律人才，他们有能力在法律市场上获得更高的价值认同和物质回报。另一方面，法官"离职潮"的出现还可以归咎于法官保障机制的不足和滞后。法院没有给法官们的工作、生活和事业发展提供一个良好的平台，法官的工作压力和责任与日俱增，法官的收入待遇与法律同业者的差距越来越大，法官的生存状况日益恶化。这些现象背后的深层次原因在于保障法官职业的各项制度未能与时俱进，对于法官职权、职务、经济和安全等各项保障不到位，导致法官离职现象频现。

从法官目前的职业环境、工作状况入手，分析法官保障中存在的突出问题，提出近期、中远期的解决对策，有助于解决法院人才流失之困境。

二 研究法官保障状况的方法

本书对法官保障状况的研究采用了实证研究、规范分析和与其他国家、地区相关法律制度比较研究的方法，特别是突出了实证研究方法在本书撰写中的重要地位，主要体现在以下几个方面。

第一，突出问题导向。本书之所以以法官流失现象作为切入点，是因为法官保障优劣的判断标准不甚明确，而法官"离职潮"是一个显而易见的现象，是法官保障不力的一个突出表现，也是法院现实存在的无可回避的问题，大量的数据和事例见诸报端。从问题入手，能够凸显法官保障研究的重要性和紧迫性，更易引起社会和决策者的高度重视。

第二，结合调查问卷进行研究。诚如上文所述，法官保障是一个看得到、摸不到的论题，或许身在法院之中的每一个人都能够切身感受到法官保障力度的大与小，但是从制度本身研究法官保障状况，论证法官保障不力却难有充分的说服力。因此，本书采用了调查问卷的方式，通过向法官群体发放"法官生存状况的调查问卷"，采集和分析法官的保障状况，了解和探究法官的喜怒哀乐，并以此为基础对法官保障制度的不足与改革提出建议。

第三，实证分析与规范分析相结合的方法。除了调查问卷外，本书在法官保障制度的各个章节中都采用了实证分析与规范分析相结合的方法。规范分析主要是针对国内法官保障方面的法律和规范性文件，包括但不限于《宪法》《法官法》《人民法院组织法》《人民法院工作人员处分条例》等，以及司法体制改革后颁布实施的《保护司法人员依法履行法定职责规定》和《最高人民法院关于完善人民法院司法责任制的若干意见》等。本书分析不限于对法律条文的归类、整理，而是深入法条，对比这些法条的异同及其对法官保障的积极和消极作用等。此外，在每一项法官保障制度的分析过程中，本书都争取挖掘第一手能够反映法官保障现状的实证材料，试图全面分析法官的真实生存状态。

第四，比较研究方法。在每一项法官保障制度的具体分析过程中，本书侧重对国外法官保障法律和现状的比较研究。分析国外法官保障制度与中国的异同以及不同法系国家之间法官保障的差别。对比国外法官保障，并非为了研究而研究，而是汲取其中的精华和养分，结合中国国情和法官制度现状，以期提出既符合现实又有前瞻性的对策建议。

三　如何提出法官保障的对策建议

本书的主旨不仅在于论证中国法官保障制度存在欠缺，法官制度的欠缺与法官"离职潮"之间存在一定的因果关系，而是要对改善法官生存状态，加强法官保障提出具体的对策建议，为提高法官职业保障水平做出贡献。本书侧重法官保障制度建设方面的对策建议体现在以下两

方面:

第一,在分述法官保障的履职保障、身份保障、经济保障、安全保障和责任豁免保障制度这五项制度时,在每章的末尾设置对各项法官保障制度的对策建议一节,以期对法官保障提出方向性、原则性的一些对策建议。

第二,本书第八章专门讨论法官保障制度完善的对策与立法建议。该部分并非是前述各章节对策建议部分的简单重复,而是侧重提出立法建议,认为法官保障立法应结合当下和未来,分别确定近期目标和中远期目标,并且从制定、完善《法官法》等法律条文的立法建议入手,提出法官保障的切实措施。

四 本书的主要结构

本书除了导论外,主体部分包括八个章节。

第一章法官离职状况的实证分析。该章着重对法官离职特点、后果及原因加以分析,认为近年来的中国法官离职现象存在规模大、速度快、地域分布广泛、去向多元化、离职法官群体年富力强以及法院应对能力不足等特点。法官的大量离职虽然有助于法律共同体的建立,但造成了法官职位空缺、素质下降、司法公正不彰,法院难以面对汹涌的"案件潮";最后,对法官离职的原因进行了解释:其离职是受内、外部多方面因素共同影响的结果,但是法官保障制度不彰则是最关键的一个因素。

第二章法官职业保障现状的实证分析。共分为九节,分别是调查方法与问卷设计、受访法官的基本情况、工作量状况、经济状况、压力来源、职业理想、离职意愿、职业满意度以及本章小结。该章依托对2600多名法官真实意愿的调查问卷,了解法官职业保障方方面面的现实状况、法官的自我评价与感受。整体而言,法官保障状况不佳,但是不同法官群体的职业环境和生存状况存在明显差异。法官保障状况不佳与司法地位低下有着千丝万缕的联系。

第三章法官履职保障现状及其完善。法官履职保障制度是整个法官保障制度的核心内容,也是法官制度的基石之一。本章从规范和实证两个角度分析中国法官履职保障的法律条文和现状，提出无论是在法律条文中还是在现实层面，中国法官履职保障制度与外国法官履职保障制度相比都存在较大差距，中国法官的履职保障没有落实到位。履职保障作为法官保障制度中的根本制度，是法官独立行使审判权的必然要求。最后，提出加强法官履职保障应当在宪法法律的层面规定明确法官履职不受干涉，并且适时免除院长、庭长的案件管理责任制。

第四章法官身份保障状况及其完善。从规范和实证两个角度分析中国法官身份保障的法律条文和现状，提出中国法官的身份保障极为不力。在法律条文中，法官的免职、辞退、调离、处分过于随意，现实生活中，法官因审判执行过程中的过失导致剥夺法官身份的事例屡见不鲜。建议应当吸收外国法官身份保障制度的可取之处，结合法官职业的特点，对中国法官身份保障立法进行研究，明确法官职务免除、处分的法定程序和事由。

第五章法官经济保障现状及其完善。经济保障是保证法官具有超然的品格，能够抵御不当诱惑的重要保障制度之一。因此，世界各国普遍给予法官较高的薪酬待遇和丰厚的其他福利待遇，以法律形式规定法官不得降薪，并且给予法官特殊的退休待遇。中国法律上也强调了法官享受工资、福利待遇的保障，但在实际上，法官的收入与其行政级别挂钩，对于法官没有制定特殊的经济保障措施，法官经济保障不力。本书建议建立法官单独职务序列，对法官生活待遇予以特殊的保障。

第六章法官安全保障现状及其完善。加强法官的安全保障，确保法官人身财产安全是法官履行职权的前提条件。中国的法律条文中对法官安全保障过于原则和粗疏，导致现实中，法官被辱骂、诽谤、侮辱甚至伤害的事件频频发生。加强法官安全保障应当扩大法官安全保障的区域范围、对象范围、降低司法挑衅行为的惩戒难度，从预防法官的安全威胁，增加保护措施和力度等举措入手，切实加强法官的安全保障。

第七章法官责任豁免状况及其完善。中国法官的责任豁免制度尚未建立健全，甚至制定了与司法规律、法官责任豁免原则相悖的"错案追究制度"，导致司法实践中法官因审判过错、失误而被处分、不正当解除职务，甚至被追究刑事责任的事件频发。建议借鉴外国法官责任豁免方面的做法，从明确法官责任豁免的界限、明确法官的责任范围、明确法官追责机构等方面入手，构建中国的法官责任豁免制度。

第八章法官保障制度完善的对策与立法建议。法官保障制度不健全是中国法官生存状况不佳，法官大规模离职的重要原因之一。因此，提出法官保障方面的对策和建议不仅势在必行，而且迫在眉睫。法官保障制度的完善应当逐步推进，分别制定近期和中远期目标，近期目标包括修改、完善《法官法》《人民法院组织法》，废止错案追究制度和《人民法院工作人员处分条例》等，而在中远期应致力于将法官保障的基本原则纳入《宪法》保障范围，增设《法官保障法》，设立"藐视法庭罪"等，并在最后拟制了《法官法》法官保障部分的立法建议稿。

第 一 章

法官离职状况的实证分析

在成熟的法治国家,"法官享有崇高的社会美誉,工资待遇优厚,因此法官一般都是流动性最小的职业之一"[1]。在中国,早在十多年前,国家统一司法考试成为初任法官的选任条件后不久,中西部基层法官流失的报道就屡见不鲜。[2] 十年之后,法官离职现象始终未曾得到有效遏制,法官离职的阴霾已从中西部法院蔓延到了东部沿海地区,甚至北上广深等一线城市,离职的法官从基层法官扩展到了中级人民法院(以下简称"中级法院")、高级人民法院(以下简称"高级法院"),乃至最高人民法院(以下简称"最高法院")。一些媒体甚至用"离职潮"来形容法官的大规模离职现象。[3]

根据人力资源理论,影响单位员工做出离职决定的因素很多,但员工主动离职都意味着对原有工作不满意,要么是工作报酬过低,要么是工作的挑战性太大,或者是工作责任、工作自主权、工作时间安排、工

---

[1] 李罡:《北京3名骨干法官离职震动法院 收入待遇低是重要原因》,《中国青年报》2013年8月29日。

[2] 参见丁静等《法官断层:基层法院的旧忧新愁》,《半月谈》(内部版)2004年第12期;秦楚《基层法官人才为何面临断层》,《中国社会导刊》2006年第12期;彭海杰、周辉《挑战与回应——基层法院人才流失情况的调查与思考》,《人民司法》2005年第7期;陈海光《论律师与法官职业之间的人员流动》,《司法改革》2005年第3期;杜萌《谁来陕西当法官——陕西法官断层危机调查》,《法律与生活》2005年6月上半月。

[3] "法官离职潮"的说法参见钟杏梅、罗佳《"法官辞职潮"舆情风波解析》,法制网 https://www.legaldaily.com.cn/The_analysis_of_public_opinion/content/2016-03/29/content_6545510.htm,2016年10月21日最后访问。

作保障和职业发展机会不理想等。[①] 法官离职日趋成为一种司空见惯的现象，表明法官职业对法律人的吸引力日益下降。法官离职可以看作法官生存状况的晴雨表。本章着重考察分析法官离职情况，从法官离职的特点、法官离职可能造成的影响以及法官离职的原因三个方面描述法官离职现象，以期发现法官真实生态的线索，作为法官保障状况研究的基础和背景。

第一节 法官离职的特点

一 法官离职规模大、速度快、单向性

职业的流动在市场经济环境下是一种合理和正常的现象，法律人之间的流动亦是如此。法官与律师、高校法律教授之间的相互流动，有助于法律共同体的建立，不能仅仅理解为法院人才的流失。但是，近年来全国各地频现法官的离职现象，呈现规模大、速度快、单向性、骨干流失多等特征，与世界各国法律人的流动规律相悖，则令人深思。由于最高人民法院从未正式公布过3200余全国法院法官离职的信息，法官离职的数据在时时变动中，并且法院对于法官离职始终讳莫如深等原因，因此，要想准确获取全国范围内法官流失的数据并非易事。但从法院的工作报告和近年来的一些新闻报道，可以大体推测全国法官的离职规模。

2016年，最高人民法院政治部主任徐家新承认，"随着立案登记制、司法责任制、诉讼管辖制度改革的快速推进，审判任务和工作压力越来越重，优秀法官流失和断层现象更加突出"[②]。从全国法院层面看，"据最高法院公布的数据，近五年中（指2004—2009年），除正常原因外，全国各地法院流失人员近两万名，其中法官1.4万名，流失法官占现在法官总人数的7%。法官特别是中青年法官的流失成为法官短缺或断层的一个

[①] 夏艳玲、雷红菊:《企业员工流失研究综述》,《法制与社会》2006年第10期。
[②] 徐家新:《建立符合职业特点的法官管理制度》,《人民日报》2016年4月18日第7版。

重要原因"①。另据《法制日报》报道,2011—2015 年间,全国法院干警累计辞职 4438 人,其中,绝大多数具有法官资格。2015 年,法官辞职人数比 2014 年增加 381 人。②

《法治周末》在 2013 年报道称:"最高人民法院政治部相关负责人此前接受媒体采访时透露,5% 的法官干不到退休年龄即离开法官队伍。"③最高人民法院法官管理部部长陈海光 2016 年初在《人民法院报》的一篇文章称,2015 年全国法院辞职的法官达到 1000 多人。④ 从上述公开数据大致推算,每年从法院离职的法官约占全国法官的 0.5% 左右。虽然从比例来看并不惊人,但是法官本身是社会的稳定器,每年全国法院上千名法官离职,可见法官离职已经不是个别的偶发现象,而是一个值得关注的司法问题了。此外,具体到个别法院来说,法官的离职比例就相当惊人了:"曾当过深圳中院院长的霍敏坦言,深圳法院一度出现干警大量流失的情况,有的基层法院离职人数超过政法编制的 15%。"⑤

与此同时,从法律共同体中招聘法官的情况却并不乐观。"从 2000 年最高人民法院首次面向社会公开招考法官算起,到 2006 年长达 7 年,最高人民法院数次公开招考法官的尝试只招了 5 名律师和法学教授等。"⑥ 2015 年上海律师商建刚通过遴选进入上海市第二中级法院担任法官,成为舆论关注的热点新闻,也从一个侧面反映出从律师转行当法官的现象十分罕见。而大规模、单向性的流动对在职法官心理的冲击、对审判工作及对整个法官群体稳定造成的影响都不容小觑。

二 离职法官地域分布广

离职法官不仅人数众多,而且地域分布广泛。

---

① 甘劲草:《法官流失现象透视》,《民主与法制》2009 年第 12 期。
② 周斌:《5 地法院回应法官离职原因复杂多样 司法改革未出现法官离职潮》,《法制日报》2016 年 7 月 27 日第 3 版。
③ 陈磊:《法官在流失》,《法治周末》2013 年 9 月 26 日第 1 版。
④ 陈海光:《法官应当勤勉敬业》,《人民法院报》2016 年 5 月 7 日第 2 版。
⑤ 周斌:《5 地法院回应法官离职原因复杂多样 司法改革未出现法官离职潮》,《法制日报》2016 年 7 月 27 日第 3 版。
⑥ 王琪林:《我国法官与律师职业流动研究》,硕士学位论文,吉林大学,2011 年。

中西部地区，法官队伍不断流失甚至出现断层。例如，据河南省法院系统统计，2002年河南全省基层法院共有一线法官6280名，5年后却只剩下4887名。在案件不断增加的大背景下，一线法官的人数却以每年300名的速度持续减少。与短缺同步的是老化，在该省基层法院具有审判资格的人员中，35岁以下的法官仅占25.73%，法官队伍断层现象十分严重。另据陕西省高级人民法院法官法警管理处处长李国庆介绍，"从1999年到2004年，陕西省各级法院符合法官任命条件的在编干警人数不足300人，且这300人主要集中在中心城市，集中在市一级以上的法院，许多基层法院出现无人可供任命的窘相"①。无独有偶，"在湖南湘西的一些法院，审判岗位的一些法官以每年超过10%的速度递减。在凤凰县，四个派出法庭中，每个法庭只有一个庭长（法官）、一个书记员，而这些法庭通常管辖六七个乡镇，辖区人口超过10万"②。

中西部法官的流失具有以下特点，值得引起关注：一是法官的流失往往伴随着法官的短缺和中青年法官的断层，中西部法院缺少新鲜血液补充，特别是年轻人不愿意去条件艰苦的欠发达地区；二是中西部地区有一部分法官流向了经济发达地区法院，仍然在法院系统工作；三是中西部法官断层的报道集中在《法官法》实施后的前几年，近年来媒体的关注和报道较少。

东部沿海发达地区，法官流失也日益严重。近年来，法官大规模流失的报道主要集中在东部经济发达地区。上海、北京、江苏、广东都是法官离职的"重灾区"。2015年年初，上海市高级人民法院的工作报告显示，"2010—2014年五年间，上海法院流失法官330余人，每年平均流失法官67人，2013年上海法院流失法官74人，2014年增加到86人"③，法官离职总量大、增速快的趋势较为明显。同年江苏省高级人民法院工作报告显示，"2014年，全省法院系统共流出法官273人，且大部分为业

---

① 杜萌：《谁来陕西当法官——陕西法官断层危机调查》，《法律与生活》2005年6月上半月。
② 甘劲草：《法官流失现象透视》，《民主与法制》2009年第12期。
③ 李燕：《上海法官流失逐年增多：去年86人》，《东方早报》2015年1月30日。

务骨干、基层法院一线法官"①。此前，还有媒体报道，"2008 年至 2012 年 6 月，江苏全省法院流出人员 2402 名，其中法官 1850 名；广东省高级人民法院院长郑鄂称，5 年来广东全省各级法院调离或辞职法官人数超过 1600 名"②。

在 2014 年北京市"两会"上，"法官流失"现象写入高院工作报告。时任北京市高级法院院长的慕平表示，"近 5 年，北京法院系统 500 多人辞职调动离开法院，年流失人员数量还有增加趋势。同时，慕平称，北京法院工作人员 8576 名，其中政法行政编制 6303 人，具有法官职称 4168 人"③。也就是说，五年中，北京法院辞职调动离开法院的法院工作人员占总人数的 5.8%，如果统计的口径是法官离职的人数，那么这个比例恐怕会更高！

2016 年年初，广州中院院长刘年夫表示，广州两级法院行政编制有 2700 个，2015 年离开法院大概有 100 多人，但其中辞职的只有 27 人，占比 1%。刘年夫强调，2015 年法官辞职的数量相比过往并没有很大的增长，"最多也是多了几个人，跟法官员额制没有关系，辞职潮在广州法院不存在"④。从这篇刘院长否认广州法院存在法官离职潮的文章中，我们恰恰看到了法官离职的惊人比例。虽然刘院长说辞职的法官仅 27 人，占比 1%，但是只要离开法院就是法官的离职和流失，辞职只是流动的方式之一，流失率显然应该按照"100 多人"计算更为恰当。由此，按照最低的 100 人计算，广州法官的年流失率也高达 3.7%，甚至远超过京沪。

从上述见诸报端的数据看，东部沿海省市的法官离职情况不容乐观：离职人数多，呈现加速趋势。

---

① 刘伟娟：《法官流失严重，人大代表呼吁提高基层法官待遇》，《现代快报》2015 年 1 月 31 日。
② 朱俊俊：《法官流失之困》，《现代快报》2014 年 1 月 5 日。
③ 温薷：《5 年流失 500 余法官》，《新京报》2014 年 3 月 12 日。
④ 田桂丹：《广州出现基层法官辞职潮？广州中院院长刘年夫否认》，《广州日报》2016 年 2 月 5 日。

三 离职法官去向多元

由于法官熟稔法律，具有丰富的司法审判经验，日常工作又与律师行业有着千丝万缕的联系，公众通常认为法官离职就是去当律师了，其实并不尽然。

东部某地级市中院对法官离职所做的调查报告提道："2001 年至 2006 年，该市法院共流失 84 人，其中法官 62 人。从离开方式看，辞职的有 53 人，占 63%；调离的有 31 人，占 37%。从流失方向上看，流向律师行业或高薪企业 33 人（其中法官 28 人）；流向市级党政机关 17 人（其中法官 10 人）；流向相对高收入地区 13 人（其中法官 12 人）；考学深造的 7 人（其中法官 3 人）；流向其他方面 14 人（其中法官 9 人）。"① 也就是说，法官辞职当律师和去企业的合计 45.2%，离职后进入其他党政机关的占 16.1%，去了高收入地区法院的占 19.4%。

另外，笔者所做的一份针对离职法官的问卷显示，② 只有不到一半的法官（43.17%）辞职后进了律所，还有 18.16% 的法官转型去了各类企业，16.83% 的法官去了检察院和其他机关单位，此外 13.90% 的法官选择了高校等事业单位、自主创业、求学深造、自由职业等。

从上述数据可以看出，法官离职的去向总体呈现多元化特征。从具体比例来看，法官离职后去律所的比例固然最高、人数最多，但是并不是占绝对多数；法官离职后去机关和事业单位的比例与去企业的比例大体相当。而且在基层法院和欠发达地区，法官离职后去其他机关单位的比例相对较高。有学者指出，"法院系统调动和调往党政机关、检察院是法院人员流失的主要类型，法院正在成为党政机关优秀人才的'培养基

---

① 甘劲草：《法官流失现象透视》，《民主与法制》2009 年第 12 期。
② 胡昌明：《中国法官离职原因解读及应对良策》（未刊稿）。"关于法官离职原因的调查问卷"是在本书的调查问卷"法官生存状况的调查问卷"（调查问卷的编制及发放情况详见本书第二章第一节相关内容）基础上修改制作的，两份问卷发放和收集的方法都一致，不过这份问卷面向的是离职法官群体，共收集样本 600 份，涉及的数据和分析在司法改革的大背景下比较引起关注，故暂未公开发表。

地'"①。"法官被调往党政机关工作,工资上要扣除政法津贴,收入反而会下降,而很多法官依然愿意调动"②,这说明法官离职虽然与工资收入低有关,但又不能仅归咎于工资收入低这一原因。

四 离职法官多年富力强

调查显示,离职法官具有学历高、年富力强、审判经验丰富的特征。这些法官大多是中青年骨干法官,包括一些"结案能手"、"先进典型"、中层干部甚至个别院级领导。"这部分法官在长期的审判工作中积累了较为丰富的审判和管理经验,正是法院审判和管理工作的重要依靠力量"③,这类法官离职尤其值得引起重视。

离职法官的这一特点,在相关的调查研究和媒体报道中都可以得到证实。有媒体报道,上海法院"流失的法官呈现'高学历、年轻化'倾向,且多为审判一线部门的业务骨干。2014年上海流失的86名法官中,有17个审判长,43人拥有硕士以上学历,63人是年富力强的70后中青年法官"④。无独有偶,某中院的调研报告显示:"2001年至2006年,该市法院共流失84人,其中法官62人。从流失人员的结构上看,具有研究生学历和法律硕士学位的有20人,本科学历的有52人,大专学历的有12人。从年龄上看,流失人员中35岁以下59人,35岁以上25人。"⑤ 也就是说,该中院离职干警中,本科以上学历的占85.7%,35岁以下青年干警占了70.2%,如果仅计算法官的话,高学历人员的比例会更高。

笔者对离职法官所做的调查也印证了这一特征。调查结果显示:从

---

① 黄斌:《当前我国法官流失现象分析与对策建议》,《中国审判新闻月刊》2014年第3期。
② 董柳:《司改提高法官待遇反迎来法官离职潮 钱并不是主要问题》,《羊城晚报》2015年5月18日。
③ 黄斌:《当前我国法官流失现象分析与对策建议》,《中国审判新闻月刊》2014年第3期。
④ 王烨捷、周凯:《上海司改为留住青年法官开出"药方"》,《中国青年报》2015年4月20日第3版。
⑤ 甘劲草:《法官流失现象透视》,《民主与法制》2009年第12期。

年龄来看，25—45 岁的年富力强者占离职法官的绝大多数，为 89.34%，其中，有一定审判经验、精力充沛，年届 30—40 岁的法官是离职的最高峰，占 55.17%；从任职年限来看，离职法官中任职 6 年以上的占 70.17%，任职 4 年以上的占 91.17%；从学历来看，离职法官中高学历者所占比例很高，本科以上占 99.17%，其中硕士以上学历的占 37.34%。[①]

法官流失之所以呈现"骨干化"的特征，其主要原因在于法院的激励机制不利于人尽其才。一方面，这些骨干法官往往在法院内部承担着疑难案件审判以及调研重任，忙得不可开交，却缺乏相应的激励手段；相反，一些业务能力不强、工作态度马虎的法官，领导不敢委以重任，反而乐得清闲，收入却不少拿。骨干法官活多钱少，平庸法官则逍遥自在，法院内部逆向淘汰的现象十分明显。另一方面，体制内部，绩效考核机制不健全，干多干少一个样，法官的工作数量和质量与其收入不成正比，但是在法律市场上优秀法官则如鱼得水，能够匹配相应的高薪，以至于离职法官动辄收入翻番，甚至上涨十余倍。以笔者身边一位高级法院的法官为例，他虽然是建筑工程合同、房屋买卖方面的专家型法官，但是在北京大学研究生毕业十多年后才晋升正科级，月收入不到六千元。离职后去了某律所成为高级合伙人，年薪百万元有余，日常的咨询费就高达每小时三千元，相当于此前半个月的工资。可见两种职业收入的差距非常大。

五　基层法官离职更集中

从法院层级来看，"法院层级越高，人员流失现象相对缓和，法院层级越低，人员流失情况越严重"[②]。如北京市法院在过去 5 年中，高级法院流失人员为 20 人，中级法院流失人员为 64 人，基层法院流失人员共 264 人，其中基层法院流失人员占流失总数的 75.9%；广东省基层法院辞

[①] 胡昌明：《中国法官离职原因解读及应对良策》（未刊稿）。
[②] 黄斌：《当前我国法官流失现象分析与对策建议》，《中国审判新闻月刊》2014 年第 3 期。

职和组织调动人数分别占全省法院辞职、组织调动总人数的 74.6% 和 78.6%。[①] 基层法院离职现象更为突出与基层法院层级低、职级晋升难、工资收入低、审判压力却最为突出等因素紧密相关。

六 法官离职法院应对失当

中国法官成规模、大量流失，与此相对应的则是法院的应对失当。人才流失在某种程度上触动了法院的神经，但是有的法院听之任之，有的法院不是通过提高职业吸引力加以挽留，而是采取了各种限制措施，但方法简单粗暴，效果不佳。

根据雇员流失理论，"企业对于核心雇员的流失应当加以管理，通过与流失雇员交流等方式了解促使员工离职的原因，提出应对措施来降低员工的离职率，提高组织效能"[②]。目前法院对离职法官干预和应对机制还远未完善，既没有建立离职谈话机制，深入了解法官离职的原因，也没有针对这些原因提出应对措施。此外，由于法院本身受制于整个制度框架，没有独立的财政权和用人权，缺乏留住优秀法官所需求的必要资源。限于此，一些法院打人情牌，提出感情留人，但是面对巨大的薪酬差距，感情留人无法长期奏效；另一些法院则通过制定内部文件，用限制法官离职等"堵"的方式以各种理由限制法官辞职，[③] 这种做法不仅不合法，而且即使能短时间内留住法官的人，也无法留住法官的心，法官们"身在曹营心在汉"，工作的责任心和勤勉程度都有可能大打折扣；而

[①] 黄斌：《当前我国法官流失现象分析与对策建议》，《中国审判新闻月刊》2014 年第 3 期。

[②] 符益群：《企业员工离职影响因素探讨》，硕士学位论文，暨南大学，2003 年。

[③] 即为法官离职设置各种条件和障碍，例如，只能在每年的某个固定时间提出辞职报告；或者表现好才能辞职的要求："提出辞职申请的人员在服务期内应勤勉敬业，能够圆满完成各项工作任务，工作业绩得到部门充分认可，经考核合格后，由干部科提交党组会研究辞职事宜。"更为常见的是，在享受法院福利待遇后就要求延长服务期："在我院工作期间存在下列情形之一的人员，已满五年服务期的，自情形出现之日起，延长服务期五年；不满五年服务期的，自服务期满之日起，延长服务期五年：（1）已完成任命程序的中层副职；（2）已办理我院公租房入住手续的人员；（3）已解决配偶进京落户的人员；（4）经我院协调，解决子女入托、入学问题的人员；（5）经党组研究决定应当延长服务期限的其他情形……"详见本书第四章例 16、例 17、例 18、例 19。

且，从长远看，这类不合理的规定本身也不利于提高法官职业的吸引力。

第二节 法官离职的影响

从上述数据和分析看，法官离职在全国各地、各级法院都形成了一定的规模，那么法官的离职现象对法院、对司法、对整个社会会造成什么影响呢？

一 法官职位空缺、法官断层

法官离职的直接影响就是法官职位空缺甚至断层。司法具有极强的专业性，需要运用法律知识和法律理性对纷繁复杂的社会矛盾纠纷进行判断。早在400多年前，柯克法官就提出司法作为一项"技艺理性"不同于人类的自然理性，需要长时间的学习和实践才能获得。[①] 因此，社会上只有少数具有丰富的法律知识的人，经过特殊训练才能成为合格的法官。法官任职要求高，职业替代性差，法官的培养和成熟需要较长的时间，法院面对法官离职后留下的空缺，选任合适的补充人选十分困难。法官离职对于审判的正常运行会造成一定的影响，特别是中西部一些面临招录困难的基层法院，法官离职更是加剧了这些地方的法官断层。以湖南省郴州安仁县法院为例，近两年流失法官7人，却一个审判员也没有招到，致使除刑事、行政合议庭外，其他合议庭无法组成。

二 法官素质下降

在中国，法院人数多、法官素质不高常常为学者所诟病。假设法院中法律素养低、审判水平不高的法官离职，该法官的离职能够使得法官队伍素质提高，职业化和精英化水平提升，又恰好符合当前的员额制改革方向，法官的离职现象就不值得重视，甚至是一个皆大欢喜的现象。

[①] 李栋：《英国普通法的"技艺理性"》，《环球法律评论》2009年第2期。

然而事与愿违，法官离职往往不是驱逐了"劣币"，而是"逆向淘汰"，"法官选择律师行业不是被淘汰，而是法院优秀人才的自动选择"①。上文的调查也表明，离职法官往往是法官队伍中的佼佼者，成规模、大量的优秀法官离开法院，并且无法吸引高素质的法律人才补充优秀法官离职后的岗位，那么就会造成一个时间段内法官整体素质的下滑。但是，在法官的保障和地位还没有落实之前，吸引高素质人才的想法只能是空中楼阁。近年来，法院面向律师等公开招考法官多半以失败告终就是一个典型的例子。②

三 加剧法院"案多人少"矛盾

近年来，中国法院正面临着汹涌而来的"案件潮"的洗礼。全国法院系统受理的案件数量连续十余年保持增长态势。根据最高人民法院的工作报告，1979 年全国法院审结案件 52 万件，1999 年上升到 623 万件，2017 年全国法院收案量突破 2300 万件，与 1978 年相比上升 40 余倍，而同期法官数量增加则不足 2 倍，不少法院的"案多人少"矛盾十分突出。有的法院立案后安排开庭至少在三个月之后；有的法院即使立即停止收案，以目前的结案速度，消化现有存案的周期就在半年以上。随着中国经济的发展，立案登记制度改革等因素，预期未来几年内法院收案数量仍将快速上升。与此相对的是，在 2001 年确立国家司法考试制度后，中国法官的人数就基本停滞不前，在司法体制改革全面落实后，员额法官数量又将大幅减少。面对已经来势汹汹的"案件潮"，法院人力资源调配已经捉襟见肘，而"案件潮"与优秀法官的"离职潮"相互叠加，则必然会加剧这种"人案矛盾"，法院将受到更大的冲击。

四 影响案件审判质量

根据上文分析，离职法官大部分是具有一定审判经验的骨干法官。

---

① 王浩云：《从法官到律师：中国司法职业逆向选择现象透视》，《湖南社会科学》2014 年第 3 期。

② 王琪林：《我国法官与律师职业流动研究》，硕士学位论文，吉林大学，2011 年。

法官所从事的审判职业的特点决定了在丰富的法律知识之外,社会阅历、生活经验,尤其是审判经验的积累对案件审判质量具有重要影响。这也是法院要求新录用人员从书记员做起,从书记员到初任法官再到资深法官,至少要经历五至十年的历练。有经验的骨干法官大规模离职后,即使法院可以招录到足够多的优秀年轻法律人补充到法官队伍中,与离开法院的优秀骨干法官相比,其业务能力的提升和审判经验的积累也需要一个比较漫长的过程,在一定时期内,对案件审判质量的冲击也难免令人担忧。

五 助推法律共同体融合

如果以整个社会为背景,而不仅仅局限于法院的视角,法官离职则促进了整个法律共同体的融合。法官离职后大多仍然从事法律工作,成为律师、公司法务人员、法学教师、政府官员、检察员或者自由职业者,法官与这些法律人之间的交流会更加频繁,相互之间的信任度、理解度会逐步提高。作为律师、公司法务人员,前法官有利于加强法官与当事人间的相互信赖,增强当事人对法院裁判的理解,提高服判息诉率;作为法学教师,前法官有利于加强法律理论界与实务界之间的沟通,有助于促进司法理论、实务的深入研究;作为政府官员,前法官有利于提高行政部门的行政应诉能力,提升政府的依法行政水平;作为检察员,前法官有利于加强法院、检察院的沟通,提高检察监督的水平,这些对于构建和谐的法律共同体大有裨益,这也是法官离职的积极影响之一。

第三节 法官离职的原因分析

要控制法官流失的规模,进而增强法院对优秀法律人才的吸引力,首先需要深入分析法官离职的主要原因。

人力资源理论中对于员工的离职有专门的理论模型。马金贵和张长元的推拉理论认为,"员工流失的原因是社会因素、组织因素和个人因素共同作用的结果。社会环境的积极因素会形成拉力,使员工脱离组织;

不能满足员工期望值的现行组织状态的消极因素会形成推力,使员工产生流失意愿。当拉力弱、推力弱时,员工选择留职;当拉力强、推力弱或拉力弱、推力强时,员工持留职观望态度;当拉力强、推力强时,员工必然选择流失"[1]。

法官离职的原因也可以从以下三个因素去分析:

从社会因素看,一是随着社会的不断发展和经济行为的日益频繁,经济和社会生活中发生的矛盾纠纷的总量不断增多,个人和个人、个人和组织、组织和组织之间的矛盾不断增加,法律专业人才有助于预防法律风险、解决纠纷,整个社会对他们的需求不断增长;二是随着市场经济的发展和法治宣传教育的普及,社会的规则意识和法律意识不断提高,无论是机关、企事业单位还是个人"办事依法、遇事找法、解决问题用法、化解矛盾靠法"的意识不断增强,整个社会对法律服务的需求不断增长;三是在市场环境中生存的律师事务所和企业单位等,有比较完善的薪酬机制和奖励机制,多劳多得,给予优秀人才高额甚至超额的经济回报,对于法律人才有较强的吸引力。

从个人因素看,法官是社会中的稀缺人才。第一,法官的入职门槛较高。《法官法》《公务员法》为初任法官设置了比较高的入职门槛,担任法官不仅需要本科以上学历,通过难度极大的国家司法考试,还需要通过公务员考试等,成为法官的法律人几乎都是百里挑一的优秀法律人才。第二,从离职法官的身份特点看,离职法官学历高、审判经验丰富,不少离职法官都是法院的审判骨干,甚至是中层领导。这几条都是律师事务所、企业法务部门所看重的经历和资历,它们愿意也能够给离职法官提供比现有收入高几倍甚至十几倍的高薪。第三,离职法官大多属于中青年法官,他们在承受巨大生活和经济压力的同时,对职业有更多的憧憬和期待,而法院因循守旧的科层制管理方式无法满足法官的期待。

从组织因素看,法院内部给法官提供的职业环境并不理想。一是工作压力大,案多人少的矛盾越来越突出。中国处在转型期,矛盾高发,各类纠纷一直处于上升态势,一线办案法官的工作量严重超负荷。而且

---

[1] 马金贵、张长元:《另类离职模型:推拉模型》,《南华大学学报》(社会科学版) 2005年第5期。

"随着人们需求的增加,大量新型、疑难、群体性纠纷涌向法院,案件处理难度大大增加"①。

二是职业风险高。近年来,人民群众的司法期待越来越高,司法环境继续恶化,缠诉闹访、哄闹法庭、暴力抗法事件屡有发生,裁判结果只要与自身预期不一致,当事人立即将矛头对准法官,对法官动辄辱骂投诉、恐吓威胁,有的甚至采取持械殴打、抛掷危险物品等较为极端的方式对法官进行人身攻击,使法官心有余悸。同时,当事人在网站、微博、博客等媒体上随意谩骂、侮辱、诽谤法官的情况也逐渐增多,司法权威、法官尊严受到严重挑战。②

三是职级待遇偏低。《法官法》实施以后,法官进入"门槛"提高,任职条件要求高,但工资福利及职级却实行与公务员统一的标准,晋职晋级比其他公务员还慢,高要求和低保障形成鲜明的对比。调研显示,基层法官35岁之前很少能晋升副科级,不少基层法官退休时仍然是科员。③

四是法官作为特殊职业的荣誉感逐渐消失。"我国目前的司法现状是当事人对法官有误解,只要败诉,就可能会迁怒于法官,甚至出现跟踪、谩骂、攻击、侮辱法官、信访、闹访等行为,直接威胁着法官的人身安全。"④ 这些都使得法官作为特殊职业的荣誉感大为受损。

马金贵和张长元的离职模型将"员工的流失放在整个社会系统中进行考虑,对员工的流失分析不光考虑组织消极因素形成的推力,也要考虑社会因素形成的拉力"⑤。因为"社会因素的拉力总是存在,因此分析的重点应该放在如何降低来自企业内部的推力"⑥。依据这一模型进行分

---

① 吴英姿:《"调解优先":改革范式与法律解读——以O市法院改革为样本》,《中外法学》2013年第3期。

② 黄斌:《当前我国法官流失现象分析与对策建议》,《中国审判新闻月刊》2014年第3期。

③ 同上。

④ 胡昌明:《中国法官职业满意度考察——以2660份问卷为样本的分析》,《中国法律评论》2015年第4期。

⑤ 王文俊:《员工流失理论综述》,《现代企业教育》2010年10月下期。

⑥ 马金贵、张长元:《另类离职模型:推拉模型》,《南华大学学报》(社会科学版)2005年第5期。

析可以看出，法官离职受到了内外部两方面的作用，不仅外部拉力强，内部推力更强，导致法官离职人数多、规模大。随着法官职业化建设的深入，司法体制改革后法官员额制的实施，法官的素养和能力也将不断提高，在社会经济发展对于法律人才需求不断增长的大环境下，对于消减法官离职的外部推力法院无能为力，因此解决问题的重心应放在改变法院的内部推力上，重点是针对法官离职的主要原因，提出法官保障的具体举措，改善法官的生存状态，还法官以尊严，只有在内部推力弱，甚至内部产生强大拉力的情况下，才能够留住法官，甚至吸引更加优秀的人才进入法官队伍。

第二章

法官职业保障状况的实证分析

在国外，法官一直是法律人最向往的一种职业。在法治发达国家，法官是法律人职业生涯的最大荣耀。中国法官虽然不具有西方法官那么崇高的地位，但改革开放后，随着法治不断进步和法律职业化水平逐步提升，法官也具有较高的职业声望。[①]

但是，近年来中国法官群体的不满情绪和被剥夺感逐渐增强，法官的幸福度、满意度不断下降，法官的生存状态呈恶化趋势，越来越多的法官选择离开法官队伍，这与建设法治中国的目标相背离。目前，中国法官生存状态到底如何，法官的不满情绪从何而来，是什么让法官不再热爱这个职业，这些实然层面的问题通过理论研究很难得出令人信服的结论。因此，本书主要采用实证研究的方法，通过调查问卷直接了解法官的真实感受，结合法官保障制度理论对调查问卷进行统计分析，以期尽可能准确地展现中国法官的真实生存现状。

---

① 在北京地区职业声望调查（1997—1998）中，法官在100项职业中排名第8，高于大学教师、律师、国家机关局长等职业（李强：《在转型时期冲突性的职业声望评价》，《中国社会科学》2000年第4期）；在最近对北京大学大学生的一份调查中，法官在86项职业中排名第2。（田志鹏、邝继浩、刘爱玉：《社会转型时期大学生职业声望评价》，《青年研究》2013年第5期。）

第一节　调查方法与问卷设计

一　调查问卷的设计

为了从法官群体自身感受的视角研究法官的生存状况，笔者编制了"法官生存状况的调查问卷"。本问卷的编制过程中，首先，根据调研目的，参考有关调查问卷的形式、编制方法，结合社会学理论，[1] 设计出调查问卷的初稿；其次，在向多名法律专家、法官[2]征求问卷初稿意见的基础上形成修改稿；最后，参考了多名法官对问卷进行预答的情况最终确定了调查问卷的内容。通过调查拟达到如下几个目标：一是了解中国法官的个人基本状况，包括法官的年龄、性别、学历、职务、职级、婚姻状况、家庭状况、任职时间、所在法院的地域及层级等。二是法官的基本生存情况，包括法官工作繁忙程度、结案量、收入、支出、职业满意度以及生存压力大小、离职倾向等。三是法官生存状况的差别。四是造成法官生存现状的原因。

调查问卷共设计37题，均为客观题，分为法官基本情况（16题）和法官生存状况（21题）两部分。（见附录）法官基本情况主要调查受访者性别、年龄、法院所在地区、进入法院时间、所在法院层级、任法官年限、政治面貌、婚姻状况、子女情况、学历、职务、职级、目前所在岗位、个人住房情况等个人基本情况。法官生存状况则主要考察法官月均审结案件数量、配备书记员数量、法官助理的数量、加班频次、个人月收入、家庭月支出、收入满意度、理想的收入水平、

---

[1] ［美］艾尔·巴比：《社会研究方法》，邱泽奇译，华夏出版社2009年版；［美］波普诺：《社会学》（第十版），李强等译，中国人民大学出版社2005年版；风笑天：《社会学研究方法》，中国人民大学出版社2009年版等。

[2] 本调查问卷设计和发放过程得到了原贵州高级人民法院李量法官（法官之家、尚格法律人微信号创办人）、全国人大朱树龙博士、北京市高级人民法院吴小军法官、北京市朝阳区人民法院研究室吴彬主任，以及白小莉律师、王兆同律师、陈云女士等几位前法官的大力帮助和论证，特此感谢。

选择法官职业的原因、职业满意度、不满意的原因、审判压力的来源、生活中的烦恼、愿望、是否考虑过离职、离职去向、对其他法官离职的态度、岗位选择意愿、审判工作的主要挑战及法院需要改进的方面等。

二 调查问卷的信度考察

信度（Reliability）在社会学中是衡量测量方法质量的一个重要指标，即对同一现象进行重复观察是否可以得到相同的资料，它代表着调查的可信度。[①] 为保证该调查结果具有较高信度，笔者进行了如下工作。

第一，调查问卷发放范围广。本次问卷发布时间自 2015 年 3 月 30 日至 4 月 10 日，答卷法官涵盖全国 31 个省份，四级法院，从院长、庭长到普通法官都积极参与，调查普及面较广，可信度较高。

第二，调查参与人数较多。本次调查共收集到有效问卷 2660 份，约占全国 19 万法官的 1.4%，参与面较大。

第三，调查过程客观。调查问卷主要通过问卷网、"法官之家"微信公众号[②]、新浪微博等网络媒体发布，完全由法官自愿参与填写，大大降低了摊派填写时，填报者故意扭曲事实而导致的调查结果不准确。

第四，匿名性。调查问卷不要求提供填写者的姓名，因此最大限度地保证了调查问卷结果的客观性和真实性。

第五，调查结果可验证性。从调查结果所反映的法官人均结案数、月收入、法院层级比例等都与官方以及其他媒体上公布的相关数据相印证，调查数据信度较高。

下面，从受访法官的基本情况、法官的职业理想、法官的职业满意度等几个方面对问卷结果进行分析。

[①] ［美］艾尔·巴比：《社会研究方法》（第十一版），邱泽奇译，华夏出版社 2009 年版，第 143 页。

[②] "法官之家"是贵州高院法官创办的主要推送与法院、法官相关文章的一个微信公众号，在法官群体中有很大影响力，最多时订阅者 13 万多人，法官占 90% 以上。

第二节 受访法官的基本情况

本节对受访法官的基本情况进行了较为详细的统计分析，之所以如此，一是由于调查问卷发放的非随机性，作为分析的样本可能会受到一定的质疑，通过统计法官基本情况并和权威数据对比，有助于再次验证调查问卷的信度；二是本书除了调查法官的基本生存状况外，还侧重调查了不同法官群体的生存状况差异，并在此基础上深入分析了不同层级法官生存状况的差异，并得出了进一步的细化结论，因此法官的不同个人信息尤为重要。

一 个人基本状况

（一）法官的性别

参与调查的 2660 名法官中，男法官 1724 人，占 64.81%；女法官 936 人，占 35.19%。受访法官群体中男法官比女法官多将近一倍（见图 2—1）。[1]

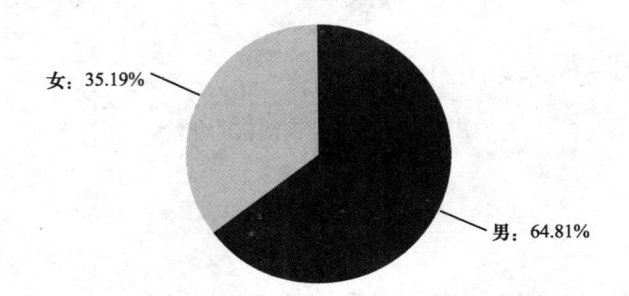

图 2—1 参与调查法官的性别

注：本书中百分比数据因四舍五入，可能会有偏差，但不会影响结论，特此说明。

---

[1] 可资参考的数据是 2010 年年初，最高人民法院副部级专职委员、中国女法官协会会长王秀红谈到女法官成长时说，目前，全国四级法院组织体系中共有女干警八万四千余人，其中女法官四万五千余名，约占中国法官队伍总数的四分之一。

（二）年龄

参与调查的 2660 名法官中，25 岁以下法官 19 人，占 0.71%；25—30 岁法官 449 人，占 16.88%；31—35 岁法官 782 人，占 29.40%，所占比例最高；36—40 岁法官 519 人，占 19.51%；41—50 岁法官 748 人，占 28.12%；50 岁以上法官 143 人，占 5.38%。从上述数据可以看出，中国法官群体年轻化趋势明显，35 岁以下的青年法官占了 46.99%，66.50% 的受访法官年龄在 40 岁以下，所占比例较高；50 岁以上法官仅占 5.38%，比例相对较低（见图 2—2）。根据调查结果测算，[1] 参与调查的法官群体平均年龄 37.7 岁，与官方公布的法官平均年龄相当。[2] 这反映出受法官选任和退休等制度的影响，中国法官相对比较年轻，司法体制改革后，员额内法官的平均年龄虽有所上升，[3] 但是与国外法官相比年龄

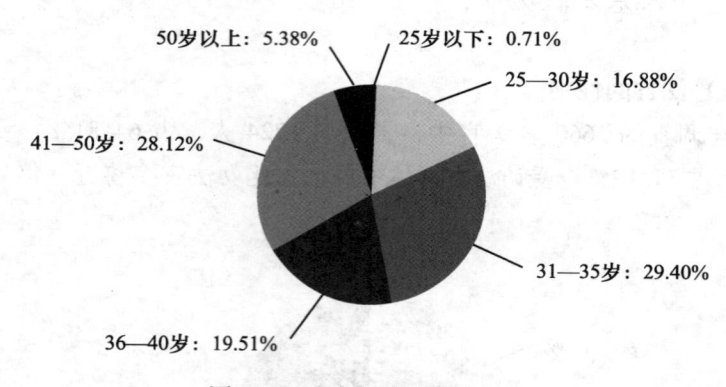

图 2—2　参与调查法官的年龄

---

[1] 由于调查问卷采取的是年龄段的选项，所以无法获得参与调查法官的实际年龄，但是根据年龄段的中位数与该年龄段法官所占比例的乘积相加，可以得出参与调查法官的大体平均年龄约为 37.7 岁。

[2] 2015 年年初，时任北京市高院院长的慕平在北京市第十四届人大三次会议上透露北京法院系统法官平均年龄约为 38 岁。

[3] 北京市高级人民法院副院长、司改办主任安凤德在接受新京报记者采访时表示，第一批入额法官平均年龄为 40.6 岁，较此前略高，40 岁以下占到 53%。另据媒体报道，重庆首批员额内法官平均年龄为 41.7 岁，其中 45 岁以下中青年骨干占 62.4%。

低、资历浅仍是不争的事实。[1]

(三) 受访法官所在法院的层级

参与调查的法官遍布各层级法院，样本分布面比较广泛、均匀。调查数据显示，受访法官中，基层法院法官1993人，占74.92%；中级法院法官513人，占19.29%；高级法院法官147人，占5.53%；最高法院法官7人，占0.26%（见图2—3）。受访者中基层法官所占比重最大，与全国基层法官比例十分接近（基层法官占全国法官总数的76.33%[2]）。

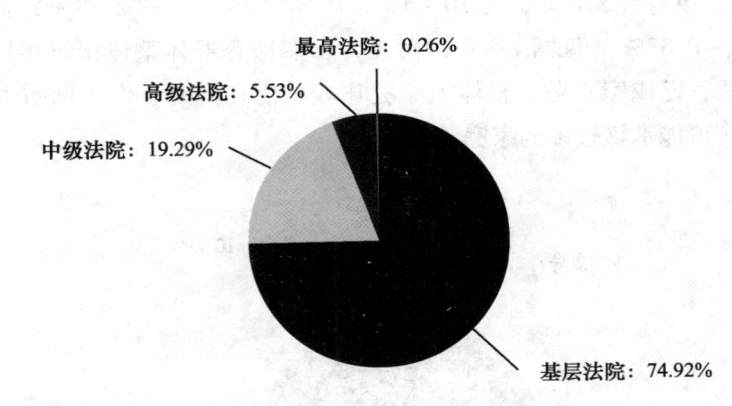

图2—3 参与调查法官所在法院的层级

(四) 参与调查法官所在地域

调查显示，受访法官涉及全国31个省份，其中东部省份1332人，占50.08%；中部地区法官868人，占32.63%，西部地区法官460人，占17.29%。全国法院法官的地域分布并不均衡，通常情况下，东部沿海发达地区法院规模大、案件数量多，法官也相对较多，中西部地区案件数

---

[1] 这些数据表明，虽然本次调查是通过网络以及微信、微博等新媒体端发起的，但是受访的法官人群相对比较广泛，与严格抽样的法官构成结构差别不大。
[2] 肖扬：《最高人民法院关于加强基层法院建设情况的报告——2004年10月26日在第十届全国人民代表大会常务委员会第十二次会议上》，《中华人民共和国全国人民代表大会常务委员会公报》2004年第S2期。

量少，法官人数也相对较少，本次调查的对象也体现了这一规律。东部法院法官所占比例超过全部参与调查法官的一半，西部地区法官占六分之一左右，三个地区受访法官人数比基本上为3∶2∶1。

二 法官家庭情况

（一）婚姻状况

无论在哪个国家，法官都是具有稳定生活偏好的中产阶级，中国法官也不例外。受访的2660名法官中，已婚者2298人，已婚率高达86.39%；单身者278人，占10.45%；离异的74人，占2.78%；丧偶的10人，占0.38%（见图2—4）。可见，虽然法官群体整体比较年轻，但大部分法官已成家立业，整体上家庭比较稳定；同时，作为已婚者也意味着法官可能承担较多的家庭负担。

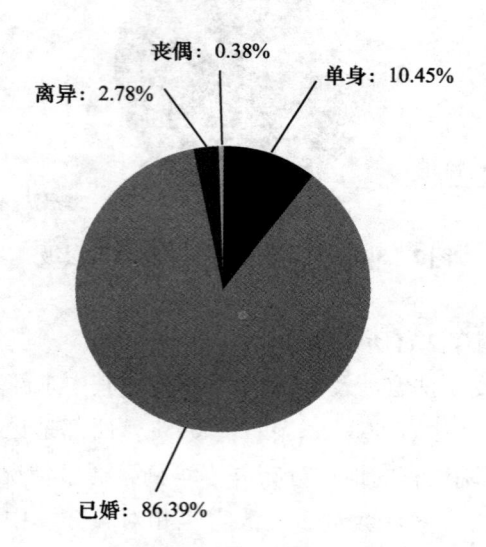

图2—4 参与调查法官的婚姻状况

（二）子女情况

调查显示，受访法官中有子女的2103名，占79.06%；没有子女的557人，占20.94%（见图2—5）。考虑到没有子女的557名法官中还有

278 名为单身法官,也就是说已婚法官(包括丧偶和离异)中 88.29% 都拖家带口,比例较高。

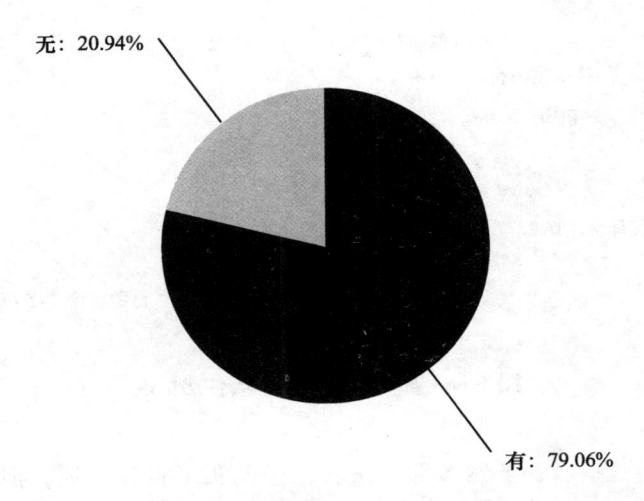

无: 20.94%

有: 79.06%

图 2—5 参与调查法官的子女情况

调查还显示,在育有子女的法官中,子女在学龄前的最多,为 810 名,占 38.52%;其次,子女尚在小学阶段的 432 人,占 20.54%;子女处于中学阶段的 397 人,占 18.88%;子女已经读大学及以上的 305 人,占 14.50%,子女已工作的 159 人,占 7.56%。也就是说,92.44% 的法官子女仍在求学阶段,尚未实现经济独立,需要父母承担较多的经济压力;77.94% 的子女尚未成年,需要花费时间和精力陪伴;38.52% 的法官子女还在学龄前,需要父母付出更大的精力,这些数据从一个侧面反映出法官的家庭生活状况以及可能面临的各种负担和压力。

(三) 住房情况

孟子曰:"有恒产者有恒心。"法官不是不食人间烟火的圣人,且由于近年来全国各地房价高企,是否买房、能否拥有稳定的居所已经成为衡量法官能否有恒心,以及经济压力大小的重要指标之一。调查显示,受访法官中,已购买住房的 1745 人,占 65.60%;尚居住在父母家的 433 人,占 16.28%;在外租房居住的法官 239 人,占 8.98%;暂住单位宿舍的法官 139 人，占 5.23%；其他住房情况的法官 104 人，占 3.91%（见图 2—6）。

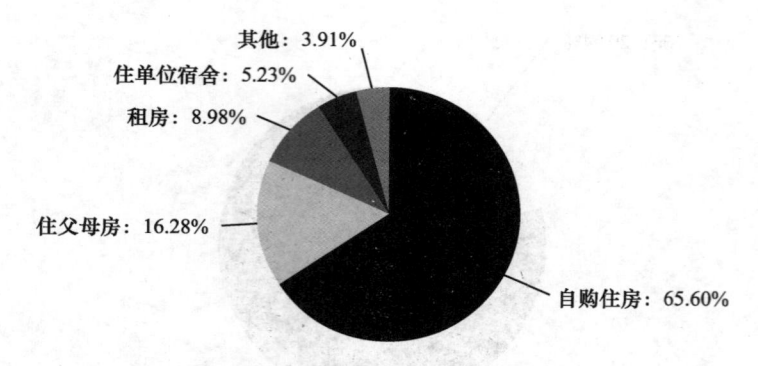

其他：3.91%
住单位宿舍：5.23%
租房：8.98%
住父母房：16.28%
自购住房：65.60%

图 2—6　参与调查法官个人住房情况

从上述数据看，虽然大部分法官已经购买了自住房屋，但是没有自购住房的法官也占到了 34.40%，部分法官租房居住，需要负担高额的租金，经济压力巨大。另外，暂住父母家和单位宿舍的法官虽然没有租金或者房贷还款压力，但是法院宿舍往往有单身或者借住时间的限制，而婚后长期居住父母家也容易引发各种矛盾，所以这两者都只是权宜之计。由此可见，相当一部分法官在住房方面还是存在较大经济压力和生活压力。

三　法官工作情况

（一）法院工作年限

通过法官任职年限的调查，有助于了解不同资历法官的生活压力、生存状态，提出更有针对性的对策。受访法官中，担任法官 3 年以下的 644 人，占 24.21%；担任法官 3—5 年的 614 人，占 23.08%；任法官 6—10 年的 512 人，占 19.25%；任法官 11—15 年的 276 人，占 10.38%；任法官 16—20 年的 331 人，占 12.44%；任法官 21—25 年的 203 人，占 7.63%；任法官 25 年以上的 80 人，占 3.01%（见图 2—7）。从上述数据来看，担任法官不满十年的占 66.54%，其中任法官不足 5 年的 1258 人，占 47.29%，几乎占到受访者的一半；而任职 20 年以上的资深法官 283 人，仅占 10.64%。法官任职平均年限约为 13.1 年，[①] 参与调查的法官中，资历浅的法官所占比例更大。

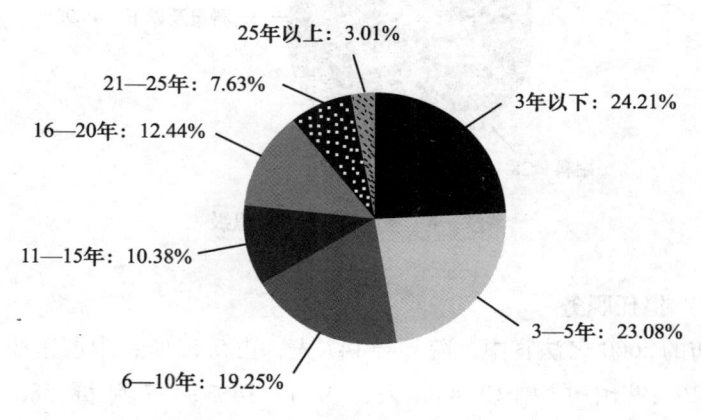

图2—7 参与调查法官任命年限

- 25年以上：3.01%
- 21—25年：7.63%
- 16—20年：12.44%
- 11—15年：10.38%
- 6—10年：19.25%
- 3—5年：23.08%
- 3年以下：24.21%

（二）法官职级

职级是衡量一个法官职位高低的主要标准。调查发现，整个法官群体的职级相对较低。受访的法官中，1248 名法官位列公务员序列底层的科员级，约占 46.92%；副科级法官 748 人，占 28.12%；正科级法官 527 人，占 19.81%；副处级法官 105 人，占 3.95%；正处级法官 26 人，占 0.98%；处级及以上的法官合计仅占 5.16%；副局级以上法官仅 6 人，占 0.23%（见图 2—8）。通过年龄与职级对照表，我们发现，35 岁以下的法官多半是科员，40—50 岁的中年法官主体还是正、副科级，甚至 50 岁以上资深法官中只有 20% 跨入处级干部行列。长期以来，与一般行政部门公务员相比，法官行政职级晋升慢、晋升难是不争的事实。在中国，法官参照公务员进行管理，法官的身份地位以及工资收入都直接与其行政职级挂钩，法官的职级不高就意味着法官不可能具有优渥的待遇和崇高的尊严。

[①] 据报道，北京法院第一批入额法官的平均任职时间为 11.9 年，与本调查的法官平均任职时间 13.1 年比较接近。

34　中国法官职业保障研究

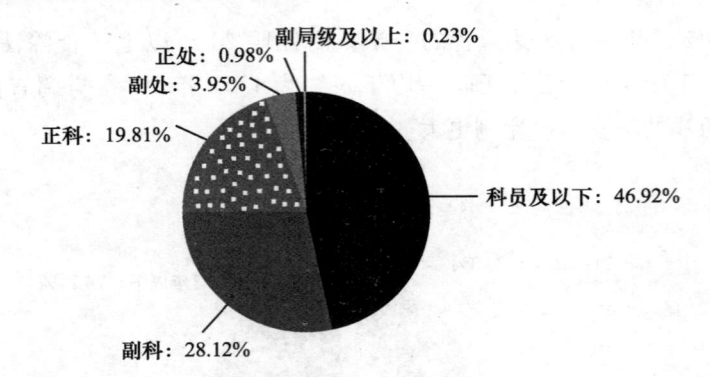

图2—8　参与调查法官职级

(三) 担任职务

受访的2660名法官中，院领导147人，占5.53%；中层正职498人，占18.72%；①中层副职456人，占17.14%；审判员586人，占22.03%；助理审判员973人，占36.58%（见图2—9）。从调查数据看，参与本次调查的法官涵盖了院长、庭长和普通法官，虽然普通法官（审

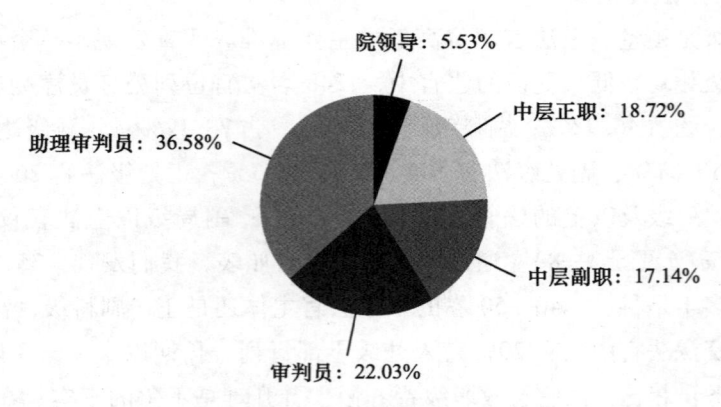

图2—9　参与调查法官职务

---

① 院长与中层正职领导两者合计达24.25%，与中国法院实际的院长、庭长所占比例比较吻合。原北京市高级法院院长慕平在接受新京报记者采访时称："目前法院行政后勤保障637人有法官职称，占15%；886人是院长、副院长、庭长等，主要精力投入于审判监督指导管理，占21%。这样算来，有36%的法官实际上不经常办案。"

判员、助理审判员）仍占大多数，但法院的院级和中层领导干部参与此次调查的积极性也较高，法院院、庭长参与比例合计高达 41.39%，院、庭长参与度高，说明他们对法院和法官的前途、命运更为关切。

（四）所在岗位

本次问卷还调查了法官所在岗位，以便分析不同岗位法官生存状态的差异。该问题共设计了 15 个选项，包括民事审判庭等审判业务部门 8 个，及研究室、办公室等审判辅助部门 7 个。调查结果显示，2660 名受访法官中，在民事审判庭工作的 865 人，占 32.52%，如果包括派出法庭的 386 人在内，民事审判法官共计 1251 人，占比为 47.03%；刑事审判庭法官 289 人，占 10.86%；行政审判庭 85 人，占 3.20%；商事审判庭 149 人，占 5.60%；知识产权庭 25 人，占 0.94%；审监及其他业务庭 144 人，占 5.41%；执行部门 240 人，占 9.02%；立案庭 95 人，占 3.57%；政工部门 65 人，占 2.44%；研究室 95 人，占 3.57%；办公室 63 人，占 2.37%；警队 3 人，占 0.11%；审判管理部门 46 人，占 1.73%；其他部门 110 人，占 4.14%（见图 2—10）。

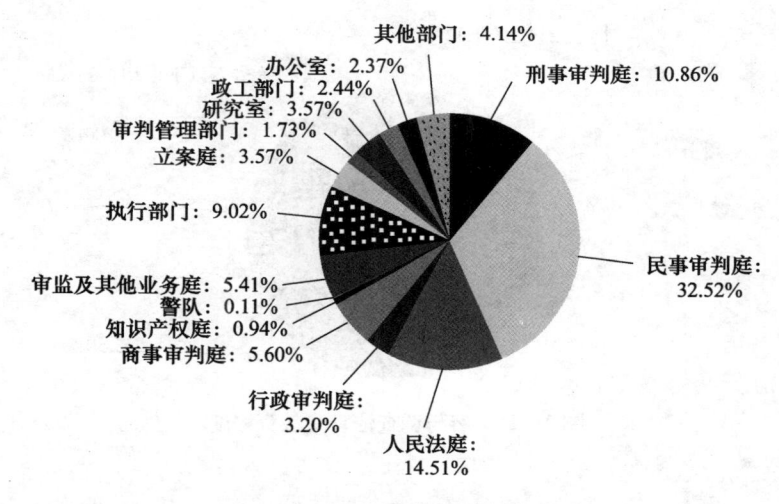

图 2—10 参与调查法官所在岗位

从调查情况看，刑、民、行政等审判业务部门的法官共计 2278 人，占 85.64%，占了绝大多数；其他综合部门 382 人，占比仅 14.36%。① 从这个比例看，参与调查的法官大多数在一线部门工作。

四 法官专业学历情况

（一）学历

二十年前，贺卫方教授在《通过司法实现社会正义——对中国法官的一个透视》一文中认为，中国法官整体上学历低、专业性差。② 法官的低学历状况也一直为学者所诟病。本次调查数据显示，受访法官中，绝大部分具有大学本科以上学历，其中还有相当部分法官获得了硕士和博士学位。参与调查的 2660 名法官中，具有本科学历的 1689 人，占 63.50%；硕士学历的 879 人，占 33.05%；博士及以上的 35 人，占 1.32%；本科以上学历合计占比达到 97.86%，大专以下学历的法官只有 57 人，仅占 2.14%（见图 2—11）。可见，与二十年前相比，法官的学历水平有了大幅提升，说明在《法官法》实施之后，法院职业化建设确实取得了显著成效，法官群体无论是学历还是专业性都有了根本性的改观。

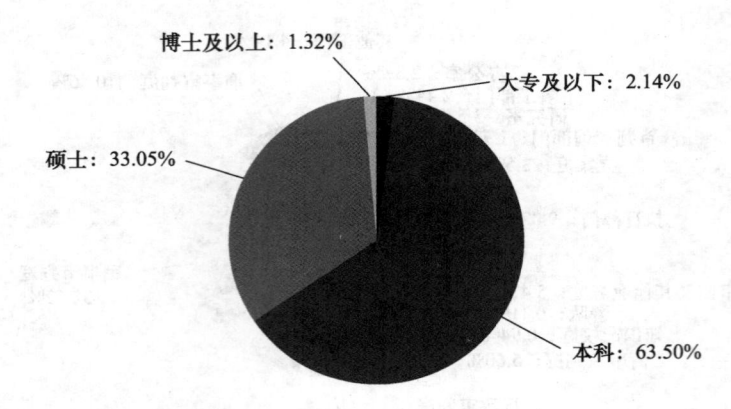

图 2—11 参与调查法官受教育程度

① 与上一条注释中慕平院长说的 15% 的比例十分吻合。
② 贺卫方：《通过司法实现社会正义——对中国法官的一个透视》，《司法的理念与制度》，中国政法大学出版社 1998 年版，第 17—22 页。

(二) 学历类型

由于国内学历获得渠道很多，通过全日制高等院校学习取得学历与业余参加业大、电大、函大、党校、政法管理干部学校等各类培训机构取得学历有很大差别，因此问卷专门调查了法官学历获得的方式。调查数据显示，受访法官中，前学历法官1708人，占64.21%，后学历法官952人，占35.79%。从获得硕士以上学位的法官来看，914名硕士以上学历法官，前学历的672人，占73.52%；后学历的242人，占24.45%，全日制获得硕士、博士学位的法官超过四分之三，学历的含金量更高（见图2—12）。可见，法官群体不仅学历水平较高，而且通过全日制大学正规学习取得学历的比例很高，法官已经成为货真价实的高学历群体。

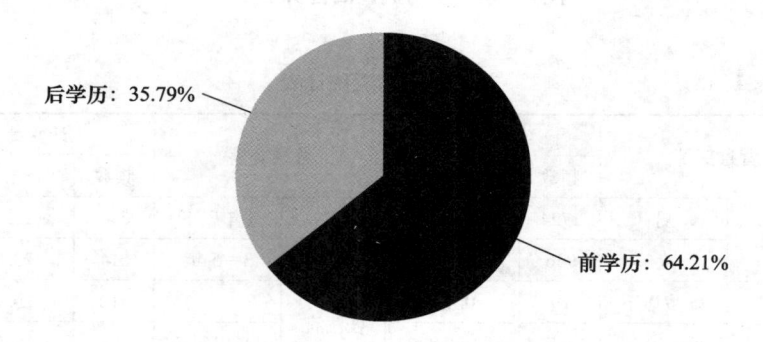

图2—12　参与调查法官学历

(三) 专业知识水平

虽说法学是经验科学，但是欠缺丰富的法律专业知识很难成为一名称职的法官，因此所学专业是考察法官专业知识水平的一个重要维度。调查数据显示，受访法官中，所学专业是法律专业的2239人，超过九成（占90.17%）；非法律专业244人，占9.83%（见图2—13）。总体上来说，法官不仅学历高、正规院校毕业，也大都经历法学专业训练，有较好的法律素养。可见，中国法官的主体已经逐渐成为专业法律人士。

非法律：9.83%

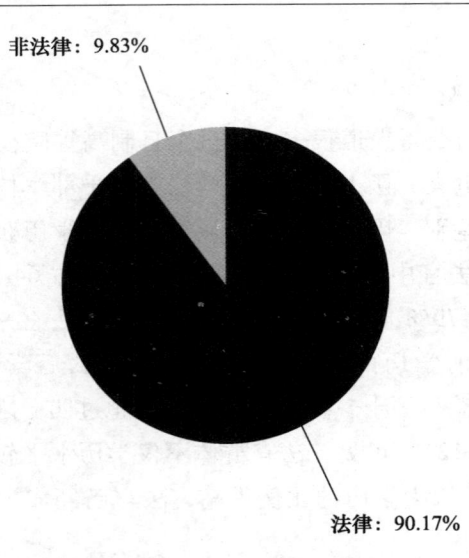

法律：90.17%

图 2—13　参与调查法官所学专业

表 2—1　　　　　　　　　法官基本情况统计表

背景变量		统计变量		背景变量		统计变量	
		频数	百分比（%）			频数	百分比（%）
性别	男	1724	64.81	任法官年限	3 年以下	644	24.21
	女	936	35.19		3—5 年	614	23.08
年龄	25 岁以下	19	0.71		6—10 年	512	19.25
	25—30 岁	449	16.88		11—15 年	276	10.38
	31—35 岁	782	29.40		16—20 年	331	12.44
	36—40 岁	519	19.51		21—25 年	203	7.63
	41—50 岁	748	28.12		25 年以上	80	3.01
	50 岁以上	143	5.38	婚姻状况	已婚	2298	86.39
法院层级	基层法院	1993	74.92		单身	362	13.61
	中级法院	513	19.29	子女情况	有	2103	79.06
	高级法院	147	5.53		无	557	20.94
	最高法院	7	0.26	学历	大专以下	57	2.14
地域	东部	1332	50.08		本科	1689	63.50
	中部	868	32.63		硕士	879	33.05
	西部	460	17.29		博士以上	35	1.32

续表

背景变量		统计变量		背景变量		统计变量	
		频数	百分比（%）			频数	百分比（%）
职级	科员以下	1248	46.92	学历获得	前学历	1708	64.21
	副科级	748	28.12		后学历	952	35.79
	正科级	527	19.81	岗位	业务庭	2278	85.64
	副处级	105	3.95		综合部门	382	14.36
	正处级	26	0.98	住房状况	自购住房	1745	65.60
	局级以上	6	0.23		住父母房	433	16.28
职务	院领导	147	5.53		租房	239	8.98
	中层正职	498	18.72		单位宿舍	139	5.23
	中层副职	456	17.14		其他	104	3.91
	审判员	586	22.03	所学专业	法律	2239	90.17
	助审员	973	36.58		非法律	244	9.83

第三节 法官的工作量

一 法官月均结案数量

审理和判决是法官的主要工作，月均结案数是体现法官工作量的重要指标之一，某种程度上可以说是最重要的指标。调查数据显示，受访法官中，月均结案 5 件以下的 384 人，占 14.44%；月结案 5—10 件的 684 件，占 25.71%；月均结案 11—20 件的 751 人，占 28.23%；月均结案 21—30 件，270 人，占 10.15%；月均结案 30 件以上的 186 人，占 6.99%，此外还有 385 名法官不从事具体审判工作，月均结案数为 0，占 14.47%（见图 2—14）。[①] 受访法官月均结案约为

---

① 这个数字与上文统计调查中综合部门法官 382 人，能够相互印证，再次说明本调查问卷的信度较高。

11.70 件。① 根据笔者及身边资深法官的经验，在只有一名书记员，没有法官助理协助的情况下，如果排除串案和特殊程序案件，每个月审结案件 10 件左右，法官基本上就处于满负荷工作状态，可以被称为"满负荷法官"，超过这个数量法官就达到满负荷工作量，甚至很可能需要加班完成。如果一个法官月均结案达到 20 件以上，可以被称为"超负荷法官"，超负荷法官会身心俱疲，必须靠压缩自己的个人时间来完成交办的案件，平时很难再有学习、充电的时间，而且这种状态很难长期持续。②

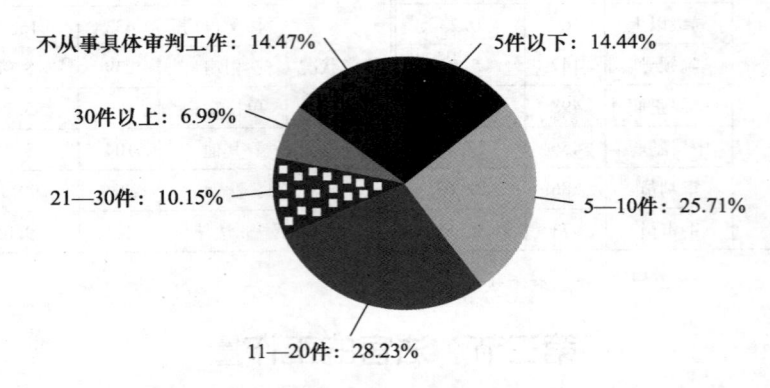

图 2—14 参与调查法官月均审结案件数量

不从事具体审判工作：14.47%
5 件以下：14.44%
30 件以上：6.99%
21—30 件：10.15%
5—10 件：25.71%
11—20 件：28.23%

调查结果显示，结案数在 10 件以上（相当于年均结案 120 件以上）的满负荷工作法官占受访法官的 45.38%，这部分法官通常需要加班才能完成审判任务。③ 结案数达到或者超过月均 21 件以上（相当于年均结案

---

① 这是一个根据选项计算的约数，计算方法为不从事审判工作的每月件数记为 0，5 件以下的记为 2.5 件，5—10 件的，记为 7.5 件，11—20 件的记为 15.5 件，21—30 件的记为 25.5 件，30 件以上的记为 35 件，再按照各个选项法官人数的权重，计算出法官月平均结案数为 11.70 件，年均结案约为 140 件。

② 审结一件破产案件与一件物业供暖案件法官所花费的时间、精力显然有着天壤之别，即使同一类案件，如两个离婚案件或者民间借贷案件，它们的难易程度和需要花费的精力也有可能千差万别，更不要说比较民事与刑事案件，一审与二审、再审案件，以及民事、行政诉讼中可能遇到的当事人信访、难缠，或者不稳定因素所花费的法官的时间和精力了。正是由于每一个案件的特定性，所以核定、测算法官工作量是极难的一件事，以此作为法官考核的种种尝试也注定无法获得既定的效果。这里所说的月均 10 件只是指处理一件普通难度案件的工作量。

③ 这可以与下文的加班时间调查进行对比研究。

252 件）的超负荷法官约占受访者的 17.14%，① 他们不仅需要大量加班，甚至加班都未必能够保质保量完成既定的审理和判决。这部分法官承受着巨大的审判压力，容易陷入焦虑状态，甚至其中部分法官可能通过消极怠工、离职等方式回避压力。

二 司法辅助人员数量

就法官年均结案的绝对数量而言，中国并不算高。很多国家法官的年均办案数量，不管是美国、法国还是日本、韩国，都比中国法官多出数倍，甚至数十倍。但是，如果就此就得出中国法官不忙不累，办案效率低下的结论则不仅失之偏颇，甚至与事实相反。原因一方面在于不同国家的司法体制有别，审判运转制度差异很大，案件类型也有着天壤之别，往往不具有直接可比性；另一方面是由于法官从事的工作内容和事项差别明显。一个案件的审判流程，包含送达起诉状副本、通知开庭、庭审、制作裁判文书、送达裁判文书、卷宗归档等多个环节，为主审法官配备一定数量的辅助人员是提高案件审判效率的重要手段。就司法辅助人员的配备而言，中国法院与前述外国法院差异巨大，这也是造成中国法官年均结案数量低于国外很多国家，而法官却并不轻松的重要原因。以美国为例，"在美国，依照法律规定，联邦最高法院每个大法官可以有 3 名法律助理、2 名秘书；上诉法院可以有 1 至 3 名法律助理、2 名秘书；地方法院法官可以有 2 名法律助理、1 名秘书，此外还有法庭助理；上诉法院还有法律顾问"②。那么，中国的情况如何呢？

2004 年，最高人民法院制定的"二五"改革纲要明确指出："在总结试点经验的基础上，逐步建立法官助理制度。" 2009 年最高人民法院推出的"三五"改革纲要再次重申"完善法官及其辅助人员分类管理

---

① 当然审判实践中，有的一个案件的案卷就能堆满一个屋子，需要审理好几个月，虽然法官结案数量不多，但是其工作量并不见得少，这种例外情况不在本书的讨论范围内，本书所指的是通常情况下。

② 周道鸾主编：《外国法院组织与法官制度》，人民法院出版社 2000 年版，第 40 页。

的制度"。虽然国家层面有相关制度安排，很多地方也有相应规定，但调查显示，落实情况很不理想。① 2660 名受访法官中，95.64% 的法官都没有配备法官助理，配备助理的法官 116 人，仅占 4.36%（见图 2—15）。在配备书记员数量的调查中，没有书记员的"光杆法官" 1035 人，占 38.91%；多人共用一名书记员的"跛脚法官" 950 人，占 35.71%；单独配有一名书记员的法官 643 人，仅占 24.17%；能够有两名或者两名以上书记员辅助的法官，分别只有 23 人和 9 人，占 0.86% 和 0.34%（见图 2—16）。也就是说，法官平均拥有书记员的数量仅为 0.45 名，配有一名以上书记员的法官仅占全部法官的四分之一！②

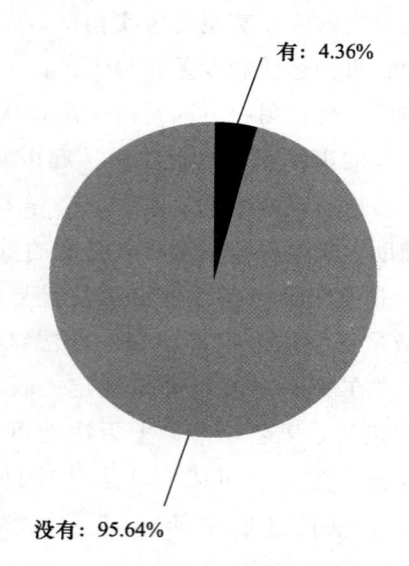

图 2—15 参与调查法官配备法官助理

---

① 笔者认为造成这种情况主要原因包括，法官助理的角色定位不明，上升通道不通畅，待遇水平低，等等。最关键的一点在于，在法官保障尚未建立的情况下，法官助理岗位前景不明朗对高素质的法律专业毕业生缺乏吸引力。

② 经过数据交叉分析也发现，拥有一名及一名以上书记员的法官月均结案数量为 18.19 件，比法官平均结案数提高 50% 以上。

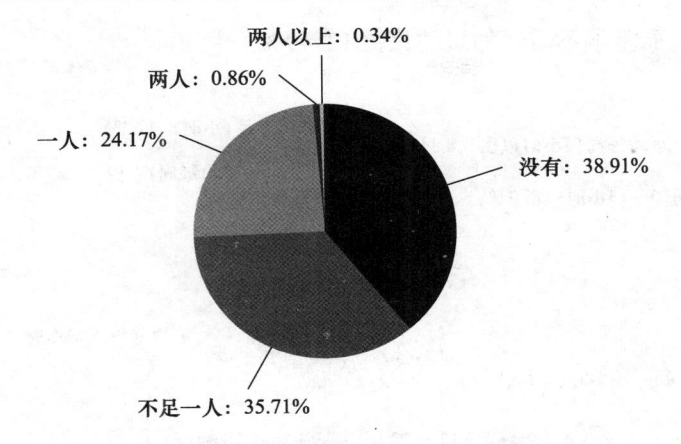

两人以上：0.34%
两人：0.86%
一人：24.17%
没有：38.91%
不足一人：35.71%

图 2—16　参与调查法官配备书记员数量

三　法官加班情况

最高人民法院的工作报告显示，随着社会经济的发展以及立案登记制的落实，近年来，全国法院系统受理的案件数持续增长，在法官总人数没有明显增长的前提下，法院受理案件数已经在二十年内翻了两番。[1]一些经济发达地区的基层法院每年受理案件数高达 5 万件，甚至 10 万件，有的法官全年至少有半年时间需要加班，"白加黑"和"五加二"已经成了常态，法官累倒、患病、抑郁甚至猝死的事件时有发生。对于法官加班及由加班引发的问题，此前，媒体从个案角度进行了诸多报道，此次问卷则在全国范围内对法官加班的时间和频率进行全面细致的调查。

调查表明，受访法官中平均每周加班少于 2 小时的只有 12.49%。平均每周加班 2—5 小时的法官占受访法官的 35.97%；平均每周加班 5—10 小时的法官占 31.39%；平均每周加班 10—15 小时的法官占 11.31%；平均每周加班 15 小时以上的法官 218 人，占 8.84%（见图 2—17）。

如果把平均每周加班 5 小时以上的法官视为加班较多法官，平均每周加班 10 小时以上的法官视为频繁加班的法官，那么加班较多的法官占总人数的 51.54%，频繁加班的法官占 20.15%，需要偶尔加班的占

---

[1]　胡昌明：《中国法官职业满意度考察——以 2660 份问卷为样本的分析》，《中国法律评论》2015 年第 4 期。

35.97%，而基本不需要加班的只占 12.49%。

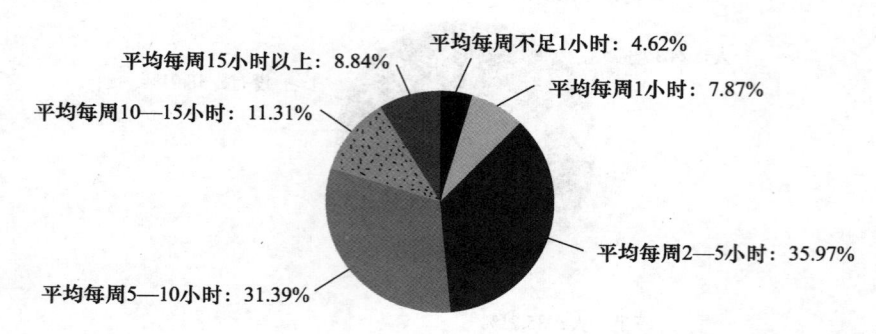

平均每周15小时以上：8.84%
平均每周10—15小时：11.31%
平均每周5—10小时：31.39%
平均每周不足1小时：4.62%
平均每周1小时：7.87%
平均每周2—5小时：35.97%

图 2—17　参与调查法官加班频率

调查反映出，频繁加班法官的比重（20.15%）与超负荷法官的比例（17.14%）相近，加班较多法官的比例（51.54%）与满负荷法官的比例（45.38%）接近。月均结案超过 11 件的法官工作非常劳累，通常都需要加班完成，约占全部法官的将近一半；而月均结案超过 20 件的法官则工作极为疲倦，必须通过大量的长期的加班才能保证完成既定的审判任务，约占全体法官的不到五分之一，这大体比较准确地反映了法官群体整体的工作状态。

四　不同法官群体工作量的差别

加班时间和结案数量两个指标可以大体衡量法官的工作量，就这两个指标而言，加班时间本身是一个估算值，且除了受工作量影响外，还受到法官工作能力的影响。相对而言，结案数量能够更加准确地反映出法官的整体工作量。此处问卷工作量的测算方法仍然是按照上文计算法官月均结案数的方法。这个方法计算虽然不能涵盖所有的法官群体，[①] 但是对于审判部门法官而言，结案数量比加班时间能够更加精确地体现工作量的大小，特别是在比较不同群体的工作量时，更具直观性。

---

① 办案数量对于一线法官而言是衡量工作量大小的最佳标准，只是无法准确衡量不具体办理案件的综合部门法官以及院、庭长们的工作量。

调查结果显示,法官所在法院的层级、法院所在区域、法官年龄段以及法官所处的审判部门不同,法官的工作量有明显差异。具体分析如下。

(一)法院层级因素

有报道称基层法院审理了全国80%以上的案件,调查也证实,法院层级越高,办案数量越少,法官办案压力越小。基层法官月均结案数为13.52件,中级法院法官为8.49件,高级法院法官则为5.08件,最高法院法官为2.14件。如果单从结案数量上来看,基层法院法官的工作量大约是中级法院法官的1.59倍,高级法院法官的2.66倍,最高法院法官的6.32倍,各级法院办案压力差别十分显著。当然不同层级法院的职能定位不同,工作内容及侧重也有差异,但就各级法院的一线办案法官来说,其工作职责、工作内容的同质性更强,差异相对较小,以月均结案量来比较,大体上可以得出基层法官更忙更累的结论。

(二)工作岗位因素

根据结案数测算,不同审判部门的法官中,结案数量差异明显。调查结果显示,办案数量最多的是民事审判庭的法官。以各院最常见的民事(包括派出法庭)审判、刑事审判、行政审判和审监庭为例,民事审判庭法官月均结案15.57件,刑庭法官为10.75件,行政庭法官9.46件,审监庭法官8.83件,民事审判庭法官办案数量分别比刑庭、行政庭和审判庭法官的多44.8%、64.0%和76.3%。

(三)法官年龄因素

不同年龄段法官比较,青年法官审判压力更大。调查发现,在35岁以下的青年法官组,35—50岁的中年法官组以及50岁以上老年法官组之间,青年法官月均审结案件13.83件,中年法官10.41件,老年法官8.70件,青年法官的办案数量比中年组和老年组法官分别多32.9%和59.0%。

（四）法院区域因素

不同区域法官案件压力差距甚大。对东、中、西部参与调查人数较多的北京、河南、陕西三省市法官结案数量的比较表明，东部的北京市232名法官月均结案19.32件；中部的河南省法官月均结案10.94件；西部的陕西省法官月均结案为8.59件。北京法官的月均结案数分别是河南法官的1.77倍和陕西法官的2.24倍。

另外，如果将不同的因素相互叠加，譬如将位于区域因素与法院层级中的高峰因素叠加，其显现出来的数据更为惊人。调查表明，北京基层法院参与调查的174名法官月均结案数高达21.78件，也就是说相当于年均结案260余件，可见东部发达地区基层法官结案压力之大。

第四节 法官的经济状况

一 法官收入情况

在国外，法官是社会的精英阶层。世界各国法官一般规定有专门的工资系列，与普通公务员相比，法官的工资一般定得较高，其他待遇也比较优厚。[1] 调查发现，中国法官的收入不仅谈不上高薪，甚至达不到统计局公布的在岗职工的平均工资水平。

受访的2660名法官中，月收入不足2000元的31人，占1.17%；月收入2001—3000元的698人，占26.24%；月收入3001—5000元的1413人，占53.12%；月收入5001—8000元的436人，占16.39%；月收入8001—12000元的64人，占2.41%；月收入12001—20000元的16人，占0.60%；月收入20000元以上的2人，占0.08%（见图2—18）。

从调查数据可以看出，法官的整体工资水平不高，月收入在三五千元的法官占绝大多数。月收入不足5000元的法官占八成多（80.53%），

---

[1] 胡健华：《法官的级别和工资待遇——外国法官制度简介之五》，《人民司法》1994年第5期。

20000元以上：0.08%
12001—20000元：0.60%
8001—12000元：2.41%
5001—8000元：16.39%
2000元及以下：1.17%
2001—3000元：26.24%
3001—5000元：53.12%

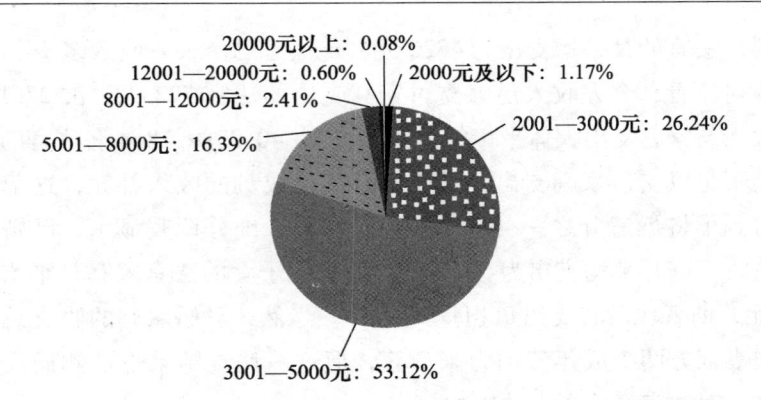

图2—18 参与调查法官月收入

其中27.41%的法官月收入不足3000元，月收入超过8000元的法官，仅占3.09%。粗略地计算一下法官的收入，调查样本中全国范围内法官月平均工资约为4221元，[①] 年均收入50652元，比2014年度城镇非私营单位在岗职工年平均工资（56360元）还少5000多元！

二 法官家庭支出情况

了解法官的经济状况与经济压力，除了收入外，还需要进一步摸清法官的生活支出情况，为此问卷设计了家庭月支出问题来调查法官的支出情况。

受访的2660名法官中，月支出在2000元及以下的194人，占7.29%；月支出2001—3000元的675人，占25.38%；月支出3001—5000元的978人，占36.77%；月支出5001—8000元的539人，占20.26%；月支出8001—12000元的185人，占6.95%；月支出12001—20000元的75人，占2.82%；月支出20000元以上的14人，占0.53%（见图2—19）。

结合受访法官收入的数据看，月支出在5000元以上的法官占30.56%，而月收入超过5000元的法官仅占19.49%。按照同样的计算方

[①] 法官平均收入系按照该选项上限值与下限值的中位数，再乘以该选项法官占全部受访法官的比重之和得出。

式，得出法官的月平均支出为4820元，比法官的个人月收入多14.19%。从收支对比看，个人收入足够支付家庭支出的法官722人，占27.14%；个人收入与家庭支出大体平衡的1070人，占40.23%；868名法官的个人收入尚不足以支付家庭支出，需要家庭其他成员的收入补充，这部分法官也占到了将近三分之一（32.63%）。另外，细分调查显示，已婚有子女的法官家庭月平均支出为5016元，单身无子女的法官家庭月平均支出3510元，前者比后者支出负担重42.9%。当然，已婚家庭的收支总体上应以夫妻双方两个成年劳动力来计算，但这一调查结果也从侧面反映出家庭支出对法官经济压力的影响。

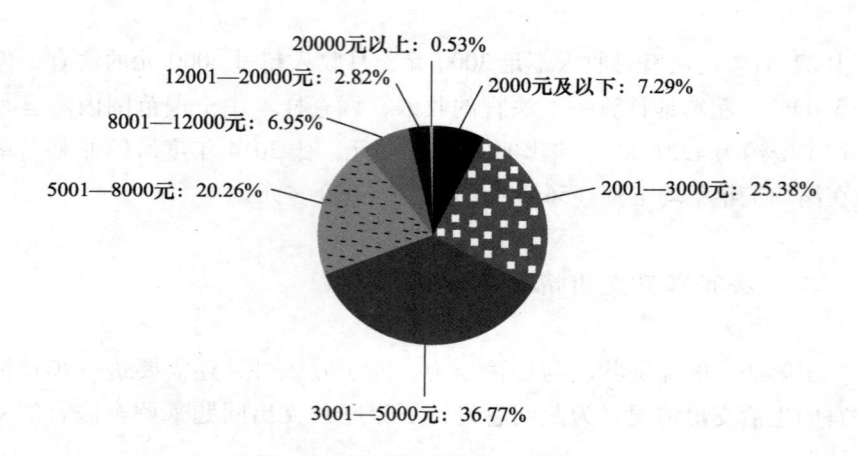

图2—19 参与调查法官家庭月支出

- 20000元以上：0.53%
- 12001—20000元：2.82%
- 8001—12000元：6.95%
- 5001—8000元：20.26%
- 3001—5000元：36.77%
- 2001—3000元：25.38%
- 2000元及以下：7.29%

三 收入满意度

为了解法官的收入满意程度，问卷设计了法官的收入满意程度和理想中的收入水平这两个问题。

调查显示，法官对自己的收入状况满意度极低。对自己收入非常满意的仅15人，占0.56%；对自己收入比较满意的39人，占1.47%；对自己收入满意程度一般的345人，占12.97%；对自己收入不太满意的825人，占31.02%；对自己收入很不满意的1436人，占53.98%。也就是说，2660名被调查法官中对收入满意和比较满意的仅44人，合计占总数的 2.03%（见图 2—20）。相反，对收入比较不满意和非常不满意的法官占 85.00%，是前者的 40 余倍。

与此同时，调查也显示，法官期望的薪酬收入水平与法官收入现状差距过大，这恐怕也是法官收入满意度低的主要原因。受访的法官中，25.97% 的法官的期望月薪是 5001—8000 元，38.80% 的法官期望月薪 8001—12000 元，21.66% 的法官期望月薪 12001—20000 元，10.07% 的法官期望月薪 20000—40000 元，2.06% 的法官希望月薪达到 40000 元以上（见图 2—21）。计算得出受访法官的平均期望月薪为 12522 元（折合年薪约为 15 万元），是目前薪酬水平 4221 元的 2.97 倍。

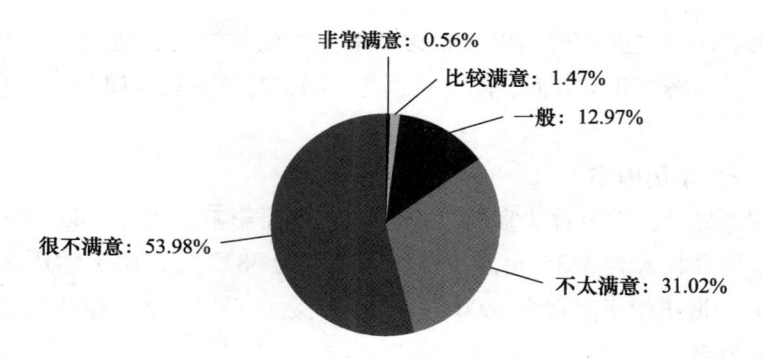

图 2—20 参与调查法官对收入的满意程度

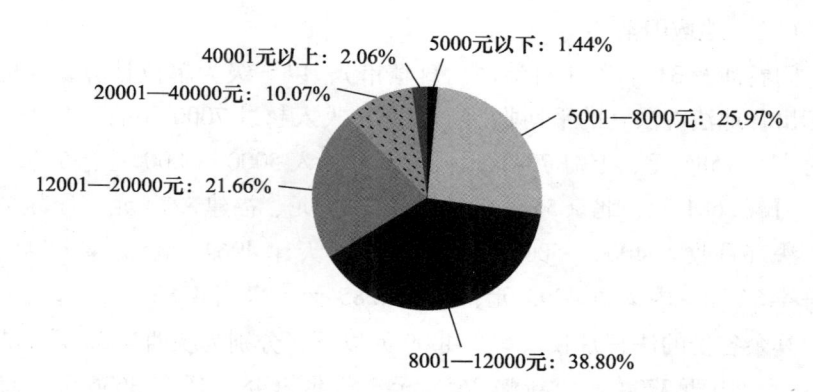

图 2—21 参与调查法官理想中的收入水平

目前法官的薪酬参照公务员管理，在公务员体制内平均年薪 15 万元

(全国范围内），一般要达到局级以上职级，在全国法院系统内只有最高法院的院、庭长、审判长和中、高级法院的院长们才能够达到这样的级别和收入，对于绝大多数法官而言是难以企及的。而离职后从事律师或者法务工作的法官工资待遇则都可以达到甚至远超这一标准，因此，一些法官挂冠而去就不难理解了。因此，要提升改善法官生存现状，减缓和阻却法官离职的脚步，可以立竿见影的举措是较大幅度提高法官的收入待遇，给予法官切实的经济保障，让法官衣食无忧，不再为钱奔波。

四 经济状况差别

影响法官工资高低的因素很多，最主要的有学历、地域、职级、法院级别、年龄等几个方面，问卷对这几个因素进行了具体调查。

(一) 学历因素

调查显示，学历对法官的工作收入有重要影响。大专及以下学历法官的平均月收入为3535元，本科学历法官为3872元，硕士学历法官为4841元，博士学历法官为6600元。从以上数据看出，法官学历与收入呈正相关关系。

(二) 地域因素

问卷涉及31个省（自治区、直辖市），以省级为单位计算，大体能测算出各地法院法官的平均收入。法官月收入超过7000元的有2个，分别为广东7585元、上海7341元；法官月收入5000—7000元有5个，分别为西藏5681元、北京5525元、浙江5513元、福建5274元、江苏5207元；法官月收入4000—5000元的有7个：天津4964元、海南4500元、青海4462元、内蒙古4293元、重庆4285元、贵州4283元、山东4107元；其余省份的法官月收入均在4000元以下，分别为陕西3835元、吉林3804元、山西3734元、新疆3658元、湖北3648元、辽宁3636元、江西3625元、云南3604元、四川3573元、广西3467元、甘肃3465元、河北3326元、宁夏3308元、黑龙江3220元、河南3048元、湖南3034元、安徽2811元（见图2—22）。从绝对值看，法官工资普遍都不算高，只有广东和上海两地超过 7000 元；从地域看，法官月收入 5000 元以上的地区除了西藏外，都集中在东部沿海，而月收入不足 4000 元的 17 个省份，主要集中在中西部地区，这与各省的经济发展水平基本一致；从收入地域差距来看，法官月收入的绝对差距不大，法官月收入 3000—5000 元的有 23 个，近 3/4；其中，法官月收入 3500—4500 元的有 15 个，占了一半。这在某种程度上说明法官收入偏低的情况普遍存在。

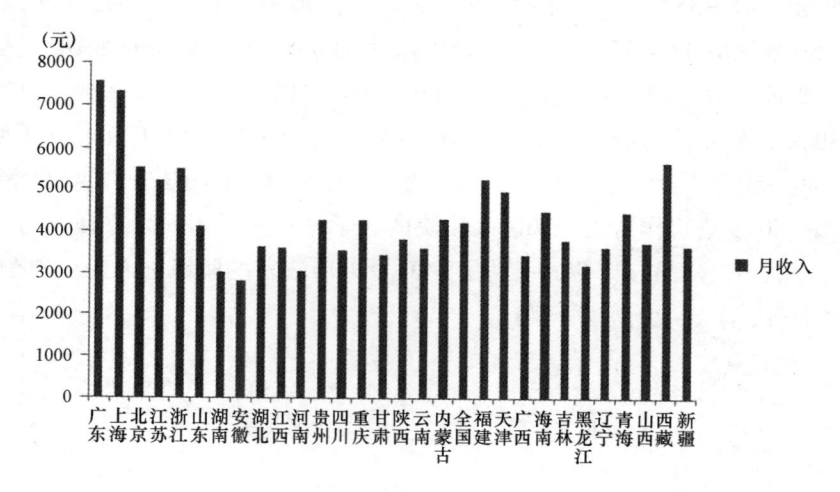

图 2—22　各省份法官月收入比较

（三）职级因素

调查表明，级别越低法官的平均收入越低，科员级法官占了法官群体的将近一半，其平均收入仅 3705 元，副科级法官平均收入 4286 元，正科级法官 4815 元，副处级法官 5962 元，正处及以上级法官月收入 6875 元。职级晋升是法官工资增长的主要途径，法官的收入受级别影响是显而易见的。法官群体晋级晋升慢，晋升空间狭窄成为法官收入不高的瓶颈之一。

（四）法院层级因素

调查显示，不同层级法院的法官收入也存在差别，法官收入与法院级别也呈正相关关系。基层法院法官平均月收入为 4073 元，中级法院法官为 4519 元，高级法院法官为 4986 元，最高法院法官平均收入 8428 元。

对照法官工作量和工作满意度调查结果可以看出，基层法院法官审判任务最重、最忙、加班最多，但是收入却最低，因此他们的职业满意度也是最低的。

（五）年龄因素

调查显示，25 岁以下法官月均工资 3263 元，25—30 岁法官月均工资 3497 元，31—35 岁法官月均工资 4330 元，36—40 岁法官为 4520 元，41—50 岁法官为 4325 元，50 岁以上法官为 4483 元。从调查数据可见，40 岁以前，法官的收入逐步提升，其中，30 岁以下法官的收入较低，超过 30 岁以后，法官的工资逐步上升，但是 40 岁以后法官工资上升不明显，40—50 岁年龄段法官的平均收入尚不如 35—40 岁的法官。这可能受到 35—40 岁法官作为近年来进入法院的法学毕业生，学历水平较高等因素的影响，也从另一个侧面反映出，40 岁以后法官的职级进入一个瓶颈，职级提升、工资上升并不明显。

第五节 法官压力来源

调查显示，审判压力大是法官职业满意度低的重要原因之一，而明确法官的压力来源，有助于对症下药，纾解法官的巨大心理压力，提高法官的职业保障水平和职业满意度，让法官更加热爱这份工作，专心从事裁判。

一 法官压力来源

调查问卷涉及了一个多项选择题来反映法官的压力来源："如果您认为审判压力大，这些压力主要来自哪里？"受访法官回答如下：2000 人认为司法环境恶劣是自己的审判压力之源，占 75.19%；1964 人认为当事人信访、闹访是压力之源，占 73.83%；认为案件数量多的 1699 人，占 63.87%；错案责任制度不合理以及担心办错案件的分别是 1327 人和 1169 人，占 49.89% 和 43.95%；另外有 830 人则比较担心领导、他人请托案件，占受访法官的 31.20%；认为疑难案件多的 694 人，占 26.09%；认为案件程序严格、审理期限短的 634 人，占 23.83%；提出其他压力来源的 108 人，占 4.06%（见图 2—23），这些其他压力包括"司法行政化""不合理的绩效考核和审判管理指标""法官缺乏尊严""法院领导怕信访、怕当事人闹事，不维护干警利益""司法辅助人员缺乏"等等，例如，一位来自重庆某人民法庭的青年法官在"其他"选项后对审判压力来源提供了自己的解读："主要是司法内部行政化，司法不独立，牵引出来的系列的体制性问题。比如责任追究却没有相应职业保障等，一切根源为司法不独立，司法机构是党政工具理论理念设置下产生的诸多问题，不一而足。"

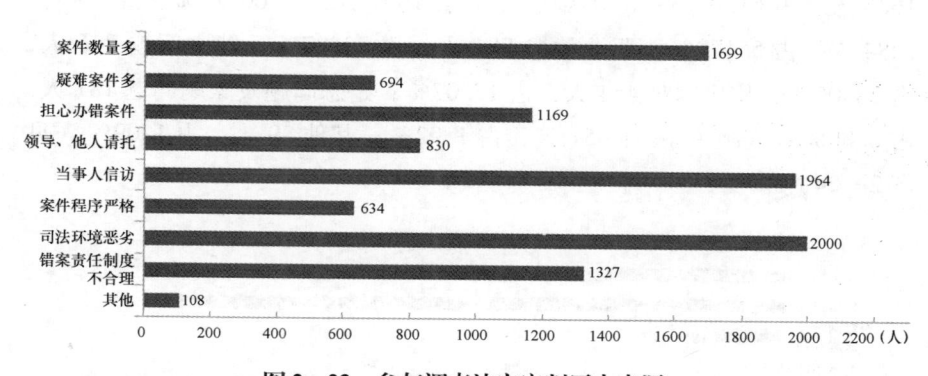

图 2—23 参与调查法官审判压力来源

压力来源	人数
案件数量多	1699
疑难案件多	694
担心办错案件	1169
领导、他人请托	830
当事人信访	1964
案件程序严格	634
司法环境恶劣	2000
错案责任制度不合理	1327
其他	108

通过问卷，法官的压力来源主要可以归纳为以下几个方面：第一，是法官的职权保障不到位，导致法官担心领导、他人请托案件；第二，司法权人财物保障不足，诉讼费费率、审理期限设置以及法官数量的配置偏离了司法规律，导致部分地区法院案件数量激增，"案多人少"矛盾突出；第三，法官责任豁免制度不健全，从而导致法官害怕信访、错案追究、办错案件等；第四，法官安全保障薄弱，"司法环境恶劣"成为审判压力最大的来源。

司法环境恶劣，当事人缠访、闹访之所以会对法官产生巨大的心理压力，并非完全是由当事人上访行为本身造成的，在很大程度上是由于当事人闹访或者制造事端，本身属于社会不稳定因素。在前些年"维稳"

思维的惯性下，无论是法院领导还是党政机关领导都对"不稳定因素"保持高度的警惕，并将产生信访等事端的原因归咎于案件的承办法官，从而有可能在各个方面对法官产生负面评价甚至不利影响。此外，法官对于司法环境、案件多的压力也大多来自法院内部行政管理体制的传导效应。

二 法官的烦恼

此外，问卷还调查了法官生活中遇到的烦恼："目前您生活中最大的烦恼是什么？"参与调查的 2660 名法官回答如下：认为工作压力大的 1625 人，占 61.09%；看不到职业前景 1600 人，占 60.15%；经济拮据 1484 人，占 55.79%；职业倦怠 901 人，占 33.87%；健康问题 746 人，占 28.05%；住房困难 454 人，占 17.07%；婚恋问题及家庭问题 181 人，占 6.80%；人际关系不睦 51 人，占 1.92%；其他 29 人，占 1.09%（见图 2—24）。

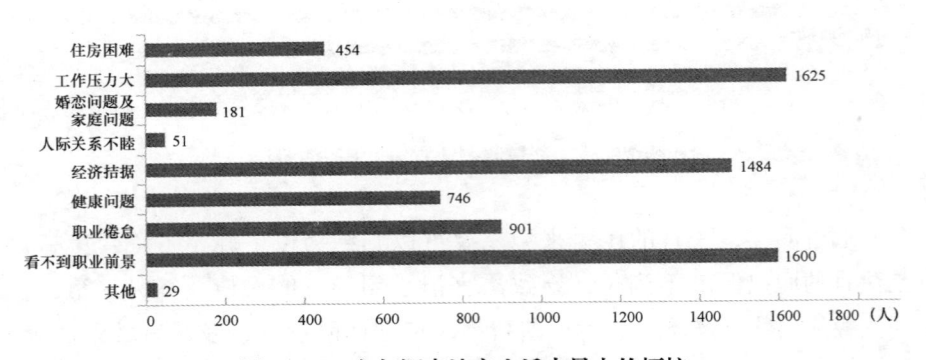

图 2—24 参与调查法官生活中最大的烦恼

调查显示，法官的烦恼集中在工作压力大、看不到职业前景和经济拮据三个选项。中国法官工作压力大，主要是由于案件量大、法官职权保障、安全保障、责任豁免等制度不健全造成的；经济拮据是由于法官的经济保障不力导致的；法官认为职业前景黯淡的因素则比较复杂，既有对职业现状不满意，认为法官地位低下，对于法官职业前景的改善不抱希望，另外，也意味着法官本身的提升空间狭窄，对自己的前途不抱希望。

三　不同群体法官压力来源差异

在了解法官压力来源的前提下，进一步分析不同法官的压力来源，能够更清楚地了解法官的不同诉求和期待。

（一）不同层级法院的差别

本题的问卷作为一道多项选择，选项越多，图示的立柱越高，往往反映出压力越大，反之，选项越少，立柱越低则反映出压力越小。由此可以发现，基层法院的压力明显高于中级法院、高级法院和最高法院，而且呈现出法院层级越低，法官压力越大的规律。统计数据表明，基层法官选项之和为402%，中级法院法官为379%，高级法院法官309%，最高法院法官214%。也就是说，针对这个法官审判压力来源的问题回答的过程中，基层法官平均每人选了4个多选项，中级法院法官不到4个，高级法院法官3个，而最高法院法官只有2个。可见，不同层级法官的审判压力大小分明。

此外，基层法官与中、高级法院法官受到的压力还在以下几个方面选项差异较大：一是案件数量多，67.89%的基层法官为案件数量多所困扰，而中级、高级、最高法院法官选择这一选项的比例分别只有55.95%、39.46%和14.29%；二是当事人信访、闹访，75.36%的基层法官选择了这一选项，而中级、高级、最高法院法官选择的比例分别只有72.12%、61.22%和28.57%；三是司法环境恶劣，77.22%的基层法官受到司法环境恶劣的影响，而中级、高级、最高法院法官对这一选项的选择比例分别只有70.37%、65.99%和42.86%（见图2—25）。调查还表明，中高级法院法官则受其他方面的困扰更多，如中级法院法官在错案追究制度不合理，领导、他人请托案件方面的压力最大；最高法院法官担心办错案等方面的压力比较大。

(人)
600

400

200

0

基层法院　　中级法院　　高级法院　　最高法院

错案责任制度不合理　　司法环境恶劣　　案件程序严格、审理期限短
当事人信访、闹访　　领导、他人请托案件　　担心办错案件　　疑难案件多
案件数量多　　其他

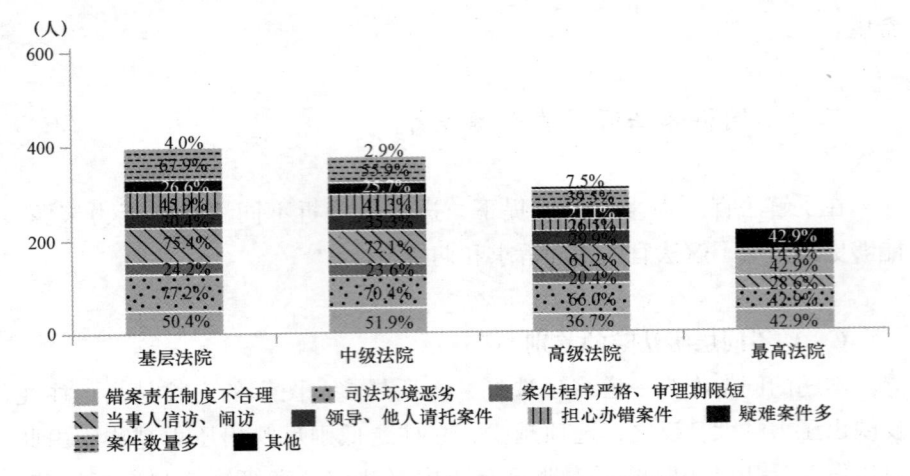

图 2—25　不同层级法院法官审判压力来源

另外，对于生活中的烦恼，基层法官工作压力最大、健康问题比较突出，最高法院法官在职业前景、职业倦怠感、工作压力方面的烦恼不多，但住房问题烦恼十分突出。

（二）年龄因素

从年龄因素出发考察不同年龄段法官的压力，发现法官压力的大小随着年龄的增长呈现倒"U"形分布，即年轻和年长的法官压力相对较小，31—35 岁的法官感受到的压力最大。青年法官对案件数量多、领导和他人请托案件方面最为担心，但是他们面临的疑难案件较少，在错案责任制度不合理以及案件程序严格、审理期限短等方面感受到的压力不大。31—35 岁的法官群体对疑难案件多，担心办错案件，当事人信访、闹访，案件程序严格，审理期限短，司法环境恶劣方面的压力都是各年龄段最大的。而 50 岁以上的老法官审判压力最小，特别是在面对案件数量、错案以及处理领导和他人请托案件、当事人信访、闹访方面都最为得心应手。

（三）岗位因素

审判分析不同审判岗位法官的压力来源，发现各个业务部门法官的

压力也不尽相同。从压力大小来考量,压力较大的部门依次有商事审判庭、民事审判庭、刑事审判庭和人民法庭。其中,感到案件数量多的部门有商事审判庭、民事审判庭和人民法庭;疑难案件多的是商事审判庭;对办错案件最担心的部门是刑事审判庭;对领导、他人请托案件最为担心的是刑事审判庭和商事审判庭法官;最为担心当事人信访、闹访的依次是行政审判庭、审监庭和人民法庭;担心案件程序严格、审理期限短的是知识产权审判庭;对司法环境恶劣感受最深的是立案庭和人民法庭法官。

(四)性别因素

从法官的性别角度看,女法官感受的压力略高于男法官。特别是在疑难案件,案件数量,担心办错案件,当事人信访、闹访等方面,女法官感受的压力明显高于男法官;而男法官对于领导、他人请托案件,司法环境方面的感受更深。

第六节 法官的职业理想

法官们虽然对自己的职业现状并不满意,但是他们对于法院还有很多期待,他们对未来还心怀理想。他们对于未来的期待到底有哪些呢?本书从他们的入职原因、看重的条件、理想中的部门和理想中的法院几个方面入手,勾勒出法官们的期待和法院在司法体制改革中应予回应的角度。

一 法官的入职理想

为了调查法官们入职时的理想,报告提出"您当初选择进入法院工作的主要原因是什么"的问题。这一问题设计了八个选项,选择方式是不定项选择。调查表明,受访法官中,当初入职原因是"看重法院工作和收入都比较稳定"的 710 人,占 26.69%;认为"法院社会地位比较高"的 538 人,占 20.23%;认为"法官专业对口"的 1061 人,占

39.89%；认为法官"实现自己的人生价值"的964人，占36.24%；"希望通过法官职业维护社会公平正义"的763人，占28.68%；"服从组织分配"的256人，占9.62%；"除法院外没有更好选择"的163人，占6.13%；其他154人，占5.79%（见图2—26）。

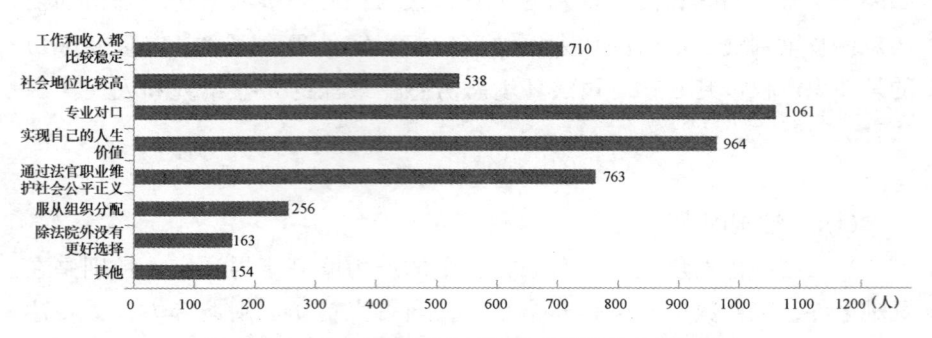

图2—26 参与调查法官最初进入法院的主要原因

由此可见，首先，法官大部分是主动选择了法院工作，他们看重的是法院工作和收入都比较稳定、社会地位比较高、专业对口、实现自己的人生价值、通过法官职业维护社会公平正义。主动选择法院工作的法官比服从组织分配和除法院外没有更好选择等被动来法院的法官人数多9.6倍！而在主动选择法院的选项中看重法院工作和收入都比较稳定、社会地位比较高偏重于现实考虑，而专业对口、实现自己的人生价值、通过法官职业维护社会公平正义的选项则偏重于职业理想，两者分别为46.92%和104.81%，也就是说两者之比为1∶2.2。可以说，法官中相当一部分的人都具有较高的理想主义，是具有强烈情怀的一群人。

二 法官期待的保障

为了解法官的愿望和期待，问卷设计了"除薪酬外，您最看重什么"的问题。调查发现，受访法官中"看重教育培训和学习深造的机会"的1358人，占51.05%；"提高自己能力的机会和舞台"的1264人，占47.52%；"良好的工作环境"的1762人，占66.24%；"和谐的人际关系"的947人，占35.60%；"工作的成就感"的1544人，占

58.05%；"荣誉和表彰奖励"的417人，占15.68%；"看重休假"的901人，占33.87%；"解决入托、入学、就医难等后顾之忧"的898人，占33.76%（见图2—27）。

```
看重教育培训和学习
深造的机会           1358
提高自己能力的机会和
舞台                 1264
良好的工作环境              1762
和谐的人际关系         947
工作的成就感               1544
荣誉和表彰奖励     417
看重休假           901
解决入托、入学、就医难
等后顾之忧         898
其他    57
```

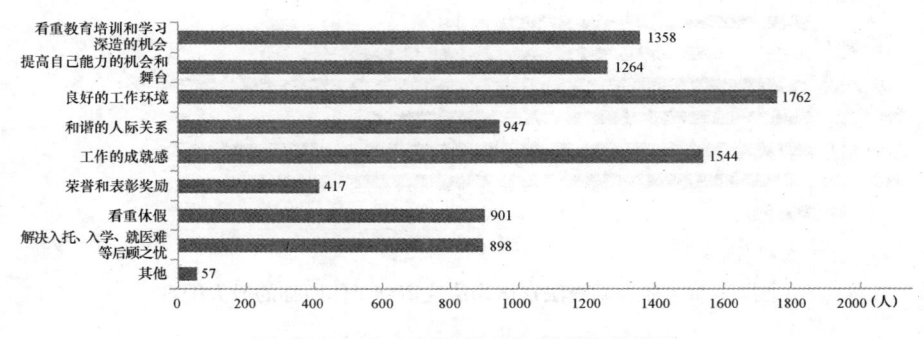

图2—27　参与调查法官除薪酬外的期待

由于薪酬收入低，法官要求提高工资待遇已经不言而喻，因此，本题的设问是在涨薪之外法官的期望。从调查结果看，法官最为期待的工作环境改善、工作成就感的获得，这些期待与法官能否享有独立审判权，法官是否有安全、责任豁免的环境息息相关；其次，法官十分重视自己的培训和职业提升，这有赖于法官的职业教育培训保障制度的完善；最后，法官对于工资外的福利待遇，如入学、入托和就医等后顾之忧的解决比较看重，这有赖于提升和进一步完善法官的经济、福利待遇保障。

三　审判工作的挑战

在"您认为法院审判工作面临的最大困难是什么"的提问中，受访法官认为以下几个方面是法院面临的最大挑战。认为司法权威不足的1992人，占74.89%；司法环境不佳的1878人，占70.60%；法院地位不高的1776人，占66.77%；司法公信力低下的1564人，占58.80%；审判没有独立性的1401人，占52.67%；法院人、财、物不独立的1345人，占50.56%；人才流失的1031人，占38.76%（见图2—28）。

由此可见，法官普遍认为，当前法院审判工作面临的主要挑战都来自法院缺乏权威、没有崇高的地位，而这与法官履职保障不到位，法院审判独立性保障不足有着最为紧密的关系。

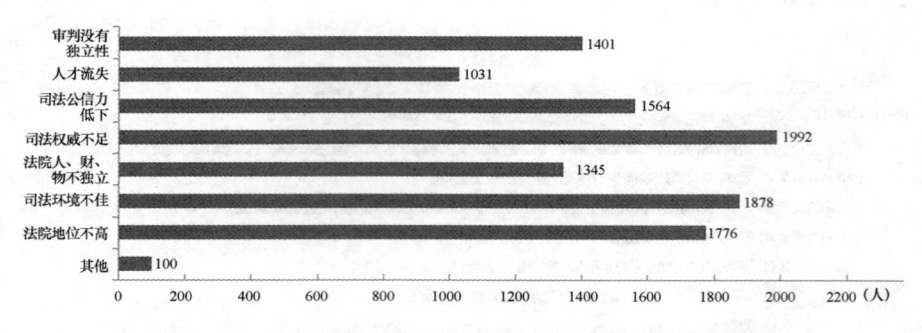

项目	数值
审判没有独立性	1401
人才流失	1031
司法公信力低下	1564
司法权威不足	1992
法院人、财、物不独立	1345
司法环境不佳	1878
法院地位不高	1776
其他	100

图 2—28　参与调查法官认为法院审判工作面临的最大困难

四　理想中的法院

本次调查设计了"您认为当前法院亟须改进和加强的工作是什么"的多选题，了解法官对于法院的未来发展有什么意见和建议。

调查数据显示，受访法官对"提高薪酬和福利待遇"的愿望十分强烈，选项集中度最高，2660 名受访法官中 2403 人都有这个愿望，占 90.34%；其次，受访法官中 1502 人建议应当"优化审判资源配置，改变忙闲不均状况"，占 56.47%；1486 人建议"为法官配备足够多的司法辅助人员"，占 55.86%；1484 人建议"保证法官的培训和休假制度"，占 55.79%；1473 人建议"建立公开、公平、公正的晋升制度"，占 55.38%；1353 人建议"保障法官独立行使审判权"，占 50.86%，上述建议都有超过一半的受访法官提出。还有部分法官分别建议改革绩效考核制度（1168 人，占 43.91%），实现法院人财物的独立（1037 人，占 38.98%），建立合理的管理制度（892 人，占 33.53%），选任高素质的法官（763 人，占 28.68%）；然而本次司法体制改革重点推行的"实行法官员额制"，却只有 194 名受访法官支持，仅占受访者的 7.29%（见图 2—29），可见员额制改革并没有得到广大法官的认同。

第二章 法官职业保障状况的实证分析

项目	数值
选任高素质的法官	763
提高薪酬和福利待遇	2403
实行法官员额制	194
改革绩效考核制度	1168
保障法官独立行使审判权	1353
为法官配备足够多的司法辅助人员	1486
优化审判资源配置，改变忙闲不均状况	1502
实现法院人财物的独立	1037
建立合理的管理制度	892
建立公开、公平、公正的晋升制度	1473
保证法官的培训和休假制度	1484
其他	55

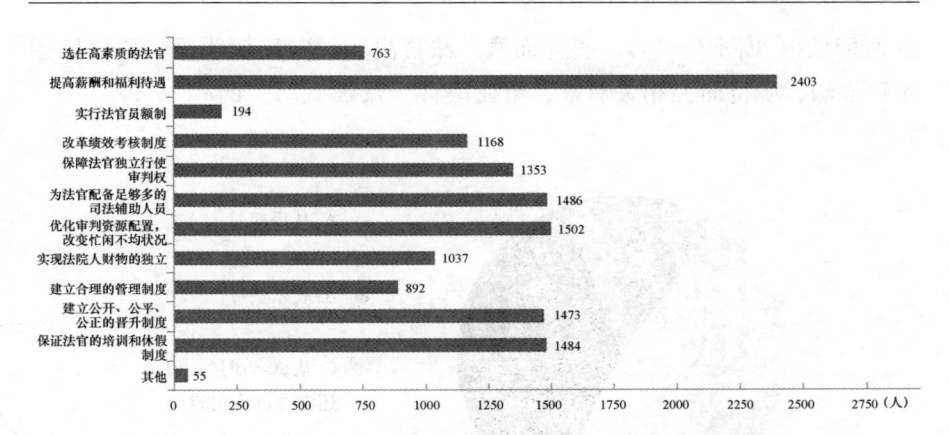

图 2—29　参与调查法官认为当前法院急需改进和加强的工作

上述法官期待的内容涉及法官的经济保障、职权保障、法官管理、培训教育和审判独立等方方面面。特别是法官对于提升法官福利待遇、剥离法官的事务性工作、保障法院独立审判、法官独立行使审判权方面的期待最为强烈。

第七节　法官离职意愿调查

从上述调查可以发现，法官职业工作忙碌、压力大、收入低，法官的职业满意度低。总而言之，法官的生存现状不容乐观。如果司法体制改革的红利无法充分释放，或者改革的政策失当导致法官对职业前景看淡，法官的"离职潮"必然存在愈演愈烈的可能性。法官的离职意愿调查包括法官离职倾向、离职去向、换岗愿望以及对法官离职的看法。

一　法官的离职倾向

调查表明，法官群体的离职倾向十分强烈，94.47%的法官曾经萌生过离开法院的念头，其中57.37%的法官认真考虑过想要离开法院，而目前已经着手进行离职准备的也有9.81%，从没有想过离开法院的法官仅占 5.53%（见图 2—30）。整体而言，法官离职倾向比较明显，离职愿望比较强烈，亟待研究相关对策，留住法官"蠢蠢欲动"的心。①

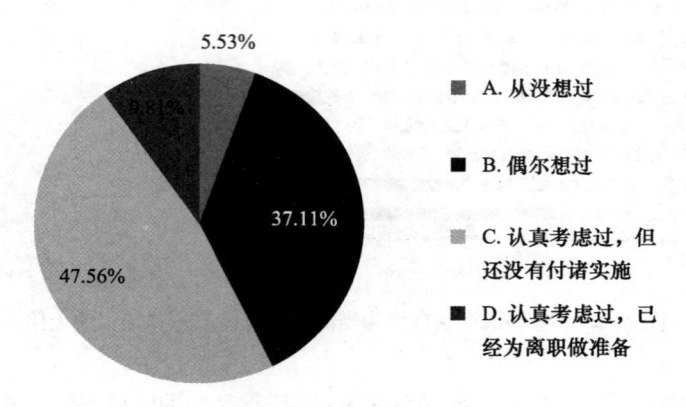

```
5.53%
9.81%
37.11%
47.56%

A. 从没想过
B. 偶尔想过
C. 认真考虑过，但还没有付诸实施
D. 认真考虑过，已经为离职做准备
```

图 2—30 法官离职意愿

进一步的交叉分析可以发现，法官的离职倾向与法官的职业满意度紧密相关。对职业非常满意的法官中，38.2% 从没想过离职，32.4% 只是偶尔想过离职，认真考虑过离职和已经着手准备的法官只占 29.4%，是各组别法官中离职倾向性最小的；对职业比较满意的法官中有 19.3% 从没想过离职，超过一半（53.9%）的法官对离职只是偶尔想过，认真考虑并付诸实施的比例只有 4.1%；职业满意度一般的法官中 6.2% 从未想过要离职，而认真考虑离职的法官比例升至 39.9%，付诸实施的比例尚低（3.6%）；对职业不太满意的法官，他们的离职倾向更加强烈，从未考虑过离职的仅占 1.9%，而认真考虑过离职的超过三分之二（占

---

① 有人可能会对法官的离职意愿的调查产生怀疑，认为没有与其他行业比较等，但是笔者认为法官离职意愿的调查本身就是有独立价值的，因为法官职业本身应当需要一个比较稳定的环境，法官群体离职意愿强烈本身就值得关注，即便是其他行业，包括公务员都有离职意愿，也不能证明法官具有强烈的离职意愿是合理的。

另外，李斌对 4420 位检察官的离职意愿的调查可以作为法官离职意愿调查的一个补充。调查显示，89.37% 的检察官考虑过或者已经离职，其中偶尔想想的 50.41%，33.26% 的检察官认真考虑过，4.77% 的检察官已经付诸行动，从未考虑过离职的检察官占 10.63%，已经离开的则占 0.93%。与检察官的比例相比，法官付诸行动的比例，比检察官多 1.06 倍，从未想过的比例则只有检察官的一半，可见，两个相似的司法职业相比，法官比检察官的离职意愿更加强烈。

66.7%),其中着手准备的占 8.4%;对职业很不满意的法官,离职倾向则十分强烈,从未想过离职的占 1.5%,偶尔想过的占 14.9%,其余超过八成(83.6%)的法官都认真考虑过离职问题,已经着手准备的比例竟然高达 23.7%!(见图 2—31)

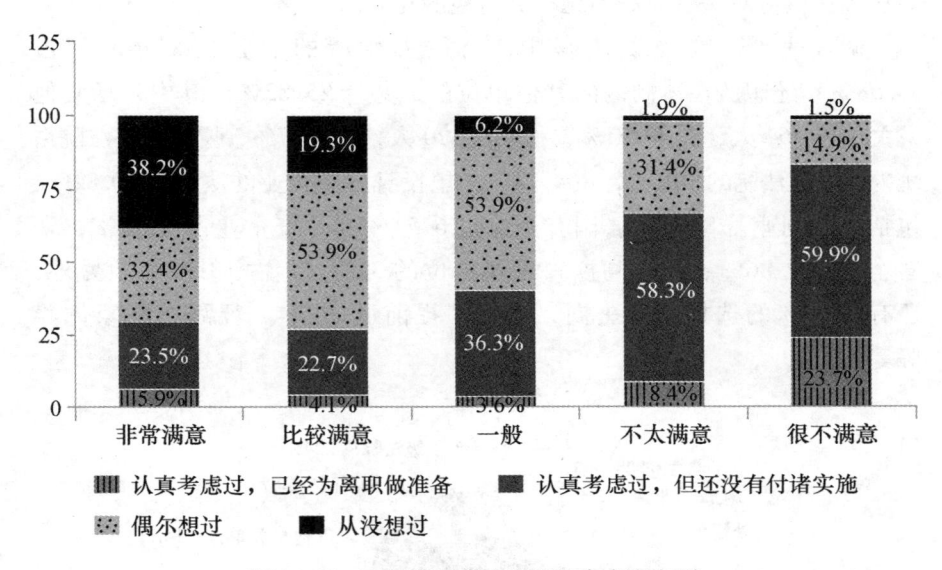

图 2—31　不同职业满意度的法官离职意愿

Mobley(1982)研究认为,"工作满意度与离职呈负相关。也就是说,对工作满意度低的员工比感觉满意的员工更容易发生离职行为。员工的离职意愿及离职行为影响其工作效率与业绩"[1]。而本次调查亦如此,法官满意度与法官离职倾向存在显著的负相关关系,满意度越高的法官群体离职倾向越小,而满意度低的法官群体,则离职倾向性明显,甚至相当一部分人已经着手准备离职。因此,通过改变职业满意度可以有效减少法官离职现象。

---

[1] 转引自程玉敏《工作满意度、组织承诺与离职意愿的实证研究——以监狱警察为例》,《企业经济》2010 年第 5 期。

二 法官的离职去向

调查法官的离职去向有助于深入了解法官的求职愿望,也就有助于为法院提供应对法官离职问题有针对性的建议。

调查表明,在受访法官中,向往去律所的法官比例最高,占36.58%;还想留在体制内的其他单位的,共计25.82%,其中包括其他机关单位364人,占14.71%,检察院170人,占6.87%,愿意留在法院系统内,上级法院的105人,占4.24%;想投身各类企业的法官占20.82%,包括自主创业占8.37%,国有企业占6.71%,外资企业占3.88%,私营企业占1.86%;想去高校等事业单位的322人,占13.02%。另外,还有3.76%的选择其他去向,包括"提前退休"、"裸辞"在家休养等等。

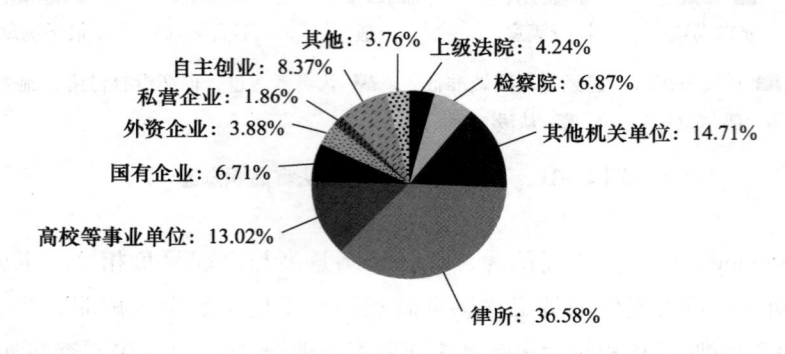

图2—32 参与调查法官离职去向

三 法官心仪的部门

法官的"流失"不仅是指向法院辞职、调离,也包括法官在法院内部,从一线的审判部门向二线综合部门流动,这样,即使仍在法院内,但是不再从事审判业务工作,法官也就"隐性"地流失了。

调查显示,法院审判庭和理想的岗位之间还有不少差距。本书用流入流出比来体现具体岗位对法官的吸引力,当比值<1时,说明一个岗位愿意去的人数少于现有岗位人数,说明法官有流出意愿;反之,当比

值 >1 时，说明一个岗位愿意去的人数多于现有岗位人数，数值越大说明岗位吸引力越强，当比值 =1 时，则说明岗位愿意去的人数与现有岗位人数相等。调查显示，在法院内部，吸引力强的岗位包括法警队 55.00、审判管理部门 4.39、知识产权庭 4.00、政治部门 3.75、商事审判庭 2.27、办公室 2.22、其他部门 1.88、刑事审判庭 1.54、研究室 1.11。也就是说，法院内这些岗位吸引的法官人数都大于实际法官人数，其中每个法警队的岗位能够吸引 55 名法官。而吸引力不足的部门包括：人民法庭 0.16、执行部门 0.17、民事审判庭 0.42、审监及其他业务庭 0.63、立案庭 0.85 以及行政审判庭 0.91。这些岗位的吸引力不足，特别是人民法庭和执行庭，愿意去这两个部门的法官人数只有实际人数的六分之一左右。（见表 2—2）

表 2—2　　　　　　　　法院内部现有岗位与理想岗位对比

	现在岗位（人）	理想岗位（人）	流入流出人数（人）	流入流出比
法警队	3	165	162	55.00
审判管理部门	46	202	156	4.39
知识产权庭	25	100	75	4.00
政治部门	65	244	179	3.75
商事审判庭	149	338	189	2.27
办公室	63	140	77	2.22
其他部门	110	207	97	1.88
刑事审判庭	289	446	157	1.54
研究室	95	105	10	1.11
行政审判庭	85	77	−8	0.91
立案庭	95	81	−14	0.85
审监及其他业务庭	144	91	−53	0.63
民事审判庭	865	362	−503	0.42
执行部门	240	41	−199	0.17
人民法庭	386	61	−325	0.16

调查表明，净流出的岗位全部集中在审判业务部门，人民法庭位置

比较偏远、条件比较艰苦；执行部门风险大，在基本解决"执行难"过程中压力大，在司法体制改革中前景不明朗；而民事审判庭的法官，案件压力大、当事人信访风险高，成为净流出比例最高的三个部门。整体而言审判部门流出率达到29.89%。调查同时表明，法官们大都愿意去法院的综合部门，综合部门岗位现有法官382人，有调入意愿的高达1063人，是现有法官人数的2.78倍。特别是对于法警队、审判管理办公室等部门趋之若鹜；而愿意去政治部门、办公室的法官也不在少数；而审判岗位中只有知识产权庭、商事审判庭和刑事审判庭属于净流入部门，这与这些审判庭接触的案件专业性强、标的额大、法官权威性更强有一定关系。

虽然，法官的岗位意向不会导致法院内部的大规模轮岗和调动，但是一个岗位实际的法官人数和意愿人数差距过大，意味着法院内部各个岗位的获得感差别较大，内部资源的调配不合理，容易造成法官内心失衡。

四 法官对于同事离职的态度

随着法官离职从个别现象到逐渐普遍，法官们对于周围法官离职的态度也越来越宽容。调查发现，受访法官中认为应当绝对禁止的仅4人，占0.15%；认为须依照严格管理控制的17人，占0.64%；认为既不鼓励，也不禁止的184人，占6.92%；而绝大多数法官对周围同事离职持宽容和理解的态度，占受访者的92.29%（见图2—33）。

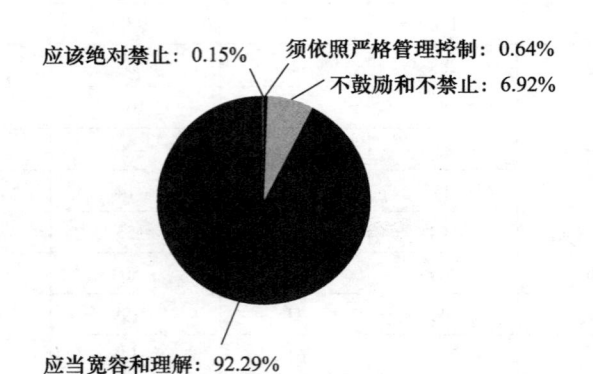

图2—33 参与调查法官对于周围法官离职的现象的态度

五 不同法官群体的离职意愿

此外，本次调查的数据交叉研究可以分析出不同法官离职意愿的高低，能从一个侧面反映出法官生存状态。

（一）性别因素

调查表明，性别因素对法官的离职影响显著，调查显示，目前在为离职做准备的男法官占 12.18%，而女法官仅为 5.46%，这一选项男法官的比例是女法官的 2.23 倍。从认真考虑过离职的法官总和来看，男法官为 62.17%，女法官为 46.69%，两者相差也有 15.48 个百分点。由此可见，男法官不仅离职意愿更加强烈，他们的离职行动力也更强，之所以产生这一现象，原因在于：一是女性比男性更看重职业的稳定性，而法官职业本身具有很强的稳定性，因此女性更不愿离职；二是与女法官相比，男法官面临赚钱养家的压力更大，而法官职业并不能提供充分的经济保障。可能在不久的将来，女法官在法官中的比例不断上升，甚至会超过男法官。

（二）年龄因素

调查表明，不同年龄段法官离职倾向存在明显差异。为离职做准备的 25 岁以下法官占 21.05%，25—30 岁的法官为 12.25%，31—35 岁的法官占 13.43%，36—40 岁的法官占 9.63%，41—50 岁的法官占 5.08%，50 岁以上的法官占 6.29%。虽然各个年龄段的法官都有离职意愿，但是年轻法官的离职意愿更为强烈，其中 25 岁以下有离职意愿的法官比例是 41—50 岁法官的 4.14 倍。从认真考虑过离职的法官总和来看，25 岁以下的法官占 68.42%，25—30 岁的法官占 61.25%，31—35 岁的法官占 62.02%，36—40 岁的法官占 63.00%，41—50 岁的法官占 50.13%，50 岁以上的法官占 35.66%。从这个比例看，法官在 40 岁以前离职意愿都比较强烈，50 岁以上的法官考虑离职的比例比较低。可能的原因在于，年轻人本身有流动和追求更高生活品质的冲动，而法官职业本身稳定有余而挑战不足，另外年轻法官面临更大的生存压力，离职的动机和愿望更加强烈。

（三）学历因素

调查表明，学历因素对法官的离职影响很大。调查显示，为离职做准备的硕士学历法官占 12.17%，本科学历法官占 8.88%，博士学历法官占 5.71%，而大专以下学历法官仅占 3.51%。离职意愿最高的硕士学历的法官，其离职意愿是大专学历法官的 3.46 倍。而从认真考虑过离职的法官比例来看，大专以下学历法官仅为 40.35%，本科学历法官为 56.07%，硕士学历法官为 61.09%，博士学历法官为 54.28%。大体上显示出学历越高，离职意愿越强的规律，也与不同学历不满意度水平高度吻合。调查也发现，博士学历法官离职意愿不太强烈，可能与博士法官年龄较大，所在法院层级高、职业保障较好有关。

（四）职务因素

调查显示，不同职务法官的离职倾向也十分明显。为离职做准备的院领导占 5.44%，中层正职为 6.83%，中层副职为 8.11%，审判员为 10.58%，而助理审判员为 12.33%。可见，普通法官的离职愿望和倾向明显高于法院中层干部和院领导，院领导的离职意愿最低。而从认真考虑过离职的法官总和来看，职务越高越不倾向于离职这个规律同样明显，院领导占 38.77%，中层正职为 48.80%，中层副职为 54.82%，审判员为 63.48%，而助理审判员为 62.07%。同时，这份调查也表明，法院中所有职务法官都存在离职可能性，只是职位越高的法官各方面待遇和晋升机会越多，离职的可能性就越小。

（五）法院层级因素

从上述的调查可以发现，不同层级法院法官的生存状况差别较大，因此，也会影响他们的离职愿望。调查显示，为离职做准备的基层法院法官为 10.09%，中级法院法官为 9.94%，高级法院法官为 5.44%，而最高法院法官没有人选择这一选项。体现出级别越低，离职意愿越强烈的趋势。从认真考虑过离职的法官总和来看，基层法院法官为 57.86%，中级法院法官为 54.97%，高级法院法官为 61.22%，最高法院法官仍然最低，仅为 14.29%。

（六）加班因素

分析加班因素对法官离职倾向的影响是考察工作压力对法官离职是否产生影响的视角之一。调查显示，经常加班、偶尔加班和从不加班的法官，他们的离职愿望确实存在明显差异。无论是认真考虑过离职但还没有付诸实施的比例，还是已经为离职做准备的比例，经常加班的法官都最高，分别达到 51.79% 和 11.21%，偶尔加班的法官分别是 41.38% 和 6.76%，从不加班的法官两个选项的比例则分别为 32.39% 和 9.09%。由此可见，经常加班的法官离职愿望明显比另外两个组别更加强烈。

（七）收入因素

大部分法官离职后获得了更高的薪酬和物质回报，由此判断收入过低是法官离职的重要原因。然而从调查数据看，并不能得出法官收入越高离职倾向越低的结论。认真考虑过离职的总比例中，月收入为 2000 元及以下的法官为 70.97%，2001—3000 元为 59.89%，3001—5000 元为 56.40%，随着收入增加，法官的离职意愿也在随之降低；然而月收入 5001—8000 元的法官比例上升为 57.34%，8001—12000 元为 42.19%，12001—20000 元为 68.75%，20000 元以上则为 50.00%，又随着收入上升而成不规律的波浪形分布。

如果从认真考虑过且已经为离职做准备的比例来看，月收入为 2000 元及以下的法官为 9.68%，月收入 2001—3000 元的法官为 10.46%，月收入 3001—5000 元的法官为 9.34%，月收入 5001—8000 元的法官为 11.01%，月收入 8001—12000 元的法官为 6.25%，月收入 12001—20000 元的法官为 6.25%，月收入 20000 元以上的法官则无一人为离职做准备。月均收入 8000 元以上的法官群相对较低，[①] 但是离职意愿最为强烈的却

[①] 为什么不是更低收入法官的离职意愿更强烈，一个可能的解释是，达到这个收入层级的法官一般都位于东部发达地区，收入较高的同时，也承受着较高的物价、房价，这些地区法律市场也更加火爆，所以这部分法官的离职意愿最为强烈。

是月收入为 5001—8000 元的法官群。

所以单从收入的数据分析来看，只有月收入 8000 元以上的法官群体离职的可能性较低，其他收入群体的法官离职倾向与收入高低的关系不明显。结合上文，之所以出现月收入 5001—8000 元法官的离职愿望比较强烈，可能与这部分法官生活在东部沿海经济发达地区有关，他们虽然收入较高，但支出相对较高，社会提供的法律职位也较多，面临更多的离职诱惑。

第八节　法官的职业满意度[①]

一　法官职业满意度概述

1935 年，美国学者霍波克（Hoppock）在其著名的《工作满意度》（*Job Satisfaction*）一书中首次提出了"职业满意度"的概念，"职业满意度是工作者对工作本身及工作的心理与生理方面对环境因素的一种态度或情绪反应，也可以称为工作者的满足感受，即工作者对工作情境的一种主观反应"[②]。由此，向法官发放调查问卷成为考察法官职业满意度的最合适的方式之一。

对于职业的满意度，本次问卷的调查结果显示，过半数的法官都不满意目前的工作状态。被调查法官中只有 12.37% 的法官表示非常满意或者比较满意，其中非常满意的 34 人，占 1.28%，比较满意的 295 人，占 11.09%；评价为一般的 812 人，占 30.53%；感觉不太满意和很不满意的比例高，其中不太满意的 928 人，占 34.89%，很不满意的 591 人，占 22.22%，两者合计高达 57.11%（见图 2—34）。

为了比较不同类别特征的法官满意指数，本书参考李克特五级量表计算法官工作满意指数，用不同选项给予不同赋值的方式计算法官的综

[①] 参考胡昌明《中国法官职业满意度考察——以 2660 份问卷为样本的分析》，《中国法律评论》2015 年第 4 期。

[②] Hoppock, R., *Job Satisfaction*. New York: Haper & Row, 1935: 41.

合满意指数。即将"非常满意""满意""一般""不太满意"和"很不满意"分别设定为 100 分、80 分、60 分、40 分和 20 分，得出法官的综合满意指数的计算公式：

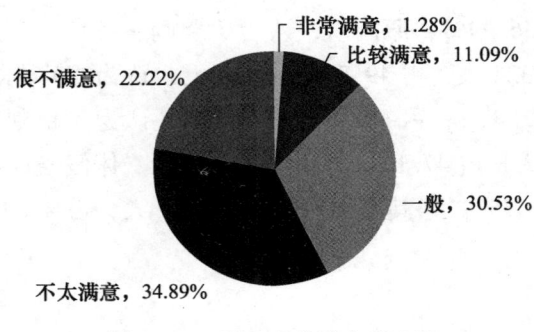

图 2—34　法官职业满意度比例

综合满意指数 =（"非常满意"法官人数×100 + "比较满意"法官人数×80 + "一般"法官人数×60 + "不太满意"法官人数×40 + "很不满意"法官人数×20）/法官人数①

采用上述满意指数公式计算出法官的综合满意指数仅为 46.87 分，该满意指数介于比较不满意和一般之间，显示受访法官的整体满意度不高。

二　法官不满意的原因

调查显示，法官群体整体上职业满意度不高，认为不太满意和很不满意的法官有 1519 人，比例高达 57.11%，是认为非常满意和比较满意法官人数（329 人）的 4.61 倍，调查问卷也涉及了法官不满意的主要原因。

---

① 将满意度评价的五个等级选项进行赋值是国际上通用的规则，而将其设置为 100 分，符合指数的惯例，即将"很满意"赋值为 100 分，"满意"赋值为 80 分，"一般"赋值为 60 分，"不太满意"赋值为 40 分，"不满意"赋值为 20 分。如果满意度指数达到 100 分，说明完全满意，如果 60 分，则说明满意度一般，如果只有 20 分，说明所有人都很不满意。

调查显示，法官对自己职业不满意的原因从多到少分别是：原因一，认为"福利待遇太低"的有1999人，占75.15%；原因二，认为"职业风险高、责任大"的有1795人，占67.48%；原因三，认为"审判压力过大"的有1691人，占63.57%；原因四，认为"晋升空间狭隘"的有1664人，占62.56%；原因五，认为"地位低下，缺乏职业尊荣感"的有1516人，占56.99%；原因六，认为"奖励、考核、晋升等机制缺乏公平性"的有1324人，占49.77%；原因七，认为"审判之外事务占用时间多"的有1287人，占48.38%；原因八，认为"审判考核指标不合理"的有1254人，占47.14%；原因九，认为"休假培训机会少"的有1236人，占46.47%；"其他原因"的有114人，占4.29%（见图2—35）。

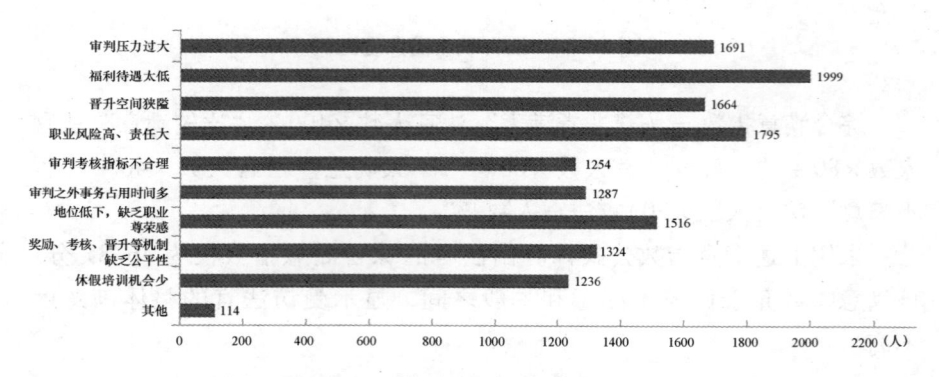

图2—35 参与调查法官对职业不满意的主要原因

由此可知，法官的保障制度不力，是法官满意度低的"罪魁祸首"。

三 不同法官群体的满意度差别

调查还发现，不同法官群体的职业满意度也有着显著差别，影响法官职业满意度的主要因素体现在工作环境、工作回报和个体特征三方面，因此，在这三个方面有显著差异的法官群体，往往其满意度也体现出差异。

(一) 工作环境因素

本书所指的工作环境，主要是指工作强度、工作难易程度、工作时间安排、工作环境的舒适度以及从事工作的方便程度等。调查发现，影响工作环境的主要因素包括月均结案数、司法辅助人员配备情况、工作岗位、加班多少及法院层级的高低等。

1. 月均结案数

调查发现，73.49%的法官认为审判压力过大，并由此造成法官满意指数的下降。工作强度大主要表现为案件数量多、疑难案件多、案件程序严格、审理期限短等多个方面。由于法官的收入主要取决于其行政级别，而与办案数量关系不大，办案数越多，法官工作越忙碌，工作强度越大。数据显示，工作压力与职业满意度存在负相关关系，结案数量越多，法官的满意度也越低，月均结案11件以上的满意指数明显偏低，而月结案5件以下的法官满意度最高，且存在结案数越多，法官满意指数越低的规律（见图2—36）。

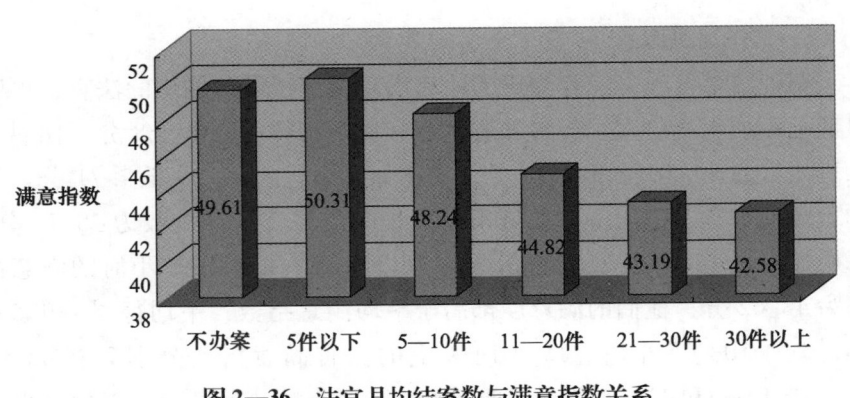

图2—36 法官月均结案数与满意指数关系

（满意指数：不办案 49.61；5件以下 50.31；5—10件 48.24；11—20件 44.82；21—30件 43.19；30件以上 42.58）

2. 司法辅助人员配备情况

法官助理将为辅助法官完成一些事务性工作，降低法官的工作强度，改善法官工作环境，使得法官专注于审判，使其职权得到更加充分的保障。调查表明，有法官助理的法官平均满意指数为48.29分，比没有法官助理的法官满意指数高出1.48分。

3. 工作岗位因素

调查显示，综合部门法官的满意指数为50.31分，而审判部门法官平均满意指数仅为46.29分，其中工作压力较大的民事审判庭为45.48分，商事审判庭为45.50分，执行庭为43.74分，承担调研、写作任务的研究室为44.41分；案件相对比较少、审判压力不大的法官满意指数都相对较高，如行政审判庭为51.53分，知识产权庭为50.40分，审监庭为48.62分，立案庭为49.90分，政治部门为51.08分，审判管理部门为52.17分，法警队为73.33分。

4. 法院层级因素

调查显示，不同层级法院法官的职业满意度也存在显著差异，基层法院法官满意度为46.55分，中级法院法官为48.07分，高级法院法官为45.98分，最高法院法官为65.72分。从各个层级法官满意度看，只有最高法院法官的满意度较高，超过了60分，这与最高法院法官职业环境更好，职业尊荣感更强，法官的安全保障、经济保障和职权保障都更到位不无关系。除了高级法院外，基本上符合层级越高法官满意度越高的规律。

5. 工作加班因素

调查结果发现，经常加班的法官满意度低于偶尔加班的法官，更明显低于不加班的法官。经常加班的法官满意指数仅为44.68分，比偶尔加班法官的50.58分低5.90分，比不加班法官的52.39低7.71分。从加班频率来看，平均每周加班不足1小时的法官满意指数为48.77分，每周加班1小时的法官满意指数为48.56分，加班2—5小时的满意指数为48.62分，他们的满意度都高于平均满意指数；平均每周加班5—10小时、10—15小时、15小时以上的法官满意指数分别只有45.94分、41.15分和42.75分，都低于平均满意指数，也显著低于加班少的法官。特别是每周加班10小时以上的法官，满意度明显偏低（见表2—3）。

（二）工作回报因素

工作回报是指一个组织基于对个人工作成效的肯定，而给予个人地位的上升、职权的加重以及责任范围的扩大，工资、福利等方面待遇的提高。福利待遇低、晋升晋级慢、培训机会少等工作回报因素是造成法官职业满意度低的重要原因。

表 2—3　　　　工作环境变量对法官职业满意度的影响

工作环境变量		满意指数	平均数差值	工作环境变量		满意指数	平均数差值
结案量	不从事审判工作	49.61	2.74	岗位	刑事审判庭	47.41	0.54
	5 件以下	50.31	3.44		民事审判庭	45.48	-1.39
	5—10 件	48.24	1.37		人民法庭	45.96	-0.91
	11—20 件	44.82	-2.05		行政审判庭	51.53	4.66
	21—30 件	43.19	-3.68		商事审判庭	45.50	-1.37
	30 件以上	42.58	-4.29		知识产权庭	50.40	3.53
每周平均加班时间	小于 1 小时	48.77	1.90		审监及其他业务庭	48.62	1.75
	1 小时	48.56	1.69		执行部门	43.74	-3.13
	2—5 小时	48.62	1.75		立案庭	49.90	3.03
	5—10 小时	45.94	-0.93		政治部门	51.08	4.21
	10—15 小时	41.15	-5.72		研究室	44.41	-2.46
	15 小时以上	42.75	-4.12		办公室	51.43	4.56
加班情况	经常性加班	44.68	-2.19		警队	73.33	26.46
	偶尔加班	50.58	3.71		审判管理部门	52.17	5.30
	不加班	52.39	5.52		其他	52.91	6.04
法院层级	基层法院	46.55	-0.32	辅助人员情况	综合部门平均	50.31	3.44
	中级法院	48.07	1.20		审判部门平均	46.29	-0.58
	高级法院	45.98	-0.89		有法官助理	48.29	1.42
	最高法院	65.72	18.85		无法官助理	46.81	-0.06

1. 工资收入因素

工资报酬等福利待遇是个体工作回报的重要方面，美国管理学家西蒙和恩慈的"柯维奇十因素"理论认为，"如果回报与工作努力程度相匹配，就能使人产生兴奋情绪，调动个体工作的积极性，并促使对职业产生积极的认同感、成就感"[①]。如果回报满足感欠缺,则会降低职业满意度。

从不同收入组法官满意度的对比也可以发现,收入越低的法官群满意指数越低:月收入20000元以上的法官职业满意指数高达80.00分,月收入12001—20000元的法官满意指数为56.25分,月收入8001—12000元的法官满意指数为54.70分,而月收入8000元以下的法官职业满意指数都不超过48分,其中月收入不足2000元的法官满意指数仅为41.30分(见图2—37),另外,从不同收入组法官满意指数与平均满意指数差距来看,不同组别法官满意度标准差达到12.91,说明收入对职业满意度的影响十分显著。在对工作不太满意或者不满意的法官中,对工资收入不满意的比例高达93.88%!

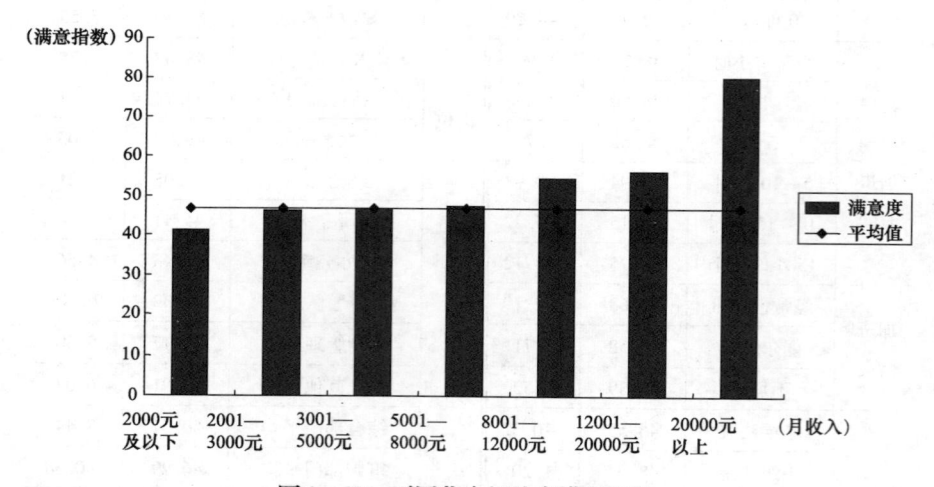

图2—37 不同收入组法官满意指数

2. 法官职级因素

由于参照公务员进行管理,法官的工资收入以及身份地位都直接与其职级挂钩。如前所述,整个法官群体职级相对较低。由于晋职晋级慢,

---

[①] 王子伟、严培佳:《从"心"开始:法官流失之风险预控——基于心理契约视角的实证研究》,载贺荣主编《司法体制改革与民商事法律适用问题研究——全国法院第26届学术讨论会获奖论文集》,人民法院出版社2014年版,第363页。

对应的工资和福利待遇也无法提升，造成法官满意指数偏低。在法官不满意原因的考察中，62.56%的法官认为晋升空间狭小，49.77%的法官认为奖励、考核、晋升机制缺乏公平性。从职级方面看，处级以上法官的满意指数较高，均在50分以上，其中正处级法官的满意指数高达66.15分，副处级为52.76分，而科级以下的法官满意指数整体都不高，正科级为48.96分，副科级为46.98分，而科员级只有45分，与正处级法官相比满意指数相差20分以上。而且大致呈现出级别越高，满意度越高的规律。

3. 法官职务因素

通过不同职务组别法官满意指数的对比和分析，也可以看出职级对法官满意度的影响。有行政职务的法官满意指数相对较高，特别法院的院长和正庭长满意指数比其他法官显著提升，其中院领导满意指数为57.41分，中层正职法官49.68分，而助理审判员只有45.76分，审判员只有44.99分，呈现出职务越高，满意度越高的规律。唯一背离这一规律的是副庭长（中层副职），其满意度只有45.18分，得分比助理审判员还低。这可能与中层副职法官本身不仅需要身先士卒办理疑难复杂案件，还需要承担一部分行政事务，工作压力和难度比普通法官更大有关。

表2—4　　　　　工作回报变量对法官职业满意度的影响

工作回报变量		满意指数	平均数差值	工作回报变量		满意指数	平均数差值
职级	局级以上	50.00	3.13	职务	审判员	44.99	-1.88
	正处级	66.15	19.28		助审员	45.76	-1.11
	副处级	52.76	5.89	月收入	2000元及以下	41.30	-5.57
	正科级	48.96	2.09		2001—3000元	46.02	-0.85
	副科级	46.98	0.11		3001—5000元	46.79	-0.08
	科员以下	45.00	-1.87		5001—8000元	47.21	0.34
职务	院领导	57.41	10.54		8001—12000元	54.70	7.83
	中层正职	49.68	2.81		12001—20000元	56.25	9.38
	中层副职	45.18	-1.69		20000元以上	80.00	33.13

（三）个体特征因素

除了工作环境及工作回报等外部因素外，法官个人的自然状况、身份特征、财务状况、家庭环境等也会对法官职业满意度产生一些影响，这些因素构成个体特征因素。

1. 家庭支出因素

调查表明，法官的家庭支出水平越高，法官职业满意度越低，家庭月支出 2000 元以下的法官，工作满意指数为 49.59 分，为满意度最高的组别；家庭月支出 20000 元以上的法官，满意指数只有 42.85 分，为满意度最低的组别，其余各组基本上体现出支出水平越高满意度越低，经济压力越大满意度越低的规律。

2. 住房因素

调查表明，住房情况影响法官满意度。租房和没有自己住房的法官生活压力更大，职业满意度更低。租房法官的满意指数仅为 44.18 分，住父母房的法官满意指数也只有 44.84 分；相比而言，住单位房和其他居住形式的法官一般没有按揭购房的经济压力，负担相对小，他们的满意指数也较高，分别为 48.63 分和 51.15 分。自购住房的法官经济压力和满意指数（47.33 分）则居中。

3. 法官性别因素

调查发现，不同性别法官的满意度存在差异，男法官满意指数为 46.13 分，女法官满意指数为 48.22 分，男法官的工作满意指数相对女法官略低，这可能与男性的角色地位相关，在中国传统观念中男性应更多承担家庭责任，男性收入应更高，因此，男法官更容易感受到家庭负担，从而不满意率更高。

4. 法官学历因素

高学历法官个人期望值较高。学历高的法官，求学时间长，付出多，能力相对较强，对于工作回报的期待值较高，由于回报达不到预期，导致法官学历越高，满意度相对越低，调查表明大专以下学历的法官满意指数为 54.04 分，本科学历法官满意指数只有 47.05 分，硕士学历法官的满意指数为 45.71 分，高学历法官中，只有博士学历法官满意指数较高，这也导致了博士法官离职意愿较低。

同理，前学历法官的满意指数（45.86 分）低于后学历法官（48.65 分），法律专业出身法官的满意指数（46.78 分）也低于非法律专业的法官（48.61 分）。

5. 法官年龄因素

中年法官满意度远低于青年法官和老年法官。调查表明，31—40 岁组的法官满意度比 30 岁以下及 40 岁以上的法官职业满意度更低，其中 31—35 岁法官工作满意指数为 44.20 分，36—40 岁满意指数为 44.35 分，而 25—30 岁法官为 48.15 分，25 岁以下法官为 48.43 分，41—50 岁法官满意指数为 48.90 分，50 岁以上法官高达 55.67 分（见表 2—5）。30—40 岁组法官职业满意度偏低，可能与该年龄段法官积累了一定的审判经验，因此往往期待在职业上有所晋职或晋升，若这种晋级、晋职预期落空或

表 2—5　　　　　个人特征变量对法官职业满意度的影响

个人身份变量		满意指数	平均数差值	个人身份变量		满意指数	平均数差值
性别	男	46.13	-0.74	住房情况	其他	51.15	4.28
	女	48.22	1.35	学历	大专以下	54.04	7.17
月支出	2000 元及以下	49.59	2.72		本科	47.05	0.18
	2001—3000 元	48.09	1.22		硕士	45.71	-1.16
	3001—5000 元	46.20	-0.67		博士以上	55.43	8.56
	5001—8000 元	45.83	-1.04	学历获得	前学历	45.86	-1.01
	8001—12000 元	46.81	-0.06		后学历	48.65	1.78
	12001—20000 元	45.87	-1.00	所学专业	法律	46.78	-0.09
	20000 元以上	42.85	-4.02		非法律	48.61	1.74
任法官年限	2 年以下	44.98	-1.89	年龄	25 岁以下	48.43	1.56
	3—5 年	46.90	0.03		25—30 岁	48.15	1.28
	6—10 年	44.49	-2.38		31—35 岁	44.20	-2.67
	11—15 年	45.15	-1.72		36—40 岁	44.35	-2.52
	16—20 年	49.19	2.32		41—50 岁	48.90	2.03
	21—25 年	53.00	6.13		50 岁以上	55.67	8.80
	25 年以上	57.00	10.13	婚姻状况	已婚	47.06	0.19
住房情况	自购住房	47.33	0.46		单身	45.64	-1.23
	住父母房	44.84	-2.03	子女状况	有	47.21	0.34
	租房	44.18	-2.69		无	45.60	-1.27
	单位宿舍	48.63	1.76	平均满意度		46.87	0.00

者达不到预期,则可能造成满意度下降。相反,刚任职年轻法官,仍处于不断学习和经验积累阶段,对于晋升没有强烈的期待;而年纪更长的老法官,他们要么已经晋级、晋升到一定层次,要么对晋级、晋升不再抱以强烈的期待,所以他们的满意指数都高于中年法官。

第九节 法官生存状况小结

上文通过对法官生存状况的问卷调查的分析,从法官群体的基本情况、工作量大小、经济收入状况、法官的压力来源、法官的职业理想、法官的离职意愿以及法官的职业满意度七个方面对法官的生存状况进行了白描式的分析,从而得出法官生存的基本状况。法官的基本状况体现了以下的特点。

一 法官生存状况整体不佳

调查发现,法官的生存状况整体不佳主要表现在以下几个方面:工作压力大、职业风险高、职业回报差、职业尊荣感低。

工作压力大体现在以下两方面:一是法官的加班时间过长,有半数法官都需要靠加班完成日常的审判工作;二是法官的平均结案数较多,调查显示法官的月均结案数接近12件,如果按照每个月22个工作日计算,法官平均不到2天就要审结一个案件。在司法辅助人员严重缺乏的情况下,法官需要不断从审判中抽离出来,从事法官助理甚至书记员应当承担的各种事务性工作,对法官而言,每审结一个案件都需要数倍的工作量。然而,审判工作的性质要求法官能够保持冷静的头脑,敏锐的判断力,长时间、超负荷的工作必然导致法官的注意力下降,从而影响法官的判断力,造成案件审判质量的下降,甚至出现严重疏漏错误。

法官的职业风险高,一方面体现法官时刻面临着错案追究风险或者担心当事人的信访和闹访的风险;另一方面则体现为法官的人身安全、财产和住所安全、家人安全受到当事人的威胁。如果法官在审判完每一个案件后都要担惊受怕,害怕自己或者家人的人身安全受到侵害,害怕审理的案件被追责，肯定会影响法官判断的独立性，因担心追责而导致案件结果偏向于容易引发信访或者有可能产生信访风险的那方当事人，最后受损的一定是司法的公平性和司法公信力。

职业回报差则体现在三个方面：一是法官月收入过低。中国法官月平均工资仅4200余元，整体收入平平，甚至无法达到在岗职工平均工资水平。二是法官的晋职晋升慢，由于法院与同级机关相比人数多，领导职位少，相比同级行政机关，法官的晋升晋级更慢，处级以下法官占法官总数的94.84%。三是法官的其他福利待遇少，例如法官的休假、教育培训机会少，职业提升的空间狭窄。

职业尊荣感低。法官作为社会正义的裁判者本应具有崇高的社会地位，然而现实中的法官职业，社会地位不高，工作自主性较差、缺乏职业尊荣感和成就感。不仅如此，由于法官职权保障制度不健全，大量政法委干预、领导交办、案件汇报、案件请托现象的存在，使法官从裁判者沦为裁判的工具，法官失去了高高在上的权威，只是从事大量的重复简单劳动，无法体现审判职业本身应当具有的创造性、主动性和自主性，导致法官对自身的职业前景看淡。

调查也显示，法官群体只有在个别方面，如法院人际关系、工作条件等方面还比较满意，法官的职业满意度整体上偏低。

从上述统计数据可以大体上了解中国法官群体生存状况的概貌：

法官的职业满意度偏低，案件多、司法环境恶劣、追责严、法官们面临巨大的工作压力、加班成为工作常态，同时法官的收入偏低，远不能与法官自身的付出和期待相匹配，甚至有一小部分法官已经对法官的职业失去信心，开始用脚投票。

之所以说法官压力大、工作忙，是因为法官职业需要司法者凭借自身的头脑、智慧、法律素养，对社会的矛盾纠纷加以平复，对涉及矛盾双方的重大利益进行判断和裁决。这样的一份工作面临着巨大的挑战和风险，只有给予这样的裁决者高高在上的地位，保证其权威性，才可能胜任这样的工作，这样的裁判需要的是裁决者的判断力，因此需要给他们一个安静、宽松的环境，使其不用时时忧虑事后担责，保持自己的身价，自尊自爱，生活无忧，不能为金钱所动。非如此，法官就不称其为法官，法官也无法安心地裁判断案。

二 法官生存状况的群体性差异

通过上述调查问卷，除了可以发现法官的整体生存状态不佳外，法院内部不同法官群体之间满意度差异的特征也十分显著。

(一) 高级法官和低级法官

按照宪法，中国法院从高到低分别设置了最高法院、高级法院、中级法院和基层法院，不同层级法院之间存在审级上的分工，但不存在地位上的高下和待遇上的明显差异。然而，调查发现，不同层级法院法官的生存状况差别非常明显。与其他级别法官相比，基层法院法官人数最多，审理案件最多，与案件当事人的交往也最为密切。然而，调查也显示基层法官的生存状态最为恶劣。

第一，工作压力最为突出。正如上文所述，基层法官面临的各种压力更为突出，特别是案件数量多，当事人信访、闹访，司法环境恶劣方面，基层法官的感受最深切。基层法官月均结案数大约是中级法院法官的 1.59 倍，高级法院法官的 2.66 倍，最高法院法官的 6.32 倍。从经常加班的法官比例来说，基层法官为 66.5%，中级法院法官为 61.2%，高级法院法官为 57.1%，最高法院法官为 85.7%，只有最高法院法官加班比例高于基层法官。

第二，收入待遇最低。与职级低相对应的则是基层法院的月平均收入也在各个层级法院中最低，月平均收入 4073 元，只是中级法院法官月平均收入的 90.1%，高级法院法官的 81.7%，以及最高法院法官的 48.3%。

第三，职级最低。由于不同法院对应不同的行政级别，导致基层法院职级偏低，基层法官职级水平也在不同层级法院中最低，基层法官科员级以下的法官占了 56.1%，而中级法院只占 25.15%，高级法院只有 0.68%，最高法院没有；而处级以上的法官基层法院为 1.86%，中级法院 11.3%，高级法院 25.85%，最高法院 57.15%，差距十分明显。

第四，职业满意度低。同时调查也显示，基层法院法官满意度也不高，仅为 46.55 分，低于中级法院法官的平均满意度，只比高级法院法官满意度略高,并且远低于最高法院法官 65.72 分的满意度。

从上述数据大致可以发现,基层法院法官结案数量多、加班多、工作压力大,但同时收入最低、待遇最差,法官的职业尊荣感也最低,生存状态最为恶劣,而准备离职的法官比例也最高。

(二) 法院领导和普通法官

除了层级外,法院内部也有院长、审委会委员、庭长与普通法官之别。调查表明,不同职位的法官生存状态也存在较大差异,体现在以下几个方面。

第一,工作的忙碌程度存在一定差异。调查显示,虽然从法院院领导、中层干部到普通法官,经常加班的频率都超过 60%,但是不同层级法官加班时间存在差异。院领导每周加班五小时以上的比例为 40.13%,中层正职为 46.39%,中层副职为 47.81%,审判员为 51.36%,助理审判员为 47.48%。也就是说从加班频率来说院领导略低于中层干部,中层干部略低于普通法官和干警,其中审判员的加班时间最长。

第二,职业满意度不同。调查显示,院领导的职业满意度为 57.41 分,远高于 46.87 分的平均水平,同时也比助理审判员高 11.65 分,比中层副职高 12.23 分,比审判员高出 12.42 分。法院中层正职领导的满意度则介于院领导和普通法官之间。可见,对自身生存状态满意度最低的是普通法官以及法院的中层副职,一旦当上了法院的中层正职和院级领导,无论是满意度还是生存状态都相对改善。

第三,压力来源不同。调查显示,不同职务法官的压力也存在显著差异,从总体压力表上来看,压力大小排序:审判员 > 中层副职 > 中层正职 > 助理审判员 > 院领导。从不同压力类型来看,法院领导对于司法环境恶劣感触最深,而对于其他压力来源,如错案责任制、当事人信访、请托案件、疑难案件、案件数量多等方面,压力最大的都是审判员。

从上述数据可以发现,在法院不同职务的法官中,审判员的生存状态最为恶劣,他们的工作压力最大、加班比例最高,而对现状的满意度最低。

(三) 一线法官和二线法官

虽然都在法院工作，都被称为法官，但是不同岗位的法官从事的工作可能大相径庭，在司法体制改革前，有相当一部分法官不从事审判工作，这就是所谓的二线法官，即使是从事审判工作的一线法官，所在审判庭的不同也往往对其生存状态产生较大影响。

第一，职业满意度差异。从上文职业满意度调查可以发现，综合部门法官的职业满意度整体得分比审判部门高4.02分，综合部门法官中只有研究室法官满意度较低，其他满意度比较高的部门都集中于综合岗位，例如，法警队73.33分，审判管理部门52.17分，办公室51.43分，政治部门51.08分，都远高于平均分46.84分。而大多数审判部门法官满意度都不高，最低的执行部门43.74分，其次是民事审判庭、商事审判庭、人民法庭等，只有行政庭、立案庭和知识产权庭的得分高于平均数。

第二，从内部流动意向看，有大量一线法官愿意流动到二线非审判业务部门，整体而言审判部门法官流入流出比为0.69，愿意调整到二线综合岗位的法官占参与调查数的40.0%，是现有岗位法官数的2.78倍！二线部门的法官流入流出比为2.48。审判作为法院主业，也是法官审判权的体现，而如今一线审判部门却被法官们弃之如敝屣，这是十分不合理的现象，也值得制度设计者们深思。

第三，法官离职意愿。从法官离职意愿看，离职意愿最高、已经在为离职做准备最多的部门分别是执行部门14.17%，商事审判庭12.75%，知识产权审判庭12.0%，人民法庭14.14%，刑事审判庭14.07%，民事审判庭9.84%；而法警队、审判管理部门、政治部门法官的流动意愿最低，分别是0、2.17%和4.62%。

从本书的调查数据看，法院的不同部门，特别是一、二线部门之间，法官的生存状态几乎有着天壤之别，整体而言，审判业务部门法官的生存状态远远不及综合岗位的"法官"。而令人忧虑的是，其实只有在一线审理案件的法官才是真正的法官，二线部门的法官只是带着法官名号的法院公务员，在员额制改革之后应该都转为司法辅助或者行政人员。目前，大量手握审判权的法官，却更愿意去没有权力，所谓法院服务部门的二线部门。这一现象不仅说明，法官存在逃离一线的倾向，更说明法官手中的审判权已经成为"烫手的山芋"。法官对审判权退避三舍,则进一步证明法律和制度对于法官审判权的行使没有加以充分保障,设置了很多违背了审判权运行规律的障碍。

三 法官生存状况不佳的原因分析

导致法官生存状况不佳的原因非常多,从根本上说,涉及整个司法体制在权力架构内的地位和作用。从理论上讲,司法作为社会公平正义的最后保障具有极端重要性,这在法治发达国家已经成为不争的事实,也为千百年来权力制约的政治学理论以及社会实践所证明。但是,"司法权作为一种案件审判权,是对具体、个别社会纠纷的平复,这与其说是一种权力,不如说是一种责任,主要是配置人们的权利、义务。正是由于司法部门既无强制、又无意志,而只有判断;司法权为三权中最弱小的一个"[①]。在中国古代就没有单独的司法官,司法权始终依附在行政权的羽翼之下,而近代以来,法律至上的理念、司法权重要的思想也从未深入人心。法院的地位始终低于人大和政府,人大对法院有监督权,政府掌握着法院的人、财、物,而法院始终缺乏对政府和人大的有效监督制约。司法权在中国整个权力体系中的地位和作用偏于弱小。

司法地位低下,司法权在社会中发挥不了其应有的重要作用,甚至从未在整个社会运行中起到过真正决定性的作用,必然会导致作为司法执掌者的法官无法获得崇高的地位、较高的职业尊荣感和当事人的敬重。法官在社会生活中无足轻重,只埋头于处理个案的纠纷矛盾,调整一个个个案的权利义务关系,对重要的公共事务没有参与权和话语权,也必然导致法官这一职业无法获得特殊和充分的保障。这一司法权运行现状与法官应承担的责任义务不相匹配,责大权小,于是出现了法官职业保障缺失、生存状况不佳的结果。

如果放任法官的权力与权利不相匹配的状况持续发展,有可能导致两个不良后果:一是大批优秀法官以各种形式流失,法官向法院内部的

[①] [美]汉密尔顿、杰伊、麦迪逊等:《联邦党人文集》,程逢如等译,商务印书馆1980年版,第390页。

二线部门流动或者干脆离开法院；二是由于责大权小，法官在岗位上工作精神状态不佳，没有工作积极性，怠于履行或者不履行法官的职责。不管是哪种情形发生，都必然会引起审判质量下滑，司法权威、公信力进一步丧失，造成恶性循环，司法变得更加疲软和弱势，社会公正的最后一道防线失效，法官生存状态进一步恶化，司法人才加速流失等等。

要打破这一恶性循环必须找到一个相对容易、切实可行的突破口，本书认为这个突破口就是加强法官的职业保障，提升法官职业的含金量和职业尊荣感。法官的职业保障之所以是一个理想的改革突破口，第一，其涉及面不广，只涉及全国的法官群体；第二，加强法官保障这项改革是一个增项，不触及既得利益者的利益，实施阻力最小，容易形成帕累托最优；第三，法官的职业保障是具体而细微的制度，属于法官制度的一部分，内容仅包括法官职权保障、身份保障、经济保障、安全保障、职业豁免五部分，不涉及审判权运行以及公检法相互关系等更深层次的问题；第四，健全法官保障制度的效果十分明显，一旦健全了法官保障制度，就能切实保障法官独立行使审判权，法官的权威和地位就能够逐步提高，能够留住和吸引更多优秀的法律人才进入法官行列，司法的公正和效率也有望不断提升，进入一个良性循环。

第三章

法官履职保障状况及其完善

法官的"离职潮"和法官生存状态恶劣两个现象在中国相伴而生，其背后有着相同的制度原因：法官保障制度不健全，法律对于法官的职权、身份、福利待遇、人身安全保障不力，法官的豁免特权不彰。正是这五个方面的法律法规构成了法官保障的五项具体制度，即法官履职保障制度、法官身份保障制度、法官经济保障制度、法官安全保障制度和法官责任豁免制度。本书将从法官保障制度的这五个方面入手，分别描述中国法官保障的现状以及各项保障制度、规范的不足与弊病，将其与其他国家的法官保障制度相比较，并结合司法制度、法官制度的相关理论，提出加强法官保障的可行性对策建议。

法官履职保障制度是指"保障法官在履行审判职能过程中，在法定权限内，运用法律知识和司法经验，根据自己对案件事实的评价和法律的理解，不受外界干涉，独立地对案件作出判决和裁判的制度"[1]。法官的履职保障制度是保障法官能够独立行使审判权的一整套制度规范，是整个法官保障制度乃至法官制度的核心内容。只有建立了完备的法官履职保障制度，法官才能实现独立行使审判权，从而在根本上保证司法活动的公正性、正当性和合法性。

虽然，法官独立行使审判权不是全面实现司法公正的充分条件，但是，独立行使审判权是司法公正的前提和保证。如果法官行使审判权的独立性无法得到充分保障，那么，法官在行使审判权进行司法裁决时，

---

[1] 谭世贵等：《中国法官制度研究》，法律出版社2009年版，第202页。

就难免会受到各种法律以外因素的影响。这样的话，一旦产生诉讼，双方当事人为了赢得诉讼，必然会千方百计寻求各种法外因素来干预和影响司法裁判的方向，法官就可能沦为司法大幕前的傀儡，司法公正也就无从谈起。

第一节　法官履职保障的规范分析

一　宪法、法律条文的分析

《中华人民共和国宪法》（以下简称《宪法》）第126条规定："人民法院依照法律规定独立行使审判权，不受行政机关、社会团体和个人的干涉。"宪法保障是对法官履职保障最为权威、层级最高的法律保障形式。类似的表述同样出现在《中华人民共和国法院组织法》（以下简称《法院组织法》）第4条、《中华人民共和国刑事诉讼法》（以下简称《刑事诉讼法》）第5条和《中华人民共和国民事诉讼法》（以下简称《民事诉讼法》）第2条中。

虽然法官履职保障的内容进入了效力等级最高的《宪法》视野，但是《宪法》的这一条款对全面保障法官职权仍然存在较大差距。《宪法》等法律条文体现的是"人民法院"的独立审判，而不是"法官"的独立审判。这一字之差，引发诸多的争论和歧义。一些学者认为，中国宪法法律保护的只是法院的独立行使审判权，而不是法官独立行使审判权。另一些学者则主张，如果仅仅是在法院层面上保护审判权独立行使没有任何实质意义，因为案件是由一个个法官单独予以裁判的，案件的多样性导致其无法进行批量处理。如果只是强调法院的独立性，不承认法官自身的独立性，在法院内部院、庭长与法官仍然是一种领导与被领导的关系，应当不受外界干预的独立审判权必然集中到几个法院领导手中，审判权独立行使的初衷就无法实现。

《中华人民共和国法官法》（以下简称《法官法》）第8条第2项规定，"法官依法审判案件不受行政机关、社会团体和个人的干涉"；第45条第2款规定，"行政机关、社会团体或者个人干涉法官依法审判案件的，应当依法追究其责任"。与《宪法》相比，《法官法》对于法官履职保障的规定更为明确和具体，并确定了法官而非整个法院为审判独立的主体，显然有较大的进步意义，然而，其对于法官履职的保障仍不尽完美。具体体现在：其一，条文规定比较原则。虽然"审判不受行政机关、社会团体和个人的干涉"是法官独立行使审判权的核心内容，但是仅仅规定这个还远不足以保证法官行使审判权不受干扰。《法官法》中没有配套的制度和具体的处罚和实施细则，审判不受干涉在现实中容易成为一纸空文。

其二，《刑事诉讼法》《法院组织法》中均规定了审判委员会对重大疑难案件享有讨论决定权，这一规定相当于赋予审判委员会部分案件的终局审判权，其必然与法官的独立审判权相冲突。《法院组织法》被称为法院的小宪法，而《刑事诉讼法》也是由全国人民代表大会通过的基本法律，它们的法律效力均在《法官法》之上。因此，这些法律条文的规定与《法官法》的规定相互冲突，使得《法官法》中关于法官依法审判不受干涉的规定在实践中无法实现。

其三，法院在各机关部门中处于弱势地位，难以避免行政机关和立法机关等其他机关的干涉。对于同级行政机关，"地方法院的经费由地方政府供给，因此法院的财权受制于同级政府的部门财政；法院的人员编制由地方政府决定；法院工作条件的改善和装备的更新有赖于地方政府的批准"[①]。因此，在审判面临当地行政机关干预时，法院和法官都是敢怒不敢言。对于同级党委，其本身受同级党委的领导，司法实践中由政法委出面协调公检法的案件，并提出判决结果的情况并不鲜见；此外，法院的领导干部任命也离不开党委组织部门的认可。对于同级人民代表大会，依据《宪法》，法院院长本身由同级人民代表大会产生，向同级人大负责。此外，中国还形成了每年向同级人大提交工作报告的习惯做法，法院的年度工作报告由人大代表投票通过，于是各级人大及人大代表对法院形成了很大的威慑力，一些人大代表也由此打着法律监督的名号堂而皇之地干涉和过问法院审理的案件，如果没有其他配套制度，《法官法》这一条文很容易被人大代表以"法律监督"的名义架空。

---

① 邹开亮、黄树光、徐少华：《略论法官独立》，《探索与争鸣》2002年第11期。

其四，法院内部等级分明，实践中，法官管理中的行政化特征十分明显，严重侵害法官行使审判权的独立性。在法院内部，不仅有院长、副院长、庭长、副庭长与普通法官的区别，还有行政级别上的科级、处级、局级的分野，此外，《法官法》将法官分为四等十二级，造成法院内部的上下级分明。此外，根据法院内部的《人民法院审判人员违法审判责任追究办法》（以下简称《责任追究办法》）《最高人民法院关于完善人民法院司法责任制的若干意见》（以下简称《责任制若干意见》）等规范性文件，法院的院长、庭长对于本院、本庭法官办理的错案要承担领导责任，在这个逻辑下，院长、庭长就理应享有对于下级法官审理案件的裁判结果具有相应的干涉甚至决定的权力。

二 其他规范性法律文件的分析

（一）《保护司法人员依法履行法定职责规定》

2016年7月颁布实施的《保护司法人员依法履行法定职责规定》（以下简称《履职规定》）对法官履职行为的保障有了一定程度的突破，体现在第2条："法官、检察官依法办理案件不受行政机关、社会团体和个人的干涉，有权拒绝任何单位或者个人违反法定职责或者法定程序、有碍司法公正的要求。对任何单位或者个人干预司法活动、插手具体案件处理的情况，司法人员应当全面、如实记录。有关机关应当根据相关规定对干预司法活动和插手具体案件处理的相关责任人予以通报直至追究责任。"与《法官法》相比，该条文对法官独立审判案件的规定不仅仅是原则性的"不受干涉"，而是明确了法官的权利义务以及对干预、插手具体案件行为处理，这相当于赋予了法官履职保障制度以利器，至少在法条层面上制定了明确的操作规范。

其次，《履职规定》第3条明确了"任何单位或者个人不得要求法官、检察官从事超出法定职责范围的事务。人民法院、人民检察院有权拒绝任何单位或者个人安排法官、检察官从事超出法定职责范围事务的要求"，除了应涵盖法官独立行使审判权之意外，法官不应从事与审判无关的其他事务也是法官履职保障的题中应有之义。但是，在现实生活中，地方政府往往将法院看作自身的一个部门，经常向法院摊派各种与审判工作无关的行政事务，这严重影响了法官正常履行审判职能，法官们怨声载道。这些法定职责范围以外的事务从法制宣传到维护社会稳定，从创建文明城市上街维持秩序、打扫卫生到招商引资不一而足。《履职规定》第3条明确了法院、法官应当专事法律规定的司法职能，有助于法官的专业化和职权的切实保障。

但是，《履职规定》对于法官职权保障的规定并不完美。首先，《履职规定》是由中共中央办公室（以下简称"中办"）、国务院办公室（以下简称"国办"）颁布的规范性法律文件，不是行政法规，更不是法律，从法律效力上来说等级不高；其次，法官的履职保障需要一系列切实制度加以保障，诸如，法院独立财政预算制度，规定未经法定程序法官不得随意罢免的任职保障制度等。没有相关制度的配合，在现实中如果无法免除法官被打击报复的风险，即使《履职规定》规定了法官应当记录干预司法、插手司法的行为，法官也不可能如实记录下来。因此，《履职规定》的落实情况还有待进一步观察。

（二）《最高人民法院关于完善人民法院司法责任制的若干意见》

《最高人民法院关于完善人民法院司法责任制的若干意见》（以下简称《责任制若干意见》）第3条规定："法官依法履行审判职责受法律保护。法官有权对案件事实认定和法律适用独立发表意见。"

《责任制若干意见》第39条规定："法官依法审判不受行政机关、社会团体和个人的干涉。任何组织和个人违法干预司法活动、过问和插手具体案件处理的，应当依照规定予以记录、通报和追究责任。""领导干部干预司法活动、插手具体案件和司法机关内部人员过问案件的，分别按照《领导干部干预司法活动、插手具体案件处理的记录、通报和责任追究规定》和《司法机关内部人员过问案件的记录和责任追究规定》及其实施办法处理。"

《责任制若干意见》是2015年最高人民法院在司法体制改革过程中制定的规范性文件，对于法官履职保障的规定比较完善，其第3条除了原则性规定"法官依法履行审判职责受法律保护"外，还明确规定法官对案件事实认定和法律适用有权"独立发表意见"，这是对法官履职保障更加明确的规定，也是《法官法》"法官独立行使审判权"规定的进一步细化。该意见第39条与《履职规定》第2条的规定相一致,其能否在实践中发挥作用同样需要进一步观察。

第二节 法官履职保障的实证分析

落实"审理者裁判"是法官履职保障的重要衡量标准,也是本轮司法体制改革的目标之一。一方面,法官独立行使审判权是实现法治国家的题中应有之义,也是保障司法公正的基础。法官履职保障不到位,必将导致司法运行过程中,法官无法独立自主行使审判权,甚至沦为司法审判的摆设和傀儡。法官失去裁判权,由裁判者沦为执行者,必然没有尊严,法官失去了安身立命之本,也就失去了作为法官的价值。另一方面,法官不能单独行使裁判权,但是司法责任制确定了"裁判者负责"的原则,不能独立行使裁判权的法官却还要为裁判错误担责,这不仅在理论上说不通,更使得法官权责不相当,成为矛盾压力的聚焦点。目前,中国法官履职保障不到位体现在以下几方面。

一 法院内部的案件汇报协商制度

(一)案件向院、庭长汇报制度

案件的院、庭长汇报制度(以下简称"案件汇报制度")是指在审理一些重大疑难复杂群体性案件时,法官在判决前须将审理情况、裁判结果向案件审判庭的庭长或法院院长进行汇报的制度。这项制度在《法院组织法》《法官法》的条文中均没有明确规定,法院的院、庭长也不是任何一级审判组织,但是在法院内部,案件的院、庭长汇报制度是一项普遍适用的案件管理制度。案件汇报制度在有的法院已经不仅仅是一项"潜规则",而是出台了正式文件的规范性制度。[①]

内部案件汇报制度虽然从某种意义上有助于案件统一裁判尺度,避

---

① 有些法院甚至明确规定所有的裁判案件,如《××区法院杨镇法庭案件汇报管理办法》第一条,见例1。

免法官个人擅断，但是，这一制度干扰了法官行使审判权的独立性，导致法官职权旁落，法院院、庭长的司法行政管理权侵入法官审判权的领域，甚至形成一种"非正式的审判制度"。实证研究表明，这一制度至今在法院内部仍有较强的生命力，发挥着重要的作用。

【例1】《××法院杨镇法庭案件汇报管理办法》[①]

为加强审判管理，抓好审判质量，强化责任意识，××法院杨镇法庭制定了案件汇报管理办法。具体实施如下：

一、凡本庭需以判决裁定形式结案的，案件卷宗及裁判文书都须交由庭长审阅。

二、交由庭长审阅的案卷，须留出合理时间，以避免案件需提请向主管院长或审判委员会汇报时出现审限警示。

三、交由庭长的案卷，庭长两天内阅毕，归还各审判组。

四、凡案件需向主管院长、审判委员会汇报的案件，各承办人一律提交审理报告。

五、主管院长要求审阅案件裁判文书的，承办人应在汇报后，六日内将卷宗、裁判文书及软盘一并呈交主管院长。

六、凡交由庭长、院长的卷宗、裁判文书，要将卷宗进行装订，裁判文书要仔细校对后，方能交阅。

七、庭长只对案件提出自己的意见，对案件与承办法官处理意见不一致的，庭长可以提出建设性意见，若与承办法官未达成一致性处理意见，庭长有提请向主管院长汇报的权利。

八、已决定向主管院长汇报的案件，承办法官要及时做好案件汇报的准备，由庭长与主管院长约定汇报案件的时间。

九、向主管院长、审判委员会汇报案件，须做好汇报笔录，笔录要准确、翔实。汇报笔录要入卷。

十、向主管院长、审判委员会汇报，承办法官要尊重领导，可以发表自己的见解观点，但避免与领导发生争论。

---

① 下文部分实证案例材料来自法院内部文件或者法院内部网站，故只注明发布日期，不再注明网址。

【例2】××中级人民法院民一庭六项举措确保公正高效完成年底结案任务

为圆满完成我院党组提出的工作任务，民一庭针对收案数量多、结案压力大等客观情况，以"优质高效结案"为目标，提出如下六项举措：

……四是完善机制建设，加强审判管理。根据案件质量考核体系和审判管理的各项要求，完善案件汇报、研讨和会商机制建设。加强审判管理，进一步规范案件汇报制度，全面梳理重大、疑难、新类型、群体性案件，保证及时请示汇报。……

【例3】最高人民法院××庭2013年工作要点

……6.统一裁判标准，提高案件质量。一是强化合议庭职能，增强责任意识；二是确立以提审为主的再审法院确定原则；三是完善审判长联席会议制度，合理确定会议召开时间、规范案件汇报方式、案件研究规则、探索民庭审判长列席制度。……

【例4】《××法院：新一轮司改探路者》

"让审理者裁判，让裁判者负责"，这是审判专业化的内在要求。然而，案件逐级汇报、"审者不判、判者不审"的现象长期存在，这种行政化的审判权运行方式一直颇受诟病。宿迟介绍，××法院已经取消了案件逐级汇报的做法，院庭长不再就个案听取汇报并作出决定。除法律规定的情形和重大复杂案件需经院庭长把关外，裁判结果将依照合议庭多数意见形成。

【例5】××法院召开民事审判口中层会传达全市法院院长会精神并部署民事审判工作

一是狠抓执法办案第一要务，提升审判质效。……第三要高度重视风险防控，领导干部增强政治警觉性和敏锐性，加强对案件的监督管理，指导要靠前，要将重点案件汇报制度落实到位，确保案件不出问题、队伍不出问题。……

从上述五个事例中可以发现，其一，案件汇报制度在中国司法系统内是一项比较普遍的制度，从基层法院、派出法庭到中级法院，再到最高人民法院都可见案件汇报制度的踪影；其二，案件汇报历时久远，不断演化。案件汇报制度形成的时间不短，有的法院已经出台了相应的规范性文件。近年来，随着司法体制改革的推进，司法责任制的落实，各级法院对案件汇报制度进行了规范，案件汇报的范围也从所有案件缩小到重大、疑难、复杂案件等。其三，即使是在"审理者裁判，裁判者负责"的司法体制改革要求下，案件汇报仍然没有杜绝。例4中北京知识产权法院将取消案件汇报制度作为司法体制改革的一项创举，但是其中部分疑难复杂案件也需要经过"院庭长把关"。此外，有的法院将案件汇报制度作为提高审判质效的一项重要举措，还有的法院在司法体制改革废除案件汇报制度后，设立了"法官会议制度"，由院、庭长作为法官会议（或者法官联席会议）的主要成员，听取承办法官的汇报，由院、庭长最终决定案件的裁判结果，成为案件汇报制度的变相形式。

案件汇报制度显然存在诸多弊端：第一，影响司法公正。案件的裁判需要亲历性，只有亲身经历双方庭审激辩的法官，通过察言观色，才能够更加准确地对事实加以判断。没有亲历的院、庭长仅仅通过听取承办法官汇报无法了解完整的案情，容易受到案件汇报内容和倾向性的干扰甚至左右，产生误判，不仅影响裁判公平性，也为法官推卸审判责任提供了一个制度性漏洞。第二，不利于培养法官能力。案件汇报制度导致法官面对疑难复杂案件，缺乏判断的勇气，没有经过疑难案件的历练，很难培养起法官所需要的职业素养。第三，降低法官职业尊荣感。案件汇报制度导致法官的审判权不完整，降低法官职业尊荣感，与司法体制改革的方向背道而驰。

既然存在那么多显著的弊端，那么，人民法院为何仍然热衷于建立案件汇报制度？从上文例5的表述中可见一斑，"领导干部增强政治警觉性和敏锐性，加强对案件的监督管理，指导要靠前，要将重点案件汇报制度落实到位，确保案件不出问题、队伍不出问题"。可见，之所以存在案件汇报制度，一方面在于，体制对于法官的业务能力不信任，对于法官的道德品质不放心，所以需要法院的领导干部对案件进行监督；另一方面，案件汇报的目的是案件和队伍不出问题，而一旦法官或者案件

"出问题"后,不仅法官会被追责,法院的领导也会受到牵连和处罚。因此有学者提出:"在很大程度上,这并非法院领导故意罔顾司法规律,或领导干部权力欲望膨胀,而与法院审判工作的实际境遇和需求相关。社会稳定的考评要求法院领导负责,法院领导会倾向于层层把关,这是权力与责任相平衡的要求导致的。也就是说,经济发展的需求与社会稳定的形势,迫使党政机关干预司法工作,从而进一步导致了法院系统内部的行政化。"①

(二)向上级法院请示汇报制度

根据《宪法》第127条,"上下级法院之间是监督与被监督的关系,这种监督主要是通过审级进行审判业务上的监督"。这种法律上规定的监督关系,却在审判实践中逐渐演变成下级法院向上级法院的案件汇报制度(以下简称"向上级法院请示制度")。向上级法院请示制度作为一项不成文的内部制度,在法院内部不仅存在,而且使用频率颇高。有的法院为了规范这一制度还出台了正式的内部文件,使得这一非正式制度成文化,也使我们有机会从中管窥这个制度的相关规则。

【例6】《××高级人民法院知识产权庭关于知识产权案件汇报有关事项的规定》

为进一步加强对全市知识产权审判的监督指导,确保案件汇报工作有序进行,根据我市知识产权审判工作实际,现将各级法院知识产权庭案件汇报的有关工作规定如下:

一、汇报案件类型

1. 各庭需要汇报的案件应为重大敏感案件(包括对我国和首都知识产权保护形象具有重要影响的案件、不同管辖区域存在不同意见的案件、中央和市领导关注或督办的案件等)、关联案件、新类型案件、与在先生效裁判结果不一致案件等疑难复杂案件。

2. 除重大敏感案件外,汇报内容应仅针对法律适用问题,仅涉及事实认定问题的,不应汇报。

---

① 陈柏峰:《领导干部干预司法的制度预防及其挑战》,《法学》2015年第7期。

二、案件汇报程序

3. 拟汇报的案件应为已经开庭审理、事实确定，合议庭、庭长、主管院长均已形成意见的案件；基层法院拟汇报案件应有其相关中级法院的意见。

4. 汇报前应向我庭提前提交审理报告电子版，可同时提出拟汇报时间，拟汇报时间一般不早于提交审理报告后的第3个工作日，具体汇报时间由我庭确定后告知各承办人。

5. 拟汇报案件单位的庭长（或主管副庭长）、案件承办人（或合议庭成员）应共同参加汇报，携带卷宗及纸质审理报告3—5份，书记员进行记录。

6. 基层法院汇报案件，必要时其相关中级法院可共同参与研究。

7. 关联案件如需研究，可召开案件协调会共同研究。

8. 汇报笔录应当记录全面并入副卷，汇报后3个工作日之内向我庭报送汇报笔录电子版备案。

三、本规定自下发之日起执行。

××高院知识产权庭

2013年6月24日

【例7】《关于案件汇报管理工作的通知》

各法院民庭：为今后案件汇报工作便于管理和统计，现单独建立登记制度。各庭将案件材料电子版发至高院民一庭×××的邮箱。

特此通知。

××高院民一庭

向上级法院请示制度不仅仅在基层法院、中级法院和高级法院普遍使用，甚至得到了最高人民法院的默许和支持。中华人民共和国成立后，最高人民法院以复函形式对下级法院各种请示进行回复，这些回复大多是个案的审理裁判意见，这些最高人民法院参与的向上级法院请示制度，甚至成为具有普遍性法律效力的下级法院必须遵循的司法解释。对最高人民法院"复函"的不完全统计发现,中华人民共和国成立以来,最高人民法院正式以复函形式答复下级法院请示 218 份,其中涉及个案处理情况的请示复函 122 份,占 55.96%。这些复函主要集中在 1980—2010 年,特别是以 1995—2005 年最为突出,其中 2003 年一年最高人民法院的复函就达 47 件,试举两例:

【例 8】《最高人民法院关于中国船东互保协会与南京宏油船务有限公司海上保险合同纠纷上诉一案有关适用法律问题的请示的复函》(内容略)

【例 9】《最高人民法院关于深圳发展银行广州分行信源交行与成都宗申联益实业股份有限公司等借款担保合同纠纷一案的请示的复函》(内容略)

然而,向上级法院请示制度模糊了一审、二审界限,直接导致上诉程序的弱化,甚至变相改变了"二审终审制",剥夺了当事人的上诉权。同时,向上级法院请示制度也褫夺了下级法院法官的部分审判权,他们失去对案件,特别是对重大、疑难、复杂案件的独立审判权。

(三) 上下级法院会商制度

上下级法院会商制度(以下简称"会商制度")与向上级法院请示制度比较近似。两者的差别在于,上级法院请示制度更侧重于下级法院在审判过程中向上级法院汇报,由上级法院对案件的具体处理方向和方法提供参考意见;会商制度则突出在审理中或者一、二审审理程序后,上下级法院之间进行沟通和协调,针对的案件范围也相对较窄,通常是经过多次审判程序,一审、二审、再审程序争议较大的疑难复杂案件。但是无论是会商制度还是向上级法院请示制度,都是对法官裁判权的干预,导致法官无法独立地对案件进行裁判,而上级法院领导和法官则分享了下级法院法官的审判权、裁判权,是法官履职保障不到位的又一个证明。也正是这种类行政的司法管理体制,导致资源向上级法院、最高法院集中,而基层法院、下级法院法官的职权保障愈加弱化。

【例10】《在××市法院涉诉信访和申诉审查工作会议上的讲话》

……对重大、疑难、复杂案件，组织三级法院会商，加强与高级法院相关业务庭室的沟通交流，促进全市审判工作执法尺度的统一。……

【例11】××中院行政庭"六位一体"审级监督工作机制提升行政审判工作质效

……三是建立两级法院会商联动机制，形成工作合力，把工作做到家、做到位。在处理××区和平村系列案件、××区15名农转非人员诉人保局补缴社会保险等案件中，该庭和一审法院，有效会商联动，积极争取属地政府支持保障，最大限度形成合力。该庭还深入平谷、密云等地农村下乡就审，"家门口的审判"，既增强了二审裁判的公信力和司法权威，也提高了当事人对一审法院工作的认同度。

【例12】××中院邀请上下级法院共同会商一件疑难案件

5月30日，一中院邀请高院民一庭朱某某庭长、马某副庭长，石景山区法院陈某某副院长及相关业务庭同志来该院，与民一庭共同会商研究一件历经七年诉讼的疑难家庭纠纷案件，会商由党组成员、副院长孙某某同志主持。

【例13】《2012年全市法院审判监督工作要点》

20. 建立疑难案件研讨、会商机制。对于再审疑难案件以及需要市高级法院统一协调的案件，市高级法院审监庭将会商相关法院、相关庭室，共同研究案件的处理。

【例14】《××市高级人民法院关于申诉信访案件三级会商工作办法》

第二条 各级法院在办理涉诉信访和申诉审查案件过程中，对符合以下条件的案件，经三级法院事先沟通意见不一致，需要统一协调处理的，可以提请三级法院会商：

（一）在办理涉诉信访案件中，发现该信访案件或者相关联的生效案件存在错误，需要提起再审，该案件经高级法院作出生效法律结论的；

（二）在办理申诉审查案件中，发现该案件与相关联案件的处理结果可能发生矛盾，需要统一裁判尺度的；

（三）在申诉、信访案件办理中，发现案件重大、疑难、复杂，需要三级法院协调一致处理的。……

以上五个事例都可以印证在中国各级法院之间确实存在会商机制，而且有些会商是为个案临时组织的（例11、例12），有些会商则已经成为工作中的通行做法（例13），甚至形成了规范性文件（例14），并且在领导的讲话中予以认可和肯定（例10）。应该说会商机制对于疑难复杂案件的纠纷化解，统一上下级法院意见都有其独特的作用，但是其仍然无法避免受到与向上级法院请示制度同样的质疑，这样一个制度也变相剥夺了当事人的上诉权和申诉权。

二 外部权力对法院和法官履职的干涉

（一）人大代表监督权的错位

《宪法》规定："全国人民代表大会是最高国家权力机关，有权任免最高人民法院院长。最高人民法院对全国人民代表大会和全国人民代表大会常务委员会负责。地方各级人民法院对产生它的国家权力机关负责。"人民代表大会对同级人民法院行使监督权具有宪法和法律的依据。但是，人民代表大会的监督权并不等同于人民代表大会有权对法院行使审判权进行干涉，更不是指人大代表个人有权影响和干涉法官的裁判。

但是在司法实践中，人大代表对于法院的监督远远超出了宪法法律的规定，个别人大代表对法院的监督甚至主要是通过个案监督的方式进行的。以最高法院为例，在1997—2000年，最高法院曾对三位全国人大代表的来信进行了五次正式的答复，其中给一位名叫张某某的全国人大代表，就郑州某某公司与镇江某某材料厂技术合同纠纷案等多个案件的具体审理情况进行了三次答复。

【例15】《最高人民法院给全国人大代表张某某的复函》一
（〔1997〕知监字第45号函）

张某某代表：

你关于《维护法律尊严，彻底清除审判机关的地方保护主义》的建议中所提郑州中星公司与镇江建筑材料厂技术合同纠纷一案和陕西飞机制造公司与中国农村经营报河南科技咨询部、郑州市新型包装材料研究所技术合同纠纷一案，现将有关处理情况函告如下：

……因此，原判决正确，郑州市新型包装材料研究所的再审理由不能成立。

谢谢你对人民法院审判工作的关心和支持，并帮助我们做好当事人的息诉工作。

1997年12月25日

【例16】《最高人民法院给全国人大代表张某某的复函》二
（〔1998〕法知字第13号函）

张某某代表：

你等四名人大代表在《陕西省省地两级法院地方保护错判一起科技案件影响恶劣应立即纠正》的建议中，反映陕西飞机制造公司与中国农村科技经营报河南科技咨询部、郑州市新型包装材料研究所技术转让合同纠纷一案，经复查：……因此，原审判决正确。对此，我庭已于1997年12月25日向你作过答复。

感谢并欢迎你对法院工作提出建议、批评和意见，进行监督。

1998年6月22日

【例17】《最高人民法院给全国人大代表张某某的复函》三
（〔2000〕法知字第7号函）

全国人大代表张某某：

你反映的郑州国玺包装科技有限责任公司与浙江星星电器工业公司技术转让合同纠纷管辖权的申诉材料收悉。

经研究认为：……台州市中级人民法院和浙江省高级人民法院的民事裁定书认定事实和适用法律并无不当。特此函告。

2000年6月29日

最高人民法院的上述三份答复只是人大代表"监督"法院工作的一个侧影，从中可以看出以下人大代表监督的几个特点：第一，20世纪末21世纪初，人大代表向法院提出个案监督的现象并不罕见，全国人大代表如此，地方人大代表向各级地方法院提交的个案监督只会更多、更加频繁，只是最高人民法院以复函的形式答复全国人大代表的个案监督更加容易成为可以留存文本；第二，人大代表监督的事项包括大量的个案，而且不少案件就是本人或者利害相关人的案件，以张某某的三份答复为例，张某某是上述例15、例16中涉及的"郑州市新型包装材料研究所"的所长、案例17中郑州国玺包装科技有限责任公司的公司法定代表人。张某某显然存在利用全国人大代表身份公开影响或者干涉案件审理的嫌疑；第三，从最高人民法院的复函看，原审法院裁判正确，认定事实和适用法律并无不当；第四，法院对于人大代表的这种监督敢怒不敢言。人大代表行使对法院监督权，该权力来自人民的委托，应当代表公众的利益，而非一己之私，上述案例中的人大代表利用代表的身份，理直气壮地向最高人民法院提出自己公司涉案纠纷的相关意见，显然已经超出了人大代表行使职权的范围。但是即使如此，最高人民法院对这种所谓"监督"仍然十分客气，三份复函中有两份都使用了"谢谢你对人民法院审判工作的关心和支持"，"感谢并欢迎你对法院工作提出建议、批评和意见，进行监督"等表达感谢的表述。

上述事例只是人大个案监督超出法定范围，干涉甚至侵害法官审判权的一个缩影。在相当长一段时间内，人大代表的个案监督蔚然成风，甚至个别地方人大还出台了有关个案监督的规范性文件，例如，《广东省各级人民代表大会常务委员会实施个案监督工作规定》《江西省人民代表大会常务委员会关于个案监督的若干规定》等等，使得个案监督成为一种正式的监督制度。

【例18】《广东省各级人民代表大会常务委员会实施个案监督工作规定》（1997年1月18日广东省第八届人民代表大会常务委员会第二十六次会议通过）

……

第二条　本规定所称个案监督是指各级人民代表大会常务委员会（以下简称人大常委会）对本级行政执法机关、司法机关处理并已生效但属违法又不依法纠正的案件进行的监督。

第三条　行政执法机关、司法机关应当接受本级人大常委会对个案实施的监督，对人大常委会提出的监督意见和建议，应当依法办理。

从上述规范性法律文件可见，人大个案监督的对象是"本级行政执法机关、司法机关处理并已生效但属违法又不依法纠正的案件"，人大对于法律的监督不仅仅是针对法官的行为，而且可以对案件审理、裁判结果等专业问题进行监督。由于该规范规定，人大可以对司法机关处理的案件是否"违法"进行判断，而没有进一步规范什么叫作"违法"。由于违法本身是一个十分模糊的概念，是法官行为不当，还是在案件处理上与人大、人大代表的意见不一致并不明确。如果是前者，确实属于人大监督的范围，如果是后者那么人大的个案监督就影响了法官独立审判权的行使。这些含混的法条和用语，给人大个案监督，给个别人大代表在审判中、审判后对法官案件裁判施加影响大开方便之门。从另一个角度看，如果人大能够准确判断司法裁判是否"违法"，那么，人大就成了法院背后的法院，法官的裁判权就无从保障，甚至法院本身没有存在的空间了。

近年来，随着法治意识的提高，全国人大对个案监督持否定态度，各级人大一般也不再出台这类明显违反宪法精神、违背法官独立性审判权的规范性文件。一些地方已经出台的个案监督文件也逐步予以废除，如 1999 年颁布实施的《江苏省各级人民代表大会常务委员会对司法机关个案监督的规定》于 2008 年 9 月 28 日废止。但是，在审判实践中，一些人大代表对法院的"个案关注"式的监督仍然十分盛行，这从法院办公室、督查办等单位的总结、汇报等文件中可见一斑。

【例 19】关于 2008 年办理人大代表、特邀监督员所提建议、来信的情况通报

市第一、第二中级法院、高院相关审判业务庭：

截止到今年 10 月 22 日，我院收到全国、市人大代表及特邀监督员所提建议、来信（以下简称督办件）99 件，在各有关单位和部门的努力下，现已办结 67 件，尚有 32 件未办结，其中超期未办结 18 件。临近年底，为了抓紧做好这项工作，现将有关情况通报如下：

一、最高法院转办全国人大代表关注案件办理情况及要求

截止到 10 月 22 日，我院共收到最高法院转来的全国人大代表关注案件 21 件，现已办结 11 件，尚有 10 件未办结。在未办结的 10 件案件中，涉及民事审判 2 件，知产审判 2 件，申诉复查 2 件，正在执行 4 件。

9 月 23 日，最高法院下发了《关于切实提高全国人大代表关注案件办理质量和效率的通知》，要求各高级法院主要领导要亲自挂帅，把办理工作作为事关全局的一件大事来抓……10 月 14 日，最高法院又专门召开全国人大代表关注案件办理督办会，沈德咏副院长在会上再次强调，提高办案质量和效率刻不容缓，要求各承办法院抓紧时间，加大力度，短时间内见实效、见真效。……

二、市人大代表会上建议办理情况及要求

今年，我院共收到市第十三届人大一次会议期间代表建议（以下简称会上建议）12 件，现已办结 11 件，尚有 1 件未办结，此建议涉及知识产权案件。

按照市人大的有关要求，会上建议必须严格按照办理期限全部办结。12 月下旬，市人大常委会委员和部分市人大代表将听取并审议我院会上建议办理情况的报告。因此，对于未办结建议，承办单

位应抓紧办理,力争 12 月 10 日前办结并答复代表;如未能如期办结,在市人大常委会审议的《建议办理报告》中,就要向各位常委委员和部分代表说明未办结的原因和理由。

三、市人大代表会下建议及特邀监督员建议办理情况及要求

截止到 10 月 22 日,我院共收到市第十三届人大一次会议闭会期间代表建议(以下简称会下建议)及特邀监督员建议 66 件,现已办结 44 件,未办结 22 件……

对于重点案件,办理结果若与代表意见不一致的、要做好解释和说服工作,需要面复的,应由联络室会同承办法院和承办部门共同做好工作,争取代表的理解;对于今年年底前不能办结的案件,要将办理进展情况函告代表,并讲明不能办结的原因及准备采取的措施,取得代表的谅解。

希望各承办单位认真分析、查找未办结督办件的未办结原因,尽快向主管领导汇报,制定办理计划和方案,并适时将办理情况与高院联络室沟通;联络室也将定期向承办单位催问办理结果,定期向主管院领导汇报未办结督办件办理进展情况。

附:1 月至 10 月各承办单位办理督办件情况

联 系 人:……

联系电话:……

××市高级法院办公室
2008 年 10 月 22 日

从上述通报的内容可以发现,第一,在 10 个多月的时间内,这一家法院收到全国人大代表关注案件的就有 21 件,鉴于统计的时段只有 10 个月,而且每届全国人大代表本身就只有不超过 3000 名,人大代表对法院个案监督和关注的比例并不算低。第二,人大代表关注的审判领域十分广泛,既有审判程序也有执行程序,既有一、二审程序,也有申诉复查程序中的案件。也就是说很多案件尚未审结,人大代表就介入"关注"。第三,法院对于人大代表的关注和回复工作非常重视,从这篇通报中就可以看出最高人民法院专门召开了人大代表督办会议,下发

了相关的通知,"要求各高级法院主要领导要亲自挂帅,把办理工作作为事关全局的一件大事来抓";高级法院办公室的通报中,也要求各级法院限期办完,否则要说明原因。此外,对于办理结果"代表意见不一致的,要做好解释和说服工作,争取代表理解"。可见,人大代表的不少建议都对案件裁判结果提出了倾向性意见,其明显超出了人大监督的范畴。

【例20】市"两会"前督办联络工作情况及近期工作安排
……三是回复关注案件。2015年,新收各类关注案件来件163件,比去年上升了2.5%,结案率为51.6%。其中,办结市人大代表、政协委员、我院特邀监督员关注案件来件41件,全国人大代表、政协委员、最高法院特邀监督员关注案件来件53件,其他有关部门或有关领导关注案件来件3件。与来件人联系、反馈、沟通、答复72件,150人次,其中当面答复13件,99%的来件人对法院审判、执行结果及法官工作作风等表示满意或理解。

在这份法院内部的情况通报中,也可以看出每年法院办理的各类"关注案件"并不少,而且关注的人群不仅是人大代表,包括政协委员、特邀监督员等。关注案件也成为这些代表、委员监督法院工作重要甚至主要的方式之一。法院对于同级人大及人大代表的意见也是异乎寻常的重视,有的法院还专门制定了规范性文件,来加强人大代表联络工作,如何处理人大代表的建议、提案、来信等。

【例21】《××区人民法院关于与人大代表、政协委员联络及办理交办事项的工作实施细则》
第二条 各部门应高度重视有关机关批转并要求报告结果的人大代表建议、政协委员提案、来信和其他函件、事项(以下简称交办事项)的办理工作。主管院长和办公室履行领导、督促和协调职责。
第三条 各部门要确定一名领导负责督办和联络工作。

【例22】《最高人民法院关于加强与人大代表联络工作的决定》

(2000 年 2 月 29 日)

三、人民法院加强与全国人大代表和地方各级人大代表的联络工作，必须充分尊重宪法和法律赋予人大代表的各项权利，做到诚恳礼貌，热情周到，实事求是，优质高效。对人大代表的建议，要认真进行研究，及时全面予以答复；对人大代表的来信，要做到件件有着落，事事有回音。

从上述事例可以发现，地方各级法院无论是对于人大代表的正式提案还是非正式信函都十分重视，最高人民法院专门发文要求对人大代表的建议和来信"件件有着落，事事有回音"。法院之所以对人大代表联络工作异常重视，主要并不是由于人大代表宪法中规定的"监督权"和"选举权"，而是因为人大代表享有对法院工作报告的投票权。为此，各级法院对"人大报告"不仅字斟句酌，不惜修改十几甚至几十稿，而且利用各种机会向人大代表"宣传"法院本年度的工作，就是希望赢得人大代表们对法院工作的理解，在投票时予以支持。而每每人大代表来旁听案件，法院都会精心准备，甚至由院长、副院长亲自陪同。[1] 而对于人大代表以个案监督的名义要求法院进行个案的关照和偏袒，法院则高度重视，甚至因此改变法院判决，影响法官独立行使审判权。[2]

（二）政法委员会督办协调案件

党委政法委员会，简称政法委，是党委组织、协调、领导、管理政法机关、政法工作的职能部门。[3] 其主要任务是宏观指导、协调、监督、

---

[1] 胡昌明：《"终审不终"现象的成因与消解》，载舒国滢主编《法学方法论论丛》（第二卷），中国法制出版社 2014 年版。

[2] 参见傅郁林《民事审判监督制度的实证分析》，载王亚新等主编《法律程序运作的实证分析》，法律出版社 2005 年版，第 196 页。及李海德的硕士论文《中国的法官独立问题》一文中引用一个案例，原被告分别请托于县委书记和全国人大，不仅使法院左右为难，而且使得案件的判决取决于双方的压力大小，而非"法律的准绳"。（载《法学的诱惑——法律硕士论文优秀范例》，法律出版社 2003 年版。）

[3] 张凤岭：《党委政法委员会制度研究》，硕士学位论文，中国政法大学，2007 年，第 1 页。

检查人民检察院、法院、公安机关、司法行政、国家安全等部门开展工作，维护社会稳定。

1994年，《中共中央办公厅关于印发〈中共中央政法委员会机关职能配置、内设机构和人员编制方案〉的通知》中将政法委员会的职权扩大到7项，1995年又扩大至10项。① 具体为："1. 根据中央的路线、方针、政策和部署，统一政法各部门的思想和行动；2. 协助中央研究制定政法工作的方针、政策，对一定时期内的政法工作做出全局性部署，并督促贯彻落实；3. 组织协调指导维护社会稳定的工作；4. 支持和监督政法各部门依法行使职权；5. 督促、推动大要案的查处工作，研究和协调有争议的重大、疑难案件；6. 组织推动社会治安综合治理工作；7. 组织推动政法战线的调查研究工作，推动政法工作改革；8. 研究、指导政法队伍建设和政法各部门领导班子建设；9. 指导地方政法委员会的工作；10. 完成中共中央交办的其他任务。"

上述职能的描述可见，政法委应偏重于中央政策、思想、队伍建设方面的宏观性的政法事务。但是，政法委作为党委机关，是包括法院在内的所有政法机关的上级管理部门，从维护社会稳定的思路出发，也负有"督促、推动大要案的查处工作，研究和协调有争议的重大、疑难案件"等具体的个案协调的职责。正是因为这个口子，且由于"维护社会稳定工作"本身内涵模糊、外延不确定，政法委在实际运行过程中，不断扩权，影响法院独立行使审判权。主要表现为以下三种方式。

第一，通过协调的方式直接干预个别案件的审理和判决结果。由于负有维护社会稳定的责任，因此，政法委对于一些重大刑事案件、涉及群体性的、影响较大的民事、行政、执行案件都可能以影响社会稳定为名进行干预，提出指导性意见。这些事例在法院内部网站的信息、简报中并不鲜见。

在一些公安机关、检察院和法院意见不一致的重大刑事案件中，政法委发挥作用更大，影响也最明显。例如，近年来几件重大的冤假错

---

① 周永坤：《论党委政法委员会之改革》，《法学》2012年第5期。

案——佘祥林案①、赵作海案②中，都有政法委协调的影子，而协调的方向也大多是要求法院忽略定罪证据方面的瑕疵，做出有罪判决。在一些案件的协调过程中，不排除个别人打着"维稳"的旗号，借协调案件帮助当事人谋取利益，施展权力"寻租"的空间，一旦认定错案，板子往往落在法院和法官身上，对主审法官进行追责，由法院进行道歉，上述案例中真正起到决策作用的政法委则无须承担责任。

审理者无法裁判，不能裁判，那么法官的职权就无法得到保障。政法委之所以能够堂而皇之，甚至大肆干涉法院独立行使审判权，究其原因还在于，没有确立法官履职保障制度。至今，"'党管政法'思想依然得以延续，并在组织上表现为政法委员会领导政法机关、指导政法事务。'党管政法'的思想和组织架构，为党政机关干预司法机关办案提供了思想正当性和制度可能性"③。

第二，制定司法政策或者司法性的规范性文件影响法院的司法审判权。

政法委对法院审判的干预不仅仅体现在个案干预方面，还包括出台一些政策性甚至近似于办案规范的规范性文件，指导审判工作，要求法院必须执行。一位政法机关工作人员接受《南风窗》记者采访时曾谈到，据他了解一些地方政法委近年仍在出台一些类似的规范文件。在他看来，政法委对公检法三家有异议或是认识不清的程序问题进行协调，比直接协调个案要好，能够规范司法运作，但是他也担忧，此举可能会加剧司

---

① 据新华社的有关报道，佘祥林"杀妻"冤案，当初就有一些办案人员对案件的事实和证据存在认识分歧，但经过市、县两级政法委组织有关办案单位、办案人员进行协调，并提出了明确处理意见，要求京山县法院"一审拉满（判15年），中院二审维持原判"。这样就绕开了省高级法院。这种近似于"先定后审"的做法，违背了《刑事诉讼法》的有关规定，是导致冤案发生的重要原因。

② 2010年5月9日，"杀害"同村人在监狱已服刑多年的河南商丘村民赵作海，因"被害人"赵振裳的突然回家，被宣告无罪释放，河南省有关方面同时启动责任追究机制。该案在起诉过程中，由于证据不足，商丘市检察院在两次退卷后，拒绝再次接卷。而警方坚持认为赵作海是杀人凶手，不能放人，造成赵作海在看守所长期羁押。在清理超期羁押的案件时，商丘市政法委等多次就该案召集开会，研讨案情。检察院后来提出：公安向检方移卷，要提供DNA的鉴定。但由于DNA鉴定没有结果，检察院最后放弃了这一疑点，进行了公诉。

③ 陈柏峰：《领导干部干预司法的制度预防及其挑战》，《法学》2015年第7期。

法地方化。①

第三，通过人事主导权间接干预司法审判。

此外，各级政法委员会还通过决定法院领导干部的方式间接干预司法审判。一些地方政法委之所以"强势"，之所以能够干预司法审判，其作为法院上级党委对法院领导人事决定权发挥了重要作用。根据"党管干部"原则，所有领导干部的选任都应依据《党政领导干部选拔任用条例》的规定来进行。作为重要的人事任免事项，法院领导班子成员的选任分别由当地党委按照干部管理权限直接负责，主要是对正式提名人选的定夺。无论是基层法院还是中级法院乃至高级法院，正院长提名人选都是由上级党委常委会决定，副院长人选由同级党委常委会决定，而各级党委的政法委和组织部、各级法院的党组和政治部则有建议人选的权利，以协助党委选任法院干部。尽管之前会征求其他方面的意见，之后还有人大的选举或任命程序，但党委、政法委对确定法院领导最终人选的绝对话语权以及人大表决时实行等额选举的事实，使得"'党管干部'的组织原则在整个选任过程中发挥着核心作用，即党委对法院领导班子成员的人选起直接决定作用"②。

正是由于一些地方党委、政法委对于法院领导干部的提名具有较强的影响力，甚至决定权。因此，政法委有可能通过对法院领导干部施加影响力，从而间接影响法院和法官的裁判结果。

第三节　法官履职保障制度的外国立法例

反观国外，世界各国和地区普遍建立了比较充分的法官履职保障制度，特别是一些法治发达国家，十分强调司法分支相对于行政及立法分支的独立性。无论是在国际公约还是外国立法例中，对法官履职保障都有十分明确和清晰的表述，对法官独立行使审判权起到了坚实的保障

---

① 叶竹盛：《政法委协调会机制面临变革》，《南风窗》2014 年第 10 期。
② 全亮：《论司法独立的有限性——以法官选任为视角》，《甘肃政法学院学报》2014 年第 1 期。

作用。

一　国际公约中的法官履职保障

联合国《关于司法机关独立的基本原则》第1条规定："各国应保证司法机关的独立，并将此项原则正式载入其本国的宪法或法律之中。尊重并遵守司法机关的独立，是各国政府机构及其他机构的职责。"

第2条规定："司法机关应不偏不倚、以事实为依据并依法律规定来裁决其所受理的案件，而不应有任何约束，也不应为任何直接间接不当影响、怂恿、压力、威胁或干涉所左右，不论其来自何方或出于何种理由。"

第3条规定："司法机关应对其所有司法性质问题享有管辖权，并应拥有绝对权威就某一提交其裁决的问题按照法律是否属于其权力范围作出决定。"

第4条规定："不应对司法程序进行任何不适当或无根据的干涉；法院作出的司法裁决也不应加以修改。……"

第7条规定："向司法机关提供充足的资源，以使之得以适当地履行其职责，是每一会员国的义务。"

《司法独立世界宣言》第二之二条："每一法官均应自由地依据对于事实之判断及法律之了解，公平地决定所系属之事务，不受任何地方及任何理由限制、影响、诱导、压力、恐吓或干涉，此亦为其义务。"

第二之三条："法官在做成判决之过程中，应独立于其同僚及监督者，任何司法之体系或任何不同阶层之组织，均无权干涉法官自由地宣誓其判决。"

第二之四条："司法机关应独立于行政机关及立法机关。"

第二之七条第一项规定："对于司法程序任何权力不得干涉。"

这就是说在审理案件时，实行法官依法独立审判，只服从法律。也可以说法官除了法律外，不向任何机关、组织、党派、团体和个人负责。正如马克思所说："法官除了法律就没有别的上司。法官的责任是当法律运用到个别场合时，根据他对法律诚挚的理解来解释法律。……独立的法官既不属于我，也不属于政府。"

《关于司法独立最低标准的规则》第一条第二项规定:"身份独立指法官职位之条件及任期之适当保障,不受行政干涉。"

第一条第三项规定了法官执行其司法职务时,除受到法律及其良知的拘束外,不受任何干涉。

第二条规定:"司法整体应享有自治及对于行政机关之集体独立。"

第八条规定:"司法事务专属司法机关之责任,包括中央层次之司法行政机关及法院层次之司法行政。"

第十五条第一项规定:"法官之地位、独立、保障、报酬应以法律为之。"

第四十七条规定:"法官在作出裁判之过程中,应独立于其同僚及其监督者。"

上述三个国际公约,虽然制定的主体各不相同,效力等级也有所差异,但是都体现出对于法官独立行使审判权的极端重视,并要求各国通过法律加以保障。同时,三个国际公约都不约而同地提出:1. 司法独立必须是法官的独立;2. 司法独立是指司法机关独立依据法律裁判案件,不受外界任何干涉;3. 司法程序、裁判过程独立及不受干涉的重要性;4. 法官职权的保障应包含其他的保障内容,如为司法提供足够财政资源,案件分配制度,法官的任命、任期,法官的免职与惩戒,法官豁免等。

二 其他国家或地区法律中的法官履职保障

此外,目前世界上很多国家都确立了以法官审判独立为核心内容的法官履职保障制度,并且在宪法中予以明确规定。

德国《基本法》第92条规定:"司法权赋予法官,由联邦宪法法院、本基本法规定的联邦法院和各州法院行使。该法第97条第1项规定:法官是独立的,只服从法律。"

意大利《宪法》第101条第2款规定:"法官只服从法律。"第104条第1款又规定:"司法机关为独立于任何其他权力机关的自主体制。"

俄罗斯《联邦宪法》第120条规定:"法官是独立的,只服从于俄罗斯宪法和联邦法律。"

丹麦王国《宪法》第62条规定:"司法机关保持独立,不受行政机关的干涉。"

日本《宪法》第 76 条第 3 款规定："所有法官依良心独立行使职权，只受本宪法及法律的约束。"

韩国《宪法》第 103 条规定："法官根据宪法和法律，凭其良心独立审判。"

泰国《宪法》第 190 条规定："审判官员和司法工作者，可以独立地依据法律规定对诉讼案件进行审理和审判工作。"

阿拉伯联合酋长国临时《宪法》第 94 条规定："公正是权威的基础。法官独立审判，不服从任何权威，只服从法律和自己良心，履行自己的职责。"

加拿大《宪法》从公民权利的角度，确立司法独立原则："公民享有由独立的、不偏袒的法庭举行公正的公开审判的权利。"

除了宪法中的这些原则性规定，更重要的是这些国家为了保障法官职权充分行使，往往在法官法、法院组织法等法律条文中进行诸多具体的规定，使得法官履职保障不仅仅停留在法条层面，而是十分便于操作和执行。

例如，在德国，为确保法官独立审判，法律规定："（1）在法官的审判活动中，不允许向法官下达任何指令；（2）法官如果是终身法官，在没有得到本人同意的情况下，原则上不得免职，只有在法律规定的条件下通过裁决，才能免除其职务；（3）法官除其法官职务之外，不能从事任何执行权和立法权的活动。"

美国的法官履职保障制度包括："（1）联邦法官必须具有律师资格和经历。（2）联邦法官必经参议院通过，总统任命。（3）联邦法官是终身制，没有法定原因，不得调任、免职。（4）对联邦法官实行高薪制。（5）联邦法官实行自愿退休制。"《司法行为规范》第 1 条，就规定了法官的实质独立："对司法裁判的遵从或对法院的服从有赖于公众对法官的操守和独立的信心。法官的操守和独立性最终依赖于他们无所畏惧或不偏不倚的行为，尽管法官是独立的，但他们必须遵守法律，包括遵守本守则。法官的独立性表现为：法官有支持联邦宪法以及执行宪法的义务，本着良心、诚恳、忍耐、廉洁与公平之态度迅速正当地执行审判实务。"①

英国的《王位继承法》专门规定实行法官终身制和法定薪金制，确认法官只要具有良好的行为便可终身任职，从而使英国法官的独立获得了制度上的保障。

综上，在其他法域的法律中，为了确保法官履职保障制度能够落实到位，往往设立了相对详细和完善的身份和职位保障制度，并通过确立法官高薪制度等来确保法官在行使审判权时不受外界干扰，仅凭法律和自己的内心确认来做出判断，值得中国在立法和法律修改时加以借鉴。

第四节　法官履职保障的理论分析

"独立和受人尊重的法官是司法公正所必不可少的一个因素，因此必须努力保证司法的廉正和独立不受影响，这样才能取得公众对法院判决和裁定的尊重。"② 如果法官轻易受到外界干扰，司法的公正和公平就难以保障。

一　履职保障是审判独立的题中应有之义

中国的《宪法》《法官法》中明确了人民法院以及法官应当独立行使审判权。然而，要确保法官的超然地位，实现司法公正性，只是强调对法院的独立保障还远远不够，必须对法官能够独立行使审判权进行全方位的保障。之所以要单独强调法官审判的"独立性"，原因在于审判权本身极易受到各种外部权力的影响和干预。审理和裁判的结果往往直接影响一个人的生命、自由和财产，一个家庭的分合，一个公司企业的兴衰成败，法官手中的裁判权将决定整个社会的公平正义。审判缺乏独立性，从制度上无法避免各种影响和干预审判力量的进入，左右审判结果，司

---

① 汤维建主编：《美国联邦民事司法制度与民事诉讼程序》，中国法制出版社2001年版，第118页。

② 朱孝清：《错案责任追究与豁免》，《中国法学》2016年第2期。

法公正就无法保证；其次，审判的准确性在于其亲历性和专业性，只有亲自审理案件的专业人士——法官才有可能对案件进行最准确的判断；最后，法官独立行使审判权有利于落实司法责任制。因为"只有法官独立，才能使现代诉讼中帮助和制约法官作出正确裁决的一整套制度真正发挥作用，也才能有效贯彻司法责任制度"①。为确保法官能够独立行使审判权，必须对法官的职权予以切实保障，否则法官的裁判权动辄受到社会方方面面的干涉和影响，法官的审判权就是一句空话，司法责任制也就无从谈起。

二 履职保障应是全面的保障

一方面由于"司法部门既无强制、又无意志，而只有判断；而且为实施其判断亦需借助行政部门的力量"②，因此，司法权与行政权和立法权相比都显得弱小，而且易受干涉；干扰审判权的因素可能来自社会的方方面面，不仅包括地方上的党委、政府、人大、检察机关，也包括上级法院、法院内部领导、管理部门、法官同僚、新闻媒体，甚至当事人信访等等。因此，对法官的履职保障必须周到而全面，不仅要保证审判权独立于地方行政机关，也要独立于其他任何权力场，特别是避免法院内部的院、庭长对于审判权的直接干预。事实上，法院外部各种类型的干预，都需要通过法院内部的官僚和行政管理制度来传递。因此，加强法官的履职保障必须是全面的，其重点绝不仅是避免"司法地方化"，更重要的是避免法官受到法院内部行政管理权的左右。理顺法院内部的审判权与行政管理权的逻辑关系，确立法院内部审判权的核心地位和行政管理的辅助地位，在保证法院独立审判的基础上，明确法官个人的裁判权，才能最终保障法官独立行使职权。也只有这样，法官在案件审理和裁判时才能处于超脱和中立的地位，宪法和法律中规定的法院、法官审判权"不受干涉"才有可能实现，成为迈向司法公正的关键一步。

---

① 谭世贵等：《中国法官制度研究》，法律出版社2009年版，第203页。
② ［美］汉密尔顿、杰伊、麦迪逊等：《联邦党人文集》，程逢如等译，商务印书馆1980年版，第390页。

三 履职保障是法官保障的根本性制度

履职保障是法官之所以成为法官的基础，因此，世界各国普遍为法官设置了崇高和独立的地位，为法官建立了完善的履职保障制度。无此，法官就不可能在整个社会运行和政治架构中发挥应有的作用和力量，无论是经济保障、身份保障还是安全保障都是可以随时施与，也可以随时收回的嗟来之食。可见，履职保障是法官保障中的根本性制度。然而，法官的履职保障制度不是靠几句法官行使审判权不受外界干涉，法官应当独立行使审判权等口号就能够实现的。从世界各国的通例来看，除了应当在宪法和法律中对法官独立审判进行明确规定外，法官身份保障、经济保障、责任豁免制度等其他一系列法官保障权利，都是实现法官履职保障的重要制度支撑。

四 履职保障与坚持党的领导的关系

坚持党的领导是中国的四项基本原则之一，人民法院独立行使审判权是在党的领导下进行的，这是中国国情决定的。法官独立行使审判权与党的领导之间并不矛盾。保障法官行使职权，坚持法官独立行使审判权，并不是要摆脱共产党的领导，而恰恰相反，应当在党总体的路线、方针和原则内行使。"法官行使职权应当充分利用党的权威性。审判工作总体上必须与党的政治原则相一致"[1]，不能脱离党的领导和要求进行审理、裁判。但在另一方面，"坚持党对司法工作的领导主要是方针政策的领导，而绝不是指直接插手干预具体的审判工作或者对案件的裁判意见作出批示；各级党政领导不能以言代法，不按法定程序办事"[2]。相反，各级党政机关的领导干部，更应当带头遵纪守法，不干涉、插手法院和法官的案件审理和审判。

---

[1] 谭世贵等：《中国法官制度研究》，法律出版社2009年版，第223页。
[2] 同上书，第225页。

五 履职保障与外部监督制度的关系

由于司法权相对分散于各个案件之中，是一种不易衡量、不易控制和监督的权力。因此，对法官职权提供保障，保证法官能够独立行使职权，并不等同于法官的权力不受监督，更不应当放任法官权力的滥用。任何权力不受监督都会被滥用，司法权亦不例外，建立健全法官履职保障制度的同时，应当辅以人大监督、媒体监督等外部监督制度。但是，有必要对现行的监督方式、方法进行改革。在现有的监督方式中，人大、检察院以及媒体等对司法的监督主要集中于个案实体处理公正与否的领域内，但司法裁判有其专业性，案件是非曲直的判断依据不是人所共有的自然理性，而是法律理性（柯克法官语），这种法律理性的获得有赖于长年的司法实践和经验。因此，司法监督应当回归其"察看并督促"的本意，着重察看司法程序并督促对司法者的行为，侧重对程序不公、法官行为不检等方面加以监督。[①] 对于违反司法伦理、法官职业道德、损害司法廉洁的行为要严格监督，加大惩处力度，一旦确认了法官的不当行为，必须严惩不贷。但是决不应以民众的道德情感、自然理性影响法官独立行使审判权，甚至代替司法者作出审判。

第五节 完善法官履职保障的对策建议

一 《宪法》层面的完善和修订

法官独立行使审判权并不仅仅是《法官法》的内容，也应该上升到宪法的高度。正如上文所述，目前，中国《宪法》虽然规定了法院审理案件不受干涉，初步确立了法院独立行使审判权的原则，但是，对于法官独立行使审判权语焉不详，远远落后于国外的法官履职保障法律制度，

[①] 胡昌明：《"终审不终"现象的成因与消解》，载舒国滢主编《法学方法论论丛》（第二卷），中国法制出版社2014年版。

也远不能适应当下法官履职保障的现实需求。从司法审判权运行的特点上来看，法院行使审判权不受干涉，而没有明确规定法官行使审判权不受干涉，法官对案件审理没有决定权，那么保障独立行使审判权的目的和意义——确保司法公正就不可能落到实处，法院独立行使审判权也就成了一纸空文。从国际公约和外国立法例都可以发现，这些立法文件确立审判权独立的对象无一例外都是法官。可以说，法官履职保障到位了，能够独立行使审判权了，那么法院独立行使审判权就不成问题；反之，即使保障了法院的独立审判权，法院内部的行政管理体制不合理仍然无法保证法官中立、超脱、不受干涉地审理案件。因此，建议在宪法修订时应与《法官法》相统一，明确"人民法院法官依照法律规定独立行使审判权，不受行政机关、社会团体和个人的干涉"，且规定"国家应另行制定具体法律，对法官独立行使审判权予以保障"。

二　完善《法官法》的相关规定

《法官法》是调整法官制度的基本法律，而建立健全法官履职保障制度对于法官制度具有极端重要性，因此，《法官法》的设计都应充分考虑如何切实保障法官职权的行使。

具体而言，可以借鉴国外法律，进一步完善法官身份保障制度、经济保障制度、责任豁免制度、退休制度、教育培训制度等配套制度，免除法官的"后顾之忧"，从而充分保障法官行使职权。明确法官应专注以法律和良知裁判的基准，心无旁骛，不因法律认识错误或者裁判被追究责任或者不被民众、领导所喜好等而遭受任何不利。具体应制定哪些条文，则在本书其他章节中予以细化。但鉴于中国法官独立审判制度仍存在争议，建议应当在《法官法》总则部分强调"法官独立审判，不服从任何权威，只服从法律和自己良心履行自己的职责"等内容。

三　剥离院、庭长的案件管理责任

最高人民法院1998年颁布施行的《责任追究办法》第26条明确规定院、庭长对错案的管理责任："院长、庭长故意违反法律规定或者严重不负责任，对独任审判员或者合议庭的错误不按照法定程序纠正，导致违法裁判的，院长、庭长、独任审判员或者合议庭有关人员均应当承担相应责任。"《责任制若干意见》第24条，规定了"对于有下列情形之一的案件，院长、副院长、庭长有权要求独任法官或者合议庭报告案件进展和评议结果：（1）涉及群体性纠纷，可能影响社会稳定的；（2）疑难、复杂且在社会上有重大影响的；（3）与本院或者上级法院的类案判决可能发生冲突的；（4）有关单位或者个人反映法官有违法审判行为的"。

上述规定虽然是从提高案件质量角度做出的规定，但其实质却损害了法官审判权的独立行使。一旦法院的院、庭长需要对所在法院或法庭法官的违法审判负责，承担管理或者连带责任，那么院、庭长就应有权听取案件的汇报，有权分享案件的审判权，甚至对案件的裁判结果具有最终决定权。在这种情形下，院、庭长必然成为法官之上的法官，法官就不可能独立行使审判权，司法无法回归其需亲历性的基本要求，法官的尊严和独立性都无法得以体现。

剥离院、庭长对案件质量把关的责任，由法官独立行使审判权往往会受到以下质疑：法官脱离了院长、庭长的监督和审核，是否能够保证审判质量和执法统一性。对此，我们认为：其一，院长、庭长把关未必能够提升审判质量。虽然，理论上，法院内院长、庭长本身年纪较长，审判经验相对丰富，而且其通常是在优秀法官中选拔出来的，素质相对较高。但在实践中，首先，这种选拔的标准与司法能力、水平本身并无必然关系。事实上，前些年号称"三盲院长"的山西绛县法院副院长姚晓红连小学也没有毕业。其次，由于《法官法》规定的法院院长、庭长的任命条件甚至还没有初任法官严格，司法实践中的情况千差万别，一些基层法院的院长、副院长、审判委员会委员，只有一两个科班出身，其他都是军转或者其他委办局或者乡镇干部转任的现象并不鲜见。最后，不少院长、庭长长期脱离审判实践，他们的法学功底、审判经验都未必有长期办案的法官，甚至青年法官丰富，要他们对审判质量把关也是勉为其难了。提高审判质量则应通过提高法官素质，设立案例指导制度等来实现。其二，院长、庭长未必比普通法官更加廉洁。孟德斯鸠在《论法的精神》一书中指出："一切有权力的人都爱滥用权力，这是万古不变的经验。"① 权力不受约束必然产生腐败,被查处的法院腐败案的主角中,具有院长、庭长职务,甚至是位高权重的高级法院、最高法院领导的比比皆是。当然,这并不能说明法院院长、庭长比普通法官更易腐败。但是,在实践中,法院的院长、庭长具有更大的案件决定权,所受监督较少,本身更易滋生腐败,是有可能的。相反,院长、庭长觉悟更高,不容易滋生腐败的命题,无论是从逻辑上还是经验上都无法得到证实。

---

① [法]孟德斯鸠:《论法的精神》(上),张雁深译,商务印书馆1983年版,第154页。

第四章

法官身份保障状况及其完善

法官的身份保障制度,也被称为法官不可更换制度,"是指法官在任期届满前,除正常工作变动外,非因法定事由、法定程序,不得被免职、降职、辞退或者处分"①。法官的身份保障是对法官职位的基本保障,法官履行职权的前提,对于法官的职业保障至关重要。如果对法官身份缺乏保障,法官可以被随意裁撤或者更换,那么法官就缺乏安身立命之本,法官的中立性、独立性、公正性都会受到根本性的冲击。

法官身份保障制度,要求法官非经法定的事由和程序不得免职、辞退或者被处分等,但是从中国法律的具体规定以及现实中法官因各种事由被免职的现状可以发现,中国法官的身份保障情况不容乐观。

第一节 法官身份保障的规范分析

中国的法官身份保障制度主要由《法官法》、《人民法院工作人员处分条例》(以下简称《处分条例》)、《责任制若干意见》以及《履职规定》等法律法规构成。

---

① 谭世贵等:《中国法官制度研究》,法律出版社2009年版,第182页。

一 法官身份保障的总则性条款分析

《法官法》第 8 条第 3 项是对法官身份保障的概括性规定，即"非因法定事由、非经法定程序，不被免职、降职、辞退或者处分"。

《处分条例》中对法官身份保障的规定也只有一条，即第 3 条规定："人民法院工作人员依法履行职务的行为受法律保护。非因法定事由、非经法定程序，不受处分。"

《责任制若干意见》第 3 条后半段："非因法定事由，非经法定程序，法官依法履职行为不受追究。"

《责任制若干意见》第 38 条规定："在案件审理的各个阶段，除非确有证据证明法官存在贪污受贿、徇私舞弊、枉法裁判等严重违法审判行为外，法官依法履职的行为不得暂停或者终止。"

《履职规定》第 4 条则再次明确了"法官、检察官依法履行法定职责受法律保护。非因法定事由，非经法定程序，不得将法官、检察官调离、免职、辞退或者作出降级、撤职等处分"。

以上四部规范性文件的文字表述大体相似，条文的主体都是规定了"非因法定事由、非经法定程序"，不得免除法官身份等，这是对法官身份保障最重要的规定。就具体条文而言，几个法条的适用主体并不一致，《法官法》《责任制若干意见》的适用主体是法官，《处分条例》是"人民法院工作人员"，《履职规定》则是"法官、检察官"。人民法院工作人员的外延显然要比法官大得多，《履职规定》的适用对象则包括"检察官"。其实在《公务员法》第 13 条第 2 项公务员享有的权利中也赫然写明"非因法定事由、非经法定程序，不被免职、降职、辞退或者处分"，这一表述与《法官法》的规定一字不差。这说明"非因法定事由、非经法定程序"不得免职的规定没有考虑到法官作为维护社会公平正义特别重要的一种职业，更不是针对法官身份的特殊保护，而是对任何公职人员都适用的"套话"，法律法规对于法官的身份保障并没有体现任何特殊性。

上述条文中，只有《责任制若干意见》第 38 条的规定比较明确和清晰，该条文规定除非有明确证据证明法官存在"贪污受贿、徇私舞弊、枉法裁判"等严重违法行为外，法官依法履职的行为不得暂停或者终止。这相当于对《法官法》等条文中出现的"法定事由"进行了解释。此前，由于法律规定过于原则和概括，在缺乏具体条文对"法定程序"加以明确限定的情况下，法官身份受到法外事由、法外程序威胁的事件屡见不鲜，"非因法定事由、非经法定程序不被免职"的规定形同虚设，《法官法》中的法官身份保障条文无法落到实处。

二 法官免职的相关条款分析

除了上文提及的总则性条款，对法官的免职、撤职、开除等处分，辞职、辞退以及调离都有可能对法官身份产生重大影响。法官的免职规定主要体现在《法官法》第 13 条和《履职规定》第 6 条中，具体的条文及对比如下：

表 4—1 《法官法》《履职规定》中法官免职条款的对比

《法官法》第 13 条	《履职规定》第 6 条
（一）丧失中华人民共和国国籍的；	（一）丧失中华人民共和国国籍的；
（二）调出本法院的；	（二）调出本法院、检察院的；
（三）职务变动不需要保留原职务的；	（三）职务变动不需要保留原职务的；
（四）经考核确定为不称职的；	（四）经考核确定为不称职的；
（五）因健康原因长期不能履行职务的；	（五）因健康原因超过一年不能正常履行工作职责的；
（六）退休的；	（六）按规定应当退休的；
（七）辞职或者被辞退的；	（七）辞职或者被辞退的；
（八）因违纪、违法犯罪不能继续任职的。	（八）因违纪违法犯罪不能继续任职的；
	（九）违反法律、党纪处分条例和审判、检察纪律规定，不适合继续担任法官、检察官职务的其他情形。

通过列表对比，可以发现，上述两个条文对法官免职的规定十分近似，只是《履职规定》的对象是法官和检察官两类，在第五项中将《法

官法》中的长期不能履行职务，改成了"超过一年"，更加明确和严格。另外，《履职规定》还增加了违反法律、党纪处分条例和审判、检察纪律规定，不适合担任法官的其他情形。总的来说，法律和规范性文件中法官被免职的事由较多，不仅包括法官的国籍、违法行为、身体健康状况、年龄，也包括考核结果等，而且条文没有明确法官免职需要履行什么程序，由谁来决定等关键事项。

三　法官辞退的相关条款分析

辞退是剥夺法官身份的事由之一，对于法官辞退，《法官法》和《履职规定》也做出了明确而详细的规定，再次列表比较一下两个条文的异同：

表4—2　　　　　《法官法》《履职规定》中法官辞退条款对比

《法官法》第40条	《履职规定》第7条
（一）在年度考核中，连续两年确定为不称职的；	（一）在年度考核中，连续两年被确定为不称职的；
（二）不胜任现职工作，又不接受另行安排的；	（二）不胜任现职工作，又不接受另行安排的；
（三）因审判机构调整或者缩减编制员额需要调整工作，本人拒绝合理安排的；	（三）因机构调整或者缩减编制员额需要调整工作，本人拒绝合理安排的；
（四）旷工或者无正当理由逾假不归连续超过十五天，或者一年内累计超过三十天的；	（四）旷工或者无正当理由逾假不归连续超过十五天，或者一年内累计超过三十天的；
（五）不履行法官义务，经教育仍不改正的。	（五）不履行法官、检察官法定义务，经教育仍不改正的；
	（六）违反法律、党纪处分条例和审判、检察纪律规定，不适合继续担任公职的其他情形。

通过表4—2能够显而易见法官辞退的规定存在以下几个特点：第一，法官辞退的事由多。《法官法》和《履职规定》关于法官辞退的事由分别有五项和六项之多；第二，辞退法官的事由比较宽泛，尤其表现为

"不胜任现职工作"以及"审判机构调整或者缩减编制员额需要调整工作"等辞退事由外延广泛。一旦发生机构调整、缩编等自己无法预料、不能控制、没有过错的事项，法官都有可能遭辞退。第三，《履职规定》对法官辞职、辞退的规定几乎就是《法官法》的翻版，只是在最后增加了第六项"违反法律、党纪处分条例和审判、检察纪律规定，不适合继续担任公职的其他情形"这一兜底条款，没有明确的、刚性的规定，导致几乎所有法官在任何情况下都有可能被辞退！

《履职规定》与《法官法》的差异之处体现在该规定第 10 条后半段，"不得以办案数量排名、末位淘汰、接待信访不力等方法和理由调整法官、检察官工作岗位"，以否定的方式禁止了实践中一些法院创立的"末位淘汰""办案数量排名"等变相剥夺法官职务的创新做法。

四　法官调离的相关条款分析

此外，法官还可能因为"调离"而被剥夺法官的身份，《法官法》并没有调离的规定，而是在《履职规定》第 5 条中明确规定了法官、检察官的调离条件："（一）按规定需要任职回避的；（二）因干部培养需要，按规定实行干部交流的；（三）因机构调整或者缩减编制员额需要调整工作的；（四）受到免职、降级等处分，不适合在司法办案岗位工作的；（五）违反法律、党纪处分条例和审判、检察纪律规定，不适合在司法办案岗位工作的其他情形。"

虽然，《履职规定》第 5 条规定法官只有具备上述情形之一的，方可调离，但是，这些条款规定十分宽泛，特别是第二项"因干部培养需要"，第三项"因机构调整或者缩减编制员额"，这两个条文的适用范围过于宽泛。任何法官都有可能因为这两个条文，而无须其他任何法定事由，也无须征求法官本人的意愿或者经过严格的法定程序就调离原岗位，由此对法官身份保障造成巨大的潜在威胁。

五　法官受处分的相关条款分析

除了上述的事由外，《法官法》和《法院处分条例》中关于开除的处分，也会影响法官的身份和职务。

《法院处分条例》第9条规定：受开除处分的，自处分决定生效之日起，解除与人民法院的人事关系，不得再担任公务员职务。既然都与人民法院解除了人事关系，显然就无法再任法官之职了。至于开除的事由，《法官法》中没有明确规定，只是在该法第32条规定了法官不得从事的十三种行为，包括散布有损国家声誉的言论、参加罢工、刑讯逼供、从事营利性的经营活动、私自会见当事人及其代理人等，否则就可能受到开除在内的各项处分。《法院处分条例》中涉及法官在内的人民法院工作人员处分的事由共计84项，其中涉及开除的事由多达81项，内容涵盖违反政治纪律、违反办案纪律、违反廉政纪律、违反组织人事纪律、违反财经纪律、失职以及违反管理秩序和社会道德等七大类行为，可谓事无巨细。而以如此庞杂的条款来约束法官行为的必要性和妥当性都值得质疑。

综上，从法律规范角度看，中国法律对于法官身份的保障还很不健全，主要体现在以下几个方面。

第一，保障少追责多。从对上述法条的分析来看，各法律及规范性法律文件中，对于法官身份保障性条款，只有原则性的"非经法定程序""法定事由"这一项，而对于免除法官身份的情形包括免职、辞退、调离、开除等四项，而且每一项涉及大量的事由，法官被剥夺身份的事由过多过滥，导致法官身份的保障十分薄弱。

第二，在免职、辞退、调离、开除等四种情形中，每种情形规定的剥夺法官身份的事由内容宽泛，解释的空间很大，很容易发生故意陷害、倾轧或者损害法官权益的事情。以《法官法》为例，第13条第2项"调出本法院的"以及第3项"职务变动不需要保留原职务的"的免职事项中，对于调出本法院和职务变动，具体是基于何种原因没有明确界定，也没有征得法官本人的同意甚至经过专门机构审查等明确的程序性要求。由此，可能为各级领导随意调动、变动法官工作，剥夺法官职务提供了制度漏洞。第40条第3项因"审判机构调整或者缩编缩减编制员额需要调整工作……"，法官如果得罪了上级领导，后者很容易找到一个调整审判机构或者压缩法官员额编制的理由，把一个民事法官调整到立案庭、刑庭，甚至其完全不熟悉、不擅长的审判管理部门，法官如果拒绝，则会导致辞退，法官身份无从保障，所谓的身份保障制度形同虚设。

第三，剥夺身份法官的法定程序不明确。《法官法》第41条规定："辞退法官应当依照法律规定的程序免除其职务。"但又缺乏明确的配套规定，导致辞退法官的法定程序是什么，谁或者哪个机构有权对法官做出辞退决定，法官是否有申辩权利等都不明确。于是法官被随意免职的事例屡见不鲜。

第四，同一部法律的不同条文中，法官免职、辞退、调离、开除的事由还存在相互重叠、交叉、十分混乱。例如，《法官法》"经考核确定为不称职的"为免职事由之一，而"在年度考核中，连续两年确定为不称职的"又成为辞退事由之一。《履职规定》免职和辞退事由中均有"违反法律、党纪处分条例和审判、检察纪律规定，不适合继续担任公职的其他情形"的表述，那么，如果法官违反了这条到底应该对其进行免职还是辞退？另外，免职、辞退、调离、开除本身之间的关系就相互交叉、混乱，如果说辞退就是免职的一种，那么调离、开除是否也就自然免职，但是在《法官法》免职中又没有规定。另外，辞退和开除又是什么关系？其中几项规定分别指向的是法官身份、聘用关系、岗位匹配和纪律处罚，相互交叉重叠，让人眼花缭乱，结果势必是根据任何一项规定都可以对法官施以大棒，剥夺法官身份。

第二节　法官身份保障的实证分析

由于法律、法规、规范性法律文件中对法官身份保障不充分，现实中，法官因各种事由都有可能导致免职或者受到纪律处分，法官动辄得咎，法官没有因为职业的特殊性，在身份保障方面受任何特别的保障。中国法官因各种原因被剥夺法官身份的事由主要有以下几种。

一　审判执行中的错误和瑕疵

法官因审判执行错误或瑕疵导致免职或者惩戒在现实中最为常见。

20世纪80年代末开始，全国从上至下制定了各类错案追究的法规或者规范性文件，[①] 这些责任追究的规定大多没有遵从司法规律，也没有考虑到法官的身份，一旦法官在审判执行中出现各种错误、瑕疵，一律追究责任，乃至免职。

【例1】××法院实行错案追究力保司法公正

辽宁省××市中级人民法院通过实行错案责任追究和强化法官队伍建设两方面入手，积极探索有效机制，从源头上提高案件质量和效率。……××法院明确规定，凡是办错案或者拖案一件，责任人必须离岗培训，即使错案已经过了几年，原主审法官仍然要被追究处分，决不搞"下不为例"。在自查自纠中，先后有29名法官被追究刑事责任或受到辞退、调离审判岗位等处分，有150件疑案错案得到了妥善解决。

【例2】"缓刑而年"文书瑕疵追责

某高院书记员对文书校核不仔细，没有校对出一份刑事裁判文书后面附的监狱管理局做出的减刑建议书中的文字瑕疵，即将"缓刑二年"误写成"缓刑而年"，并将其上传到裁判文书网中，造成不良影响。事后，上传文书的书记员被开除，承办案件的合议庭三位法官被行政处分，在减刑手续上签字的主管副院长也被追责，承担相应的领导责任。

【例3】2014年9月16日，《新京报》报道《同一案号石家庄中院现"双胞胎判决书"》，当事人手中的判决书和最高法院"中国裁判文书网"上的判决书出现截然相反的裁决。经查，当事法官史某某审理该案后，在电脑上起草了个人初步意见稿，后经合议庭合议，最终意见为裁定发回重审，并将裁定文书送达双方当事人。在承办

---

① 包括最高法院颁布的《人民法院审判人员违法审判责任追究办法（试行）》，从1998年实施之日起试行至今已经试行二十年，河南省高院2012年颁布实施的《错案责任终身追究办法（试行）》等。

法官将裁判文书进行网上公开操作时,未进行认真审核,误将电脑中所存的个人初步意见稿上传,造成网上公开的文书与实际送达的生效法律文书不符。两天后,石家庄中院向《新京报》通报"双胞胎判决书"处理决定:责令当事法官史某某作出深刻检查,给予其行政记过处分,调离审判岗位。①

【例4】锦州市某区人民法院民事审判第一庭庭长,因其在2009年前任民二庭审判员期间,承办的25件未审结,严重超审限案件;已审结的74件未按要求归档案件故意隐瞒,不及时向上级汇报,办理案件拖延,执法不作为、慢作为等行为被通报,决定给予李某行政记过处分,并将其调离审判岗位。同时提请某区人大常委会依法免去李某凌河区人民法院审判委员会委员、民事审判第一庭庭长职务。②

从上述的报道和案例可以看出,法官在审判执行方面的各种错误,无论其是故意、重大过失还是一般过失,只要造成了不良影响,一律被追究责任,轻则处分,重则调离审判岗位,免除法官资格。即使有些过失,如例3中的当事法官上传文书出现错误,并不能说明其不适合法官职位,仍被剥夺法官身份。由于目前不少法院"案多人少"突出,司法辅助人员不足,很多本应由司法辅助人员承担的审判辅助性事务都需要法官亲力亲为,增加了瑕疵和错误出现的概率。而对法官追责时,偏重偏严,漠视程序,致使法官对于办案中每一个细节都如履薄冰,战战兢兢,生怕出现重大错误被追责。法官责任追究制度不合理,法官身份保障不到位成为导致调查问卷中法官普遍反映责任重、审判工作压力巨大、担心错案追究的重要原因之一。

---

① 刘洋:《"双胞胎判决书"当事法官被调离审判岗位》,载新京报网 http://www.bjnews.com.cn/news/2014/09/18/334305.html,2016年10月3日最后访问。
② 张墨寒:《办案拖延、不作为、慢作为庭长被调离审判岗位》,《华商晨报》2014年9月4日。

二 法官行为失当

法官行为失当包括违反廉政纪律以及做出与法官身份不相符合的行为等，这种行为失当不管是在国内还是国外都是弹劾法官或者造成法官免职的重要事由。

【例5】最高人民法院2009年1月8日向社会公布了关于"五个严禁"的规定，人民法院工作人员凡违反这一规定的，依纪依法追究纪律责任直至刑事责任。从事审判、执行工作的，一律调离审判、执行岗位。这"五个严禁"是：严禁接受案件当事人及相关人员的请客送礼；严禁违反规定与律师进行不正当交往；严禁插手过问他人办理的案件；严禁在委托评估、拍卖等活动中徇私舞弊；严禁泄露审判工作秘密。①

【例6】法官上班时间睡觉

2014年12月9日下午，有网友在红网论坛以《湖南常德司法腐败再曝丑闻，人民法官上班醉酒神志不清！》为题发帖称，武陵区法院民一庭审判员王某某中午饮酒后醉得不省人事，下午上班时间睡觉，与人民法官形象不符。12月10日，区法院经研究，决定对王某某处以行政记大过处分，并调离审判岗位。

【例7】酒后胡言被追责

12月7日10时，漯河市中级人民法院在其官方微博，发布了关于此事的调查通报。通报显示，9月4日，媒体报道"河南漯河法官感慨：领导乱打招呼，法官难做"后，河南省法院纪检组监察局、漯河中院纪检组对此事进行了认真调查，现将调查结果通报如下："2014年8月28日，漯河中院民一庭副庭长谌某某因其承办的民事

---

① "五个严禁"载中国法院网 http://old.chinacourt.org/zhuanti/article_list.php?sjt_id=431，2016年10月25日访问。

案件在接受媒体采访后,私自宴请记者,并在醉酒后发表不实言论,造成严重不良影响。同时查明,此事涉及案件的双方当事人都不服二审判决,均已申请再审,我院已启动再审审查程序。我院决定给予谌某某记大过处分,依据有关规定提请市人大常委会按照法定程序免去谌某某民一庭副庭长职务,并调离审判岗位。"①

【例8】法官大肆操办婚宴被调离审判岗位

福建省泰宁县人民法院审判员林某某违规操办婚宴案。2013年11月18日,林某某在泰宁县明珠大酒店为其儿子操办婚宴,设宴53桌,参加婚礼人数共计500余人,其中包括其在工作中认识的案件当事人20余人,收受礼金合计158680元。案发后,林某某受到党内严重警告和行政警告处分,被调离审判执行岗位,并责令退回除亲戚外的全部礼金。

上述案例中,涉事法官均因言语或者行为不当造成免职或者调离审判岗位,这无可厚非。但是,从这些案例的法官免职过程中仍然暴露出一些普遍的问题:第一,当事法官被免职或者调离审判岗位的事由和决定程序十分随意,无须经过特定的程序,通常由本院、上级法院或者辖区政府纪检部门出面调查,法院党组决定就完成了;第二,处理速度非常快,王某某事发后一天就被调离,谌某某的处理也是不到一周时间,这么短时间内进行处理往往没有给法官提供充分的自我申诉和申辩的权利;第三,法官受处罚的行为大多与法官职务本身无关,工作时间睡觉、酒后胡言、大肆操办婚宴等这些处罚的事由都与普通公务人员无异。

三 法官因其他事由追责

此外,法官的裁判、行为一旦引发负面舆情、引起重大信访事件,甚至考试不合格等也很有可能被追究责任,直至免职、调离岗位等。

---

① 《河南法官被调离审判岗位》,《成都商报》2014年12月9日。

【例9】 彭宇案法官被调离岗位

南京彭宇案，是 2006 年末发生于中国江苏南京市的一起引起极大争议的民事诉讼案。从五年后的事实曝光看，彭宇案认定的事实正确，适用法律正确，但是由于主审法官王某在判决书的说理部分"画蛇添足地运用所谓'经验法则'、以'人性恶'的个人经验判断作为社会一般经验判断、做出了既冒犯道德信仰、又违背证据原理的事实推定"①，导致引发舆情，并且逐步演化为社会道德滑坡的"反面典型"。因此，该案主审法官王某被调离南京市鼓楼区法院，被安排在鼓楼区挹江门街道办司法所，随后又被抽调去南京湖南路做拆迁工作。

【例10】 最高法：因审判瑕疵引发上访将追究法官责任②

为解决审判瑕疵问题，最高人民法院已经起草了《人民法院审判瑕疵处理办法（试行）》，计划在今年上半年出台。今后，对于因审判瑕疵引发当事人上访的，人民法院将追究承办法官和相关人员责任，从而在源头上保证裁判质量。

【例11】《齐齐哈尔市某某区人民法院信访责任制及责任追究办法》③

1. 在信访工作中负有领导责任、办案责任、包案责任、处理责任和保障责任的人员，违反责任制规定，依照党纪、政纪和审判纪律承担责任。

2. 上述责任人对因案件判决或执行错误，产生的司法赔偿和信

---

① 傅郁林：《当信仰危机遭遇和谐司法——由彭宇现象透视司法与传媒关系》，《法律适用》2012 年第 12 期。

② 王殿学、王安琪：《最高法：因审判瑕疵引发上访将追究法官责任》，《南方都市报》2014 年 3 月 21 日。

③ 《齐齐哈尔市建华区人民法院信访责任制及责任追究办法》，载齐齐哈尔市建华区人民法院网，http://qqherjh.hljcourt.gov.cn/public/detail.php?id=158，2016 年 9 月 30 日最后访问。

访处理费用，承担必要的经济赔偿责任。

3. 当事人上访有理，办案责任人既要承担办案责任，又要承担进京、进省接访及息访工作，并要承担接待、处理上访的费用和经济赔偿。必要时可暂时停止办案责任人的其他工作，直到该信访案件息访。

4. 当事人上访无理，办案责任人不承担办案责任和接待、处理上访的费用，但仍需负责接访和息访工作。

【例12】法官考试不合格要调离审判岗位

新华网上海7月30日电（杨金志 高万泉）做了法官也需要终身学习。上海市高级人民法院近日举办"民事诉讼证据规则应用能力轮训"，规定拒不参加轮训或无正当理由的缺课法官将取消考试资格；在8月底的考试中不合格的，必须离岗进行再培训；补考仍不合格者，调离审判岗位。①

从上述事例中可以发现，法官免职、调离的事由五花八门，而且这些调离审判岗位事由大多缺乏法律依据，例11中齐齐哈尔市建华区的法官因案件引发信访，不仅要承担接访、息访工作，还要承担化解信访的费用，甚至是经济赔偿责任乃至被停职；例12中，上海高院的法官如果"民事诉讼证据规则应用能力轮训"考试不合格就要调离审判岗位。如果仅仅因为信访、因为考试不合格，法官就要免职、转岗，那么法官的职业风险实在太大了，法官身份保障远远没有到位。

四　处分法官的规范性文件繁多

对法官身份造成威胁的还有各级法院制定的各种规范性文件和"土政策"，它们超出法律法规之外，给法官设定了一些额外的、不合理的处分事由。

---

① 杨金志、高万泉：《上海：法院法官考试不合格要调离审判岗位》，载新华网 http://news.xinhuanet.com/newscenter/2003-07/30/content_1000932.htm，2016年10月3日最后访问。

【例13】广东省高级人民法院2016年9月25日发布的《关于在执行工作中实行悬赏执行的意见（试行）》

该《意见》明确，悬赏执行仅在执行法院依职权不能发现被执行人及其财产时启动，已悬赏举报后发现被执行人可供执行财产的，人民法院应当审查执行人员对未能发现该项财产是否有过错，因故意或重大过失导致应该查到该财产而没有查到的，给予相应的纪律处分。①

【例14】《2015年B市H区人民法院工作报告》

……深化《案件评查工作规范》的监督、考核、落实，对已结案件常规评查、部门评查、专项评查中发现的问题，及时发出通报，召开法官大讲堂，进行公开讲评。明确办案瑕疵责任追究的方式、程序和内容，并视情节给予相应的处分与惩戒，督促干警在执法办案过程中更加严谨细致。通过评查和责任追究机制，实现案件质量的全程把控，我院一审案件被上级法院改判发回率仅为0.18%，审判质量综合指标位于全市法院系统前列。②

【例15】河南高院在全国法院执行工作会议上介绍经验

六是组织专项清理，规范执行行为。严格落实最高法院关于清理旧存执行案款的部署，与省检察院联合成立专门领导小组，由各级法院执行局会同财务、监察等部门，对规定范围内的执行案款逐一列出账目清单，从严组织清理，对清理工作滞后的法院主要领导及直接责任人严肃问责，53人被责令作出检查，13人被给予党政纪处分，2人被免去执行局长职务。③

---

① 《广东法院出新政破执行难 悬赏举报发动全民揪老赖》，《南方日报》2016年9月26日。

② 辛尚民：《2015年北京市怀柔区人民法院工作报告——2015年12月23日在北京市怀柔区第四届人民代表大会第六次会议上》，北京法院网2016年9月23日。

③ 晁瑞萍、闫嘉文：《河南高院在全国法院执行工作会议上介绍经验》，载豫法阳光网，http://chuansong.me/n/906776052769，2016年9月30日最后访问。

上述例 13、例 14 中提及的规范性文件对法官的故意或者过失未执行财产的行为，以及办案瑕疵，明确给予相应的纪律处分，但是不管是在《违反审判责任追究办法》还是《处分条例》中，对上述两种行为，都未有明确规定。法院制定这些规范性文件本身均无法可依，属于非法剥夺法官的身份。而例 15 中，河南高院对"对清理工作滞后"的法院主要领导及直接责任人严肃问责，对部分法官苛以处分、免职的处罚也没有任何法律依据。

五　法官面临"辞职难"

一方面，法官因各种事由而频频被剥夺法官和审判资格，另一方面，个别法院法官则面临"辞职难"困境，这是法官身份保障不力的另一种表现。《法官法》明确规定了法官有辞职的权利，但近年来有的地区法官辞职、调动频繁，法院为了留住法官，在没有其他手段的情况下，通过制定各种限制性规定，给法官辞职设置种种障碍，试图以这种方式延缓法官离职的步伐。然而这一做法则是对法官身份保障的另一种侵害。

【例 16】内蒙古鄂尔多斯市某某区法院的离职规定（节选）

一是从工作年限方面限制。正副庭长级中层骨干至少在本院工作十年，普通法官至少在本院工作五年，未任法官职称的其他干警和新招录进院的干警至少在法院工作两年方可流动。二是从支付教育培训补偿金方面限制。凡调出干部均由调入单位向调出单位支付一定数额的干部教育培训补偿金。理由是由调出单位经过多年教育培训出来的这些人才流出后，需要培训新人，应予补偿。教育培训补偿金的额度应根据不同情况实施，所调出人员达到上述工作年限的可少补，未达到上述工作年限的可多补。三是对个人自行调动者限制。凡属以辞职方式调出的，教育培训补偿金由其本人支付，补偿标准按前述规定。教育培训补偿金的具体标准应由自治区高院或最高人民法院制定，统一实施。①

【例17】C区法院《关于工作人员录用、调进、调出管理规定》（节选）

4. 分配到我院工作的研究生、大学本科毕业生，根据国家教委的有关规定，一律实行服务制。研究生不满六年，大学毕业生不满五年，原则上不准向外流动。本人坚持要求调出的，应按规定交纳费用。

5. 凡在本院工作期间完成学业（不含组织调动人员）五年之内要求调出的，须将所报学费全部返还法院；五年以上十年以内要求调出的，须返还所报学费的50%。未按规定执行的，干部科不予办理有关调出手续。

C区法院《关于在编工作人员调出管理的规定》的补充规定

为进一步加强队伍管理，规范工作人员调出程序，保持队伍稳定，促进干部队伍有序流动，保障审判工作和其他各项工作的顺利进行，经院党组研究决定，对《关于在编工作人员调出管理的规定》进行补充，现将有关补充规定公布如下：

一、我院在编干警，除通过北京市高级人民法院法官遴选或院党组根据工作需要有计划地向其他机关输送工作人员而进行的调动外，原则上不得调出。

二、新录用人员在服务期内不得申请调出或辞职。

三、在我院工作期间攻读在职博士、硕士取得学位后五年内，原则上不得申请个人调动。

四、干警个人因夫妻两地分居等原因严重影响正常工作生活需调出本市的，可以申请调动，但新录用人员必须服务期满。

五、本规定由政治处负责解释。

六、本规定自公布之日起执行。

---

① 云莉莉、于立辉：《基层法院法官人才流失现状及对策建议——以内蒙古鄂尔多斯市东胜区法院为例》（北京法院网2014年10月28日）。

【例18】《B市×区法院政法编制人员调离及辞职（退）办法（试行）》（节选）

第五条 干警有下列情形之一的，不得调离或辞去公职。

（一）未满国家规定的最低服务年限五年（含试用期）的；

（二）在涉及国家秘密等特殊职位任职或者离开上述职位不满国家规定的脱密期限的；

（三）重要公务尚未处理完毕，且必须由本人继续处理的；

（四）正在接受审计、纪律审查，或者涉嫌犯罪，司法程序尚未终结的；

（五）担任副庭长以上职务的（极特殊情况除外）；

（六）法律、行政法规规定的不得调离或辞去公职的情形。

第六条 申请调离或辞职干警有下列情形之一的，其本人在本院最低服务年限由五年延至十年（含试用期）。

（一）本人配偶由我院帮助申请解决进京落户的；

（二）占用我院指标、入住"通州区人才公寓"和"通州区政法干警公寓"或享受其他福利住房条件的。

【例19】《北京市××区人民法院关于辞去公职的有关要求》（节选）

为进一步规范我院人员管理工作，现就我院人员辞去公职事宜提出如下要求：

3. 在我院工作期间存在下列情形之一的人员，已满五年服务期的，自情形出现之日起，延长服务期五年；不满五年服务期的，自服务期满之日起，延长服务期五年：

（1）已完成任命程序的中层副职；

（2）已办理我院公租房入住手续的人员；

（3）已解决配偶进京落户的人员；

（4）经我院协调，解决子女入托、入学问题的人员；

（5）经党组研究决定应当延长服务期限的其他情形，如享受住房分配、家属随调、公派出国、公费求学深造、跨行业、跨区域挂职交流等待遇。

出现延长服务期限情形的，由本人签署延长服务期限的承诺书，交干部科留底备案。

同时出现上述两种以上情形的，分别计算延长的服务期限。

在此要求出台之前出现上述情形的，适用延长服务期限的要求。

4. 服务期满人员可于每年 6 月 10—25 日、12 月 10—25 日两个时间段内向干部科提出辞职申请，其他时间不得提出辞职申请；

服务期满且来院工作时间满 10 年以上的，经党组研究，提出辞职申请的时间可不受上述时间段的限制。

5. 提出辞职申请的人员在服务期内应勤勉敬业，能够圆满完成各项工作任务，工作业绩得到部门充分认可，经考核合格后，由干部科提交党组会研究辞职事宜。

本书节选了各地法院近年来出台的涉及法官辞职的部分规范性文件。上述每个文件都对法官辞职做了比较严格的限制性规定，具有以下几方面特点：一是很多规定没有法律依据，例如，例 17 中，要求研究生毕业 6 年才能离职，例 19 中法官只能在固定的时间段内提出辞职；以及例 16、例 17 中，法院要求离职法官补交教育培训补偿金。二是对法官辞职的年限提出了比较苛刻的要求，除了有法律的五年服务期外，还自行延长了中层干部的服务期为十年等。三是只要法官在法院享受过任何福利待遇都需要延长服务期，例如，在职攻读硕士、博士学位，解决配偶进京指标，进行过挂职交流，解决过住房、入学、入托问题等。这些内部规定给法官辞职设置各种障碍，造成法官"辞职难"，也成为法官生存状况不佳、身份保障不力的表现之一。

从上文罗列的十几个事例可以发现，中国在免职、调离、处分、辞退、辞职等诸多方面对法官身份的保障均十分不力。现实中，法官因各种事由动辄得咎，被剥夺或者变相剥夺法官资格，法官身份保障的理念没有树立，法官身份保障制度不够健全，无法保证法官身份的安全性和稳定性。

第三节 法官身份保障制度的外国立法例

总体来看，中国法官的身份保障处于混乱、无序的状态，对于法官身份的剥夺和对法官进行处分没有设定严格的程序和条件。那么，外国立法对于法官身份保障是如何规定的呢？

一 国际公约中的法官身份保障

从国际公约来看，《司法独立世界宣言》第二之卅三条第一项规定："法官免职或惩戒程序之进行，应有法院或由法官及法官选出之人员以法官为多数之委员会审理。"第二项规定："但立法机关有权弹劾，或两院联合请求免职者，不在此限，此时宜基于该惩戒法院或委员会依前项规定之建议。"

《关于司法机关独立的基本原则》第十一条规定："法官的任期、法官的独立性、保障、充分的报酬、服务条件、退休金和退休年龄应当受到法律保障。"第十八条规定："除非法官因不称职或者行为不端使其不适于继续任职，否则不得予以停止或撤职。"第十九条规定："一切纪律处分、停职或撤职程序均应根据业已确立的司法人员行为标准予以实行。"第二十条规定："有关纪律处分、停职和撤职程序的决定必须接受独立审查。"

1982年国际律师协会第十九届会议专门制定了《关于司法独立最低标准的规则》（以下简称《最低标准》）。第四条第二项规定："对法官之免责，宜授予司法法庭为之。"第廿七条规定："法官惩戒及免职之程序，应确保对该法官公平及给予适当听证之机会。"第廿九条规定："法官免职之原因，应以法律明文详细规定。"

总体来说，国际会议司法文件要求对于法官的免职具有以下特征：第一，需要明确的理由，这个理由需要法律明文、详细规定。第二，法官免责是司法内部事务，应由司法机关、司法人员为之；如果立法机构有权弹劾法官，则需以专门的司法委员会的建议为基础。第三，对于法官的免职和惩戒，应给予法官申辩之权利，以保证处罚的公正性。

二 其他国家或地区法律中的法官身份保障

在其他国家或地区，法官的身份保障制度也比较完善。各国给予法官长期、稳定的任期，通常法官在没有实施不当行为的情况下，不会被免职，甚至可以终身任职。

在英国，高等法院法官的任职是终身的，或者任职到法定退休年龄为止。美国法官除非因违法犯罪受弹劾或者自动辞职，其职务是终身的，工作也是终身的。澳大利亚法官亦实行终身制，除非由于行为不端，可一直任职到退休年龄。法国的宪法和法院组织法均规定，法官实行终身制，法官在任期内，非因可弹劾之罪，并经法定程序不得被免职、撤换或强令退休。俄罗斯《联邦宪法》（1993年）第121条第二款规定："法官的职权只能基于联邦法律规定的程序和理由予以剥夺或是中止。"在加拿大，除非出现法定特殊事由而被政府解雇或者自动辞职，加拿大法官职务是终身的。[1]

此外，对于法官任职的终止，乃至暂停，世界各国、各地区均规定了严格的法定事由和法定程序。

其中，英美法系国家法官的罢免，往往由立法机关通过法定程序进行。美国《联邦宪法》规定，罢免联邦法官必须经过弹劾程序，经参、众两院通过，方可成立。弹劾程序与对总统的弹劾程序相同。[2] 其严格程度可见一斑。在英国，只有当法官犯有严重罪行，经上议院和下议院一致通过才可以撤职。

美国联邦法院的法官只有犯叛国罪、贿赂罪等弹劾之罪方可免职。法官撤销职务须经弹劾程序，经参众两院通过，方可实施。弹劾法官的程序和弹劾总统的程序是一样的，由下议院提出弹劾案，上议院审理。上议院以出席人数2/3多数通过时，才可判决。所以美国从建国至1974

---

[1] 最高人民法院政治部编：《域外法院组织和法官管理法律译编》（上），人民法院出版社2017年版，第269页。

[2] 谭世贵等：《中国法官制度研究》，法律出版社2009年版，第187页。

年，共有 9 名联邦法官受到弹劾，只有 4 名被撤职定罪。[①]

印度《宪法》规定："最高法院和法官不得被免职，除非两院于同一会期中以该法官行为失检或不适任为由向总统同时提出咨文，由总统下令免除其职务。上述咨文须由两院分别以全体议员的过半数及出席投票议员的 2/3 多数通过方可提出。"[②]

大陆法系国家则多采用法院判决方式决定法官是否应该被撤职或罢免。意大利《宪法》第 107 条第一项规定："法官是常任的。除非遵照最高司法委员会根据法院组织法规定的理由并严守法院组织法规定的辩护保障所作出的决定，或征得本人同意，法官不得被免职。"法国《宪法》第 64 条确立了法官终身制原则，即除了法官因行为不当依据程序撤职外，其他任何法官职位的变动，包括法官的晋升必须首先取得法官本人的认可。韩国的法律规定，除非被指控犯罪，法官不得被免职。在日本宪法和裁判所法中，法官被罢免、转官、转院、停止职务和减少报酬，仅限于以下四种情形：因身心故障不能执行职务；受国会弹劾裁判；在国民审查中被罢免；渎职经裁判的。丹麦王国《宪法》第 64 条规定："法官在履行职务时，完全依据法律行事，非经审判，不得将法官免职，也不得未经本人同意，而将法官调职，因法院重新组织而调职除外。"

中国台湾地区的"法官法"法官保障一章对于法官免职事项作了区分，即区分实任法官和候补法官、试署法官。实任法官乃台湾正式法官，因此，"法官法"规定的法官身份保障也是以实任法官为基础，其他法官参照实任法官执行。故本书仅列其对实任法官的身份保障。第一，不得免职的条款，该条的例外只有（1）当法官犯内乱、外患、故意渎职罪被判处刑罚的；（2）故意犯罪受有期徒刑以上刑罚，并有损法官尊严的（缓刑除外）；（3）受监护宣告者。也就是说法官免职的条款界限非常清晰、确定，而且范围十分有限。也就是犯特定的罪、严重故意犯罪或者丧失行为能力的三种情形。第二，停职的规定。一共七项，主要涉及法官身体或精神不能胜任法官职务的；在刑事诉讼中，或者判决劳役等不

[①] 赵震江主编：《法律社会学》，北京大学出版社 1998 年版，第 452 页。
[②] 同上书，第 452 页。

能履行职务的；以及受到其他处分、处罚不适宜担任公务人员的情形。第三，调动的规定。实任法官除法律规定或经本人同意外，不得将其转任法官以外职务。甚至法官审级调动和地区调动都需要符合法定的事由。第四，法官免职、停职等的程序非常严格。对司法院大法官免职、停职的，需经司法院大法官现有总额 2/3 以上之出席及出席人数过半数之同意，由司法院呈请"总统"停止其职务。

第四节　法官身份保障的理论分析

由于法官之于社会公平正义的重要意义毋庸置疑，对法官身份加以保障刻不容缓，加强法官身份保障是完善法官保障的前提条件和首要任务。

一　身份保障是作为法官的前提

马歇尔有言："对法官而言，金钱绝不是第一位的，但生存却有可能是第一位的。"[①] 虽然，在西方法官被塑造成天底下最接近上帝的职业，但法官毕竟是有七情六欲的人。法官能够坐在法庭之上，不偏不倚，公正地审案断狱，成为社会正义最后一道防线的守门人，其安身立命之本在于法官之身份。如果缺乏完善的法官身份保障制度，有人可以根据自己的好恶，由一己之力，随意褫夺法官的身份，对法官加以免职、辞退或者处罚。那么，法官就不可能只凭自己的良心和法律规范进行裁判。法官要么只能看他人的脸色，仰他人之鼻息，从而失去作为法官的尊严和立场；要么，坚持己见、刚正不阿，则失去自己的法官职务，无论哪种情形，真正意义上的法官都不可能存在了。所以说，完善的法官身份保障制度是法官成为法官的前提条件。

[①] 刘鸣：《美国百年法律史》，贵州人民出版社 1988 年版，第 36 页。

二　身份保障是法官自立的需要

司法职业需要法官根据自身的经验和法律知识进行独立之判断，法官的身份保障是法官自身独立的基础。只有建立完善的身份保障制度，才可以使得法官在裁判时，免于自己因裁判而受牵连、被处罚、免职的忧虑，法官才可能基于内心确认独立行使审判权，而不是奉上级的命令、看领导的眼色裁判。法官独立行使审判权，不仅是《法官法》的要求，也是确保司法中立、公平，使得司法公正得到落实的要求。

三　法官身份保障措施的可操作性强

法官保障制度的建立和完善大多需要具备其他条件，如法官福利保障需要政府财政部门的认可，甚至改变法院的预决算制度，法官履职保障制度的建立需要执政者对于法官独立行使审判权，对法治理念有更深刻的领悟。相对而言，完善法官身份保障制度的现实可操作性较强。从立法层面上，可以从以下三个方面加以修改和完善。一是提高法官身份保障的立法层级，可以借鉴其他国家的立法例，从宪法层面上对法官免职的条件、程序进行设定；二是从法律上明确法官免职的事由和范围，将法官免职限定在法官行为不端，遭受刑事处罚等一些特定事由中，删除调换岗位、考核不合格、其他不当行为等可以随意解释的，不具有刚性的免职事由，以保证法官免职的严肃性和规范性；三是设立严格的法官免职程序。一方面，明确法官免职的提出机构和决定机构，宜设立专门的法官遴选委员会、惩戒委员会来决定法官的免职和处罚问题，而不是由人大等机关来决定；另一方面，要赋予法官免职的救济途径。不仅应当设立听证程序，听取被免职法官的意见，还应赋予法官申诉的权利和途径。

四　身份保障是稳定司法人才的需要

法官职业是一项专门化程度很高的职业，具有知识密集型、技术含量高、专业性强的特征,法官的养成需要长期的知识和经验的积累,只有保持法官群体稳定,才能保证法官的专业化。法官身份保障制度不能确立,势必会加大法官职业的风险和不稳定性。只要一纸调令,就可以将法官调离审判岗位,或者调遣到其他行政机关或事业单位工作,是司法资源的严重流失和浪费,不利于国家培养合格和优秀的司法人才。此外,法官身份缺乏保障,必将动摇法官内心的职业安全感,本身也不利于法官留任本岗位,对职业前景充满不确定和忧虑,本身也将影响法官职业的吸引力。

第五节 法官身份保障的立法研究

一 增加《宪法》条文的保护

《宪法》乃一国之根本大法,司法制度也是国家的重要政治制度,是一国宪法的基本内容之一。为了提高司法和法官的地位,有必要在宪法中规定法官的基本制度,法官的身份保障就是法官的基本制度之一。对于法官身份保障,宪法中只需要进行原则性的规定,如增设一条,非经法定事由,未经法官惩戒委员会决定及刑事审判庭审判程序,法官不得被免职,实施细则由《法官法》等法律进行具体规范。

二 整合法官免职的法定事由

目前的《法官法》中,既有对免职的规定,又有辞职、辞退的法条,同时还有对法官惩戒撤职、开除等处分的规定。过多过滥的处罚种类和免职事项,不仅会在对法官不当行为进行惩处时无所适从,而且更容易导致法官身份保障的弱化。因此,建议统一整合法官的免职类型,对于法官而言,实施不当行为的唯一的处罚应当就是免职,至于降级、撤职、开除等行政处分,以及辞退等人事关系处理,则不应与法官的惩戒混为一谈。

三　删除一些不合时宜的法官免责事由

中国法官的免职事由种类繁多，相互交叉是由法律对于法官身份定位不明确造成的。既将其作为公务员，套用《公务员法》中的一些免职、处分类型，又单独为法官设立了一些免职的条件。因此，要根治法官免职事由多且相互交叉的乱象，有必要改变直接将《公务员法》中纪律处分的条款套用到《法官法》中的做法。

对于现行法律中的一些过时或者不符合法官职业特点的免职事由应予整合或者彻底删除，如调出本法院的，经考核确定为不称职的，职务变动不需要保留原职务的，因健康原因长期不能履行职务的，退休的，辞职或者被辞退的。这些事由要么界限过于模糊，无法对法官身份进行真正保障，要么不符合法官的职业特征，或者本身就是毋庸讳言的事情，所以应予以删减整合。

四　在《法官法》中明确法官的免职事由

在统一、明确的前提下，对于法官免职事由进行严格限定，这样才有利于保障法官身份地位。

那么，针对法官免职应设置哪些条件？必须是由于法官不再适合担任法官职务的情形出现，这些情形包括：（一）丧失中华人民共和国国籍的；（二）由于自身原因不愿意担任法官职务并提出书面申请的；（三）因违反法律受到刑事处罚的；（四）因身心健康原因无法继续从事审判工作的。对于第三项，必须由于法官犯罪，而不能是一般违法，且需经过刑事审判认定的，这样也是为了最大限度地对法官身份加以保护。

第 五 章

法官经济保障状况及其完善

　　经济环境对一个人的行为影响深远，对法官亦是如此。有学者对法官需求状态的行为和法官的行为模式研究后认为："收入低于生存和安全的需要，会导致法官容易突破道德底线；收入水平低于社会尊重需要之前，收入增长带来的法官尊重需求满足程度的增加，法官的公正和效率随之增加；收入水平满足法官社会尊重需要之后，非法收入的吸引力最低，且职业吸引力最大。"[①]

　　"就人类天性而言，对某人的生活有控制权，等于对其意志有控制权。"[②] 汉密尔顿的这段话无疑对于法官之所以需要给予充分且强有力经济保障做了最深刻的阐述：如果法官的生活、生存被他人所控制，那么，法官就不可能存在独立意志，法官独立行使审判权不受干涉也成了水中月镜中花。

第一节　法官经济保障的规范分析

　　中国对于法官的经济保障的规定主要集中在《法官法》第 12 章。第 36 条规定："法官的工资制度和工资标准，根据审判工作特点，由国家规

[①] 石必胜：《法官需求状态的解析与法官行为模式的规制》，《法治论丛》2005 年第 2 期。
[②] ［美］汉密尔顿、杰伊、麦迪逊等：《联邦党人文集》，程逢如等译，商务印书馆 1980 年版，第 396 页。

定。"第 37 条规定："法官实行定期增资制度。经考核确定为优秀、称职的，可以按照规定晋升工资；有特殊贡献的，可以按照规定提前晋升工资。"第 38 条规定："法官享受国家规定的审判津贴、地区津贴、其他津贴以及保险和福利待遇。"此外，还有一条关于法官退休后福利待遇的规定，即第 43 条规定："法官退休后，享受国家规定的养老保险金和其他待遇。"

从上述法条看，《法官法》对于法官经济保障的规定具有以下特征。

一　法律条文比较粗疏

《法官法》对法官经济保障的规定总共只有四条，仅有的这四个条文内容也十分简单，并且都是原则性的概述，对于如何实现法官的经济保障没有明确、细则性的规定，远远不能够保证法官到底能够享受哪些福利待遇以及如何将这些待遇落到实处，更不能保障法官享受到优渥的经济待遇和物质生活。

二　缺乏实施细则　经济保障无法落地生根

《法官法》条文中虽然有"法官的工资制度和工资标准，根据审判工作特点，由国家规定"的表述，但是该法从 1995 年颁布实施至今已经二十年有余，这个根据"审判工作特点"而制定的法官工资制度和工资标准始终未能出台。即使是在本轮司法改革后，法官的工资标准仍然主要套用行政级别，根据行政级别高低标准来制定和执行。法官单独职务序列仍然无法全面落实，法官工资按照法官等级单独计算的理想仍然进展缓慢。由此，法官晋职晋升空间有限导致其收入增长缓慢，工资甚至可能低于相同年资的其他公务员。此外，由于法律没有明确规定法官增资的决策者和实施者、增资的间隔、增资的幅度，"法官实行定期增资制度"的规定也成为一纸空文。现实中，法官工资的增长没有任何规律可循，个别年份工资收入甚至有所下降。

三 对法官的特殊经济保障付之阙如

"法官制度比较完善的国家，一般也都建立了体现法官职业特点的工资保险福利制度，这是现代司法体制的基本要求，是各国司法制度的发展趋势。"[①] 由于法官对于建立现代法治社会、实现社会公平正义的重要作用和地位，再加上法官职业本身的门槛高、约束多，对法官的职业限制较多，法律高端人才普遍收入较高等因素，世界各国都给予法官较高的、且有别于公务员的经济保障和待遇。但是，纵观中国《法官法》中有关法官经济保障的法条，除了第36条之外，都与《公务员法》的规定完全一致。而第36条本身也没有落到实处。可以说，《法官法》对于法官福利待遇的规定，完全没有体现法官的特色，没有体现法官职业特殊的经济保障。

总之，在法律法规层面上，中国法律对法官福利待遇的保障不充分、不到位，使得法官收入不高，法官对于收入普遍不满意，法官收入期待与实际收入之间的差距也十分巨大。[②] 这些困境不仅导致法院无法吸引和留住最优秀的法律人才，也使法官难以抵抗对于经济利益的诱惑，这对于司法廉洁、司法公正都是潜在的威胁。

第二节 法官经济保障的实证研究

从本书第二章对法官的月收入、家庭支出以及法官对工作满意度的调查中可以发现，中国法官收入不高、支出较多，法官的期待薪酬与实际薪酬水平之间差距巨大。

法官经济保障不足还可以从以下几个方面一窥究竟。

第一，中国法官的收入无论从绝对数还是相对比较来看都不高。从收入的绝对数上来看，"被调查法官月收入不到5000元的占80.53%，甚

[①] 谭世贵等：《中国法官制度研究》，法律出版社2009年版，第396页。
[②] 参见本书第二章对法官月收入和收入满意度的调查问卷。

至有 27.41% 的法官月收入不足 3000 元，而月收入超过 8000 元的法官，仅占 3.09%"①。与其他行业的比较来看，调查显示，中国法官的月平均收入约为 4221 元，年收入 50712 元，低于同一年度城镇非私营单位在岗职工年平均工资，"相比而言，法官的收入远低于工商、税务等机关人员收入，更难与电力、通讯等企业工作人员相比。同时，基层法院和省市机关、各地区法院之间的人员工待遇存在较大差距"②。

第二，中国法官的工资增长慢。众所周知，霍姆斯法官有一句法律名言是"法律的生命不在于逻辑而在于经验"。的确，法律职业是一个需要丰富执业经验的行业，因此，随着法律经历的丰富和经验的增长，律师的收入往往成倍增长，顶级律师与新入行律师的年收入差距在百万元以上。但法官的收入增长却十分缓慢，刚入职的律师助理收入不一定比法官高，但是三五年之后，积累了一定经验和人脉关系的律师收入就比同样年资的法官多出几倍甚至几十倍。"东莞南城法庭法官卢建文的工作年限是 9 年，因工作出色，她 2009 年 9 月被提升为派出法庭的副庭长，政治待遇是副科级，这在基层法院法官里面已经是很高的政治待遇了。卢建文说提升之前，月工资为 1906.47 元，补贴 3500 元；提升之后月工资为 2400 多元，补贴为 3800 元。"③ 被提拔为副庭长的卢建文法官，显然在法院中属于工作出色、能力突出的佼佼者，即使晋升副庭长后，其增加的收入仍然十分有限，遑论其他普通法官了。从本书调查问卷的年龄/月收入比较，也可以看出法官工资增长缓慢的现象，调查显示，各年龄段的法官中，30 岁以下法官的平均收入最低，但是进入 30 岁以后，法官的收入增长并不明显，31—35 岁年龄段的法官比 25—30 岁年龄段法官的收入增加了 23.8%，36—40 岁的法官工资则只比 31—35 岁年龄段法官增长了 4.4%！而 40 岁以后的法官工资甚至看不到明显增长的趋势，个别年龄段甚至倒退了。④

第三，法官辞职转行后收入猛增数倍。笔者所做的"法官离职原因

---

① 胡昌明：《如何在司法改革中善待法官》，《人民法院报》2015 年 7 月 23 日。
② 黄斌：《当前我国法官流失现象分析与对策建议》，《中国审判新闻月刊》2014 年第 3 期。
③ 刘冠南：《像陀螺转不停法官是机器人?》，《南方日报》2010 年 5 月 20 日 A09 版。
④ 详见本书第二章第四节。

调查问卷"显示，法官离职后平均薪资水平达到13687元/月，是在职法官平均月收入4221元的3.24倍。法官离职后月收入到达8000元以上的占54.0%，月收入提到2万元以上的也达到了19.5%，离职后收入有所增加的占调查者的73.2%，其中提升1—2倍的占19.3%，提高了3—4倍的占23.0%，提升5—10倍的12.5%，提升10倍以上的则占4.0%。法官离职后一般仍然从事法律行业，法官离职后收入大幅提升，从一个侧面反映出法官职业本身的收入过低。

第四，收入低成为法官离职的重要原因之一。收入低并非法官离职的唯一原因，但是确实对法官辞职起到了推波助澜的作用，甚至可能是逼走法官的最后一根稻草。其中一个典型事例是陕西省高级人民法院博士法官王磊的辞职，他辞职前在法院工作了15年，但每月工资仅4000多元，在他母亲与癌症抗争4年，欠下大笔债务后，他向法院提交了辞职报告。问及辞职是否因为钱时，他回答道："当一个法官整天为了还债分心，势必会影响一个死刑复核法官的公平公正，这样不仅影响的是案件本身，更重要的是会因为一个分心而枉杀一个生命，与其这样还不如辞职。同时，还想用我的辞职来呼吁社会进一步关注法律工作者，这也是我接受采访的原因。"[①] 法官为钱所困，因而辞职的情形从北青报记者对张法官的采访中也可见一斑。张法官从北京的基层法院离职去了一家国企做法务，他在采访中是这么对记者说的：

> 我是2008年从中国政法大学硕士毕业来到法院的。进法院时这考试那考试付出了不少努力。我进的这家法院在郊区，当初放弃了在城里工作选择到郊区工作，说实话看中的就是"法院"这块牌子。……开始指望干几年提个职，哪怕区里能帮助解决一套两限房，就安顿下来了。但是干了两年感觉靠法院解决房子没什么指望，于是我和我女朋友一起在五环外贷款买了一套小房子。现在看这步棋还是走对了。我妻子是检察院的，收入也不高，一个月4000多元

---

① 钟杏梅、罗佳：《"法官辞职潮"舆情风波解析》，载法制网，https://www.legaldaily.com.cn/The_analysis_of_public_opinion/content/2016-03/29/content_6545510.htm，2016年10月21日最后访问。

钱。我拿到手里的工资也只有 4000 多元。结婚之后，每月还房贷去掉 3000 多元，两个人还凑合能过日子。2012 年我们有了孩子这下就觉得工资不够用了。

你想现在孩子刚一岁生活压力就这么大，以后孩子上幼儿园、小学、中学开支肯定更大。再说提职，我已经在法院干了五年了，提职的希望根本看不到，在我前面还有不少年龄更大、很多年都没动窝的领导等着呢。仔细想了想，我和爱人商量，"还是有一个人出去挣钱吧"。我现在的单位工作比较专一，没那么多杂事，收入要比在法院高出一两倍。①

从上述的采访可以看出，作为名校毕业的高才生，张法官最初非常珍惜在法院的工作机会，但是由于夫妻双方都是公务员，工资收入都不高，还要还贷、养孩子，生活压力巨大，甚至陷入入不敷出的窘境，为了缓解财务压力，张法官只得离开工作五年的法院。

从以上四个方面都可以看出，中国法官的整体收入不高、增长缓慢、与其他法律职业收入差距过大，甚至无法满足法官的基本生活需要，法官经济保障现状不理想。

第三节 法官经济保障制度的外国立法例

世界各国对法官的薪酬待遇一般有专门的立法或规定。有的国家如印度，在宪法中加以明确规定；有些国家，如日本则在专门的法院组织法或者法官工资法中予以规定。世界各国大多对法官的经济利益予以充分保障，法官工资一般都比较高，甚至远高于普通公务员，其他待遇也比较优渥，主要体现在以下四个方面。

---

① 李罡：《北京 3 名骨干法官离职震动法院 收入待遇低是重要原因》，《中国青年报》2013 年 8 月 29 日。

一 给予法官较高的薪酬待遇

外国法官工资收入普遍较高。英国法学家认为，对法官实行高薪制，可以保证其不受贿赂、公正无私地执行法律。因此，在英国，法官属于高薪阶层。高级法官（上议院法官议员、上诉法院院长和法官、高级法院的王座法庭庭长等）的工资高于政府大臣，大法官的年薪甚至高于首相，英国其他各级法官的年薪也相当可观。

在美国，联邦最高法院首席大法官的工资与副总统相等，联邦法院法官与国会议员、政府内阁官员工资大体相等。"根据美国劳工部的统计，美国国民在1999年的人均收入为3.19万美元，而美国州法院对法官工资的统计结果表明，联邦地区法院法官的税前收入为15万美元，上诉法院的法官收入为15.9万美元，最高法院大法官的年收入为18.4万美元，首席大法官可以拿到19.6万美元。"[1] 州法院法官的收入略低于联邦法官。但是"高级别的州法官的工资也要远远高于美国中产阶级的收入。例如，1996年，纽约州法官年收入为11.5万美元，加州法官年收入为12.12万美元，阿肯色州的法官年收入为10.58万美元"[2]。

由此可见，美国法官的平均工资远高于美国平均收入，联邦法院法官的工资是人均工资的五倍，而州法院的工资也是人均收入的3—4倍。

在巴西，"联邦法官薪金由立法决定，州法官的薪金由州议会决定，但不得高于联邦法官。最高法院大法官和部长、议员一样都享受最高一级薪金。以下各级薪金之间的差额，不得超过5%。法官薪金分三个内容：1. 基本薪金；2. 年工薪金；3. 浮动薪金，即每年上浮5%，每人只能浮动6次，不得享受第7次浮动"[3]。

在墨西哥，"联邦最高法院大法官的薪金相当于部长的薪金；巡回法庭法官薪金相当于副部长；大区法庭法官薪金相当于司局长"[4]。

---

[1] National Center for State Courts, State Court Report, (May Issue).
[2] Survey of Judicial Salaries, Vol. 27, No. 1, published by the National Center for State Courts, available at www.ncsconline.org/.
[3] 周道鸾：《外国法院组织与法官制度》，人民法院出版社2000年版，第344—345页。
[4] 同上书，第345页。

在意大利,"法官工资高于国家其他公务员工资。法官工资和提升主要根据年资而不是根据功绩,即只要工作年限到,无论是在地方法院还是在最高法院,工资均相同"①。

在比利时,法律对法官的年薪和退休金都有明确规定。正常情况下,3年提高工资的三分之一,最多可提高7次。本书根据比利时的工资提薪方式计算了一下:$(1+33.3\%)^7=7.48$,也就是说法官的最终工资可以提升到初任法官的7.5倍左右,这个提升幅度也是十分惊人的。"一级初审法院院长的工资相当于司法部秘书长;二级初审法院院长相当于司法部司长,副院长相当于副司长;候补法官高于处长。"②

在澳大利亚,早在1983年,最高法院首席大法官年薪9.3万澳元,法官为8.45万澳元,均高于内阁成员,司法部长年薪为7.5万澳元;其他法官一般为6万至7万澳元,略低于内阁成员。

在日本,宪法和法官工资法对于法官的工资待遇作了明确规定:"法官的工资待遇标准较高。依照法律规定,最高裁判所所长的工资与内阁总理、国会两院议长相等;最高裁判所大法官与内阁部长、最高检察厅总检察长相等。东京高等裁判所所长的工资与内阁法制局长相等;其他高等裁判所所长的工资高于各部常务副部长、国会议员。"③ 下级裁判所法官的工资分5级,最高的与内阁副秘书长相等,依次与副部长、重要局长、副局长相等,最低的高于各部处长。下级裁判所助理法官的工资分4级,前两级相当于各部处长,其余依次相当于副处长、科长。简易裁判所法官的工资分6级,前2级分别与重要局长、副局长相等,后4级与下级法院助理法官相同。

在印度,法官的工资和其他福利待遇由宪法予以保障。印度宪法对"法官的薪俸"等作了专门规定。如宪法第125条第1款规定:"最高法院法官领收附表二规定的薪俸。"第2款规定:"每个法官享有的特权、津贴以及在休假与年金方面的权利,由议会随时制定法律加以规定。在议会制定有关法律以前,则按附表二的规定执行。""联邦最高法院首席

---

① 周道鸾:《外国法院组织与法官制度》,人民法院出版社2000年版,第347页。
② 同上。
③ 同上书,第348页。

大法官的工资大约与邦长相同；最高法院法官和高等法院首席法官的工资与内阁秘书、上将相等；高等法院法官的工资与中将相等。"[1]此外，上述法官均享有各项津贴、带薪休假等待遇。

二 规定法官不得降薪的条款

比起高薪制，对法官福利待遇中更加重要的保障在很多国家的法官制度中都有明确规定，法官收入应保持稳定性，不得随意降低。

美国《宪法》第3条规定："最高法院和低级法院的法官如忠于职守，得终身任职，在任期期间得领酬金，其金额在任职期间享受职务的报酬，在连续任职期不得减少。""即使因紧缩政策或通货膨胀而对公务员的薪金采取减额政策时，也不得减少现任法官的报酬。"[2] 由此可见，美国法官的工资数额是由《宪法》予以保障的，且法官的工资随着生活指数的上涨而逐年增加。以上诉法院和地区法院的法官工资为例：

表5—1　　美国上诉法院、地区法院法官工资增长　　单位：美元

法官	1987年	1988年
上诉法院法官	85700	95000
地区法院法官	81000	89000
索赔法院法官	72000	82000
破产法院法官	70500	72000

法国《法官法》第33条规定："法官在处于转调或停职期间，工资不得减额。"

日本《宪法》第79条、第80条，分别规定了"最高法院、下级法院法官均定期接受相当数额之报酬，此项报酬在任职期中不得减额"。日本还专门出台了《法官工资法》，其中规定："法官在任职期间，工资不得减额，即使因财政紧缩，对公务员减薪时，也不得对法官减薪。"

---

[1] 周道鸾：《外国法院组织与法官制度》，人民法院出版社2000年版，第349页。
[2] 同上书，第343页。

印度《宪法》规定："法官就任后，其所享有之特权、津贴以及休假与年金方面的权利，不得作对其不利的变更。"

韩国法律规定："法官除被大法院法官纪律委员会指控违反纪律，不能随意弹劾或者减少工资。"

在英国，"法官被任命后，其报酬和其他职务条件（包括退休金权利在内），任何机关不得对其作出不利于他的变更。一切都从'统一基金'中支出。所谓统一基金，就是有保障而不列入预算的一种固定基金"[①]。

泰国对法官实行严格的逐年提薪、逐级晋升制度。法官的工资，一般逐年提一级，按花名册办；特殊好的提两级；干得不好的当年不提，均由所在法院院长上报。

三　法官的其他福利待遇丰厚

除了工资待遇外，法官还在其他福利待遇方面受到充分保障，甚至享受某些特权，比如在休假、税收、医疗、出行、住房等方面的优待，这也是法官经济保障的一部分。

意大利法律规定，法官的人身保险、医疗保险均由国家投保，法官住院医疗、看病免费。

在巴西，"法官每年有60天休假，这是由于法官忙于公务，很少享受家庭团聚。巴西法官及其家属还享有医疗待遇"[②]。

在墨西哥，"每个大法官配备两部汽车，并享受医疗补助，法官工资均不交纳所得税"[③]。

印度虽然属于发展中国家，人均收入不高。但在印度"最高法院首席大法官除享受每月工资和补贴外，另有水电费补贴若干；专用汽车一部，每月给150公升汽油；有现代化设备的住宅一套；每年两次假期，可带家属在印度全国旅行，同乘飞机或火车头等席，在全国各邦内作为邦的贵宾可被招待3—7天，往返食宿、旅行均免费；免税、咨询豁免；配

[①] 周道鸾：《外国法院组织与法官制度》，人民法院出版社2000年版，第344页。
[②] 同上书，第345页。
[③] 同上。

备家庭佣人2人，警卫2人、汽车司机1人。印度最高法院大法官其他待遇与首席大法官相同，只是住宅稍逊于首席大法官，与政府部长相同，内装一部电话"①。此外，印度法官去世后，家属可以获得其养老金的50%。

在泰国，"曼谷或者条件较好的府法院，给法官提供低租住房，或给房租补贴。各级法院给法官的各种补贴不等，大致可达2000—8000泰铢。府法院的院长、庭长，一般配备专用或者公用汽车，供上下班使用。各级法官每年享有一定的假期，并给予免费休息、免税等待遇"②。

四　给予法官特殊的退休待遇

各国和地区法律还普遍为法官制定了特殊的退休制度，除了退休年龄普遍迟于公务人员之外，还都对法官退休待遇做出有别于其他公务人员的规定，世界各国的法官退休后的待遇通常也比较优渥。

美国联邦法官实行终身制。"法官退休以后，处于'资深法官'地位。如果本人自愿，经批准，可以在除联邦最高法院以外的其他联邦法院继续担任法官职务，享受法官的一切权利和福利待遇。"③

巴西法官退休后享受原薪金，此外，巴西法官退休后可以担任律师，从事党派活动，可以竞选议员。

墨西哥法官退休后享受退休时薪金的全额。

在香港特别行政区，"法官退休后可以获得稳定的生活保障，特区政府将按不低于原来的标准，向其本人或其家属支付退休金、酬金、津贴和福利费"④。

丹麦王国《宪法》第64条后半段规定：法官年满65岁的退休，因此而退休后的收入不得减少。

印度《宪法》规定最高法院首席大法官退休后，退休金每年19700—

---

① 周道鸾：《外国法院组织与法官制度》，人民法院出版社2000年版，第349页。
② 同上书，第350页。
③ 同上书，第364页。
④ 谭世贵等：《中国法官制度研究》，法律出版社2009年版，第377页。

60000卢比。最高法院大法官退休后，每年退休金19700—54000卢比。"高等法院以下法官退休后，可以到他没有担任过法官的邦去当律师。但最高法院大法官退休后不能到任何一个邦去当律师。宪法第128条和第224条（甲）分别对退休法官参加最高法院和高等法院开庭作了规定。即最高法院首席大法官或者任何邦的高等法院首席法官，只要事先征得总统同意，即可邀请曾任最高法院大法官、联邦法院法官、高等法院法官，且具备出任最高法院法官资格者，或者曾担任任何一个已退休的高等法院法官或者代理法官，作为最高法院法官或者高等法院法官出庭并行使最高法院法官或者高等法院法官职权。接受此项邀请的法官在出庭和履行职责期间应享受总统以命令规定的津贴，并享有最高法院法官或者高等法院法官的全部权力。"①

总之，外国法官的工资保险福利制度具有以下三个显著特征。

第一，在待遇上体现高薪养廉。外国法官的福利待遇总体上非常优渥，不仅远高于社会平均工资，通常也高于行政、立法机关的公务员。"在美国，法官薪酬待遇是普通公务员待遇的5.11倍到6.56倍，英国法官薪酬待遇是普通公务员待遇的6.48倍到13倍，日本高等法院法官的薪酬待遇是公务员待遇的2.01倍。"② 除了工资待遇高之外，各国还给予法官在其他福利待遇上一些特殊的照顾，例如，免费休假、旅游、公务用车、免除税费等，目的是要保证法官成为社会中人人尊敬的职业，保证其"高高在上"的权威性，避免法官受到不当物质利益的诱惑，保证法官"无欲则刚"，有效防止司法腐败发生。

第二，不同法官之间的收入级差小。虽然不同层级法院法官以及院长与法官之间的收入高低不同，但是大多数国家，特别是英美法系国家法官的收入之间差距并不很大，不同级别公务员之间收入差距往往要显著大于法官。例如，1983年，美国联邦最高法院大法官年薪11万美元，最高法院首席大法官年薪11.5万美元，而地区法院法官年薪9万美元，只比最高法院首席大法官低21.7%，比最高法院大法官低18.1%。泰国大理院院长月收入30000铢，相当于总理，比副总理和下议院议长都略

---

① 周道鸾：《外国法院组织与法官制度》，人民法院出版社2000年版，第364页。
② 李燕：《上海法官流失逐年增多：去年86人》，《东方早报》2015年1月30日。

高。泰国大理院大法官月收入26000铢，只比院长低4000铢。上诉法院法官为20000—22000铢，也只比大理院院长低8000—10000铢。这与法官工作性质有关，上级公务员往往比下级公务员拥有更多的决策权，而下级公务员的主要任务是执行上级布置的工作；但是，不管哪个层级法院法官从事的工作都是案件裁判，其工作性质十分相似，其收入也不应差距过大。

第三，制度上保证法官福利待遇的稳定性。除了高薪和级差小外，法官的收入还十分稳定，这有赖于各国法律乃至宪法中明文规定法官的工资不得降低或者工资应当随着年资而增长。而且法律规定法院财政预算应当单独列支，由法院按需制定和提出预算草案，单独列入国家和地方财政预算，经全国和地方各级人民代表大会审议通过后，由政府财政部门拨款予以保证，确保法院不会因经费受制于行政机关而无法公正裁判利益相关案件。

第四节　法官经济保障的理论探讨

一　给予法官优渥福利待遇保障的原因

给予法官优渥的待遇是世界各国的通行做法。为什么这一做法会成为世界各国的通例？这与法官职业的特点和要求紧密相关。

（一）法官任职条件高

世界各国选任法官的途径和程序各不相同，但唯一相同的是对法官的任职要求都十分严格。其中，英美法系国家对于法官的法律执业经验要求非常高，例如，英国的法官必须从律师中挑选，即从英国4个法学会的成员（即出庭律师）中任命。担任地方法院法官（不含治安法官，但含"支薪治安法官"）须有不少于七年的出庭律师资历；担任高等法院法官须有十年以上出庭律师资历，而且年龄在50岁以上（亦称"普通法官"，是职业法官中最重要的一种）；担任上诉法院法官须有15年以上出庭律师或者两年以上高等法院法官的资历；担任常任法官贵族院议员，须有两年以上高等法院法官或者 15 年以上出庭律师的资历。①

　　大陆法系国家则对于法官初任选拔程序非常严格，在德国，根据《法官法》的规定，法官的任职资格经二次严格的国家考试合格而取得。其中还要经过二年的实习期、三至五年的试用期、法官遴选委员会遴选等关口。②

　　在中国，法官任职条件低被很多学者所诟病。但是即便如此，中国的法官任职条件与其他职业相比也是比较高的。任法官必须符合高学历（大学本科以上学历）、高智商（需通过中国通过率最低的考试之一——司法考试，再加上公务员考试）、精通法律知识（从事法律工作达到一定年限），③ 相比于律师、其他公务员、企事业单位的法务人员等都更加严格，更不用说专业性不是那么强的其他职业了。

　　正是由于法官职业任职要求高，一旦由于法官离职、退休等原因导致法官职位空缺，可以替代、补充的人选稀缺，人力资源成本必然较高，这是法官高薪的理由之一。

（二）法官职业限制多

　　法官的审理裁判不仅影响当事人的重大财产、人身权益，而且作为社会的公平正义的最后一道防线坚守的是正义的底线，因此，司法职业的特点要求法官保持诉讼中的中立地位，法律也对法官甚至其近亲属的职业范围进行了严格限定。首先，禁止兼职。一是禁止法官在行政机关或者立法机关兼职，或参加社会组织及倾向性的政治活动。例如，西班牙法律规定法官、大法官在任职期间不得担任其他公职，不得参加政党。美国《法官职业道德准则》第五条规定，除了参选法官外，法官不得在政治组织中任职，也不得从事政治活动，如演讲、募捐、赞同或从事政

---

　　① 周道鸾：《外国法院组织与法官制度》，人民法院出版社 2000 年版，第 305 页。

　　② 参见最高人民法院政治部编《域外法院组织和法官管理法律译编》（上册），人民法院出版社 2017 年版，第 426 页以下。

　　③ 《法官法》第九条第六项规定：担任法官必须具备下列条件高等院校法律专业本科毕业或者高等院校非法律专业本科毕业具有法律专业知识，从事法律工作满二年，其中担任高级人民法院、最高人民法院法官，应当从事法律工作满三年；获得法律专业硕士学位、博士学位或者非法律专业硕士学位、博士学位具有法律专业知识，从事法律工作满一年，其中担任高级人民法院、最高人民法院法官，应当从事法律工作满二年。

治运动，不得讨论政治问题。德国《法官法》规定法官不得同时从事审判之职务与立法或行政之职务。二是禁止参加、从事商业活动。《司法独立世界宣言》第2.29条规定，法官不得执行法律业务。美国《法官职业道德准则》第五条规定，法官应避免参加金融和商业交易活动。美国《法官行为准则》规定，法官不应从事律师业务。意大利《法官职业道德法典》第8条规定，禁止司法人员参加公司企业，以便保证其地位的独立性。三是禁止兼职律师。法官兼职律师职业是国际上普遍严格禁止的行为。[1]

在中国，法官职业禁止的范围也十分广泛。《法官法》第15条规定："法官不得兼任人民代表大会常务委员会的组成人员，不得兼任行政机关、检察机关以及企业、事业单位的职务，不得兼任律师。"最高人民法院《关于严格执行〈中华人民共和国法官法〉有关惩戒制度的若干规定》第13条规定："法官不得从事营利性的经营活动。严禁有下列行为：（一）个人经商，办企业；（二）在经济实体中兼职；（三）从事有偿中介活动；（四）兼任律师、法律顾问。《法官职业道德基本准则》中法官禁止从事的活动和职业包括：商业活动或者其他经济活动，律师、企事业单位或者个人的法律顾问、营利性社团组织、仲裁员等等。"

不仅如此，法律对法官近亲属（配偶、子女）的职业也有严格的限制性规定。《关于对配偶子女从事律师职业的法院领导干部和审判执行岗位法官实行任职回避的规定（试行）》第一条规定："人民法院领导干部和审判、执行岗位法官，其配偶、子女在其任职法院辖区内从事律师职业的，应当实行任职回避。"由于子承父业和夫妻同为法律工作者的比例不小，对法官及其家人生活及经济收入的影响颇大。

由此可见，不管是国内还是国外的立法对法官兼职行为的约束范围广泛且程度上比较严格。[2] 上述这些限制性规定在避免了可能的"司法不公正"，确保法官中立裁判的同时，也对法官及其家庭收入造成重大影响，杜绝了法官从事其他职业有可能获得的高额经济利益回报。由于职业特点要求法官不得从事营利性的组织和活动，将其精力主要用于司法

---

[1] 谭世贵等：《中国法官制度研究》，法律出版社2009年版，第470—474页。
[2] 同上书，第478页。

审判，法官的薪酬中也应对这部分成本进行补偿，这是法官应当高薪的理由之二。

（三）法官专业性强投入高

人力资源理论认为，衡量一个人的工资高低，有两个标准，一是看他前期投入了多少，二是看他创造了多少价值。通常来说，一个职业"教育历时甚久并且花费很大，因此劳动价格必然进一步提高"。[①] 司法具有极强的专业性，需要运用法律知识和法律理性对纷繁复杂的社会矛盾纠纷进行判断，因此，社会上只有少数具有足够的法律知识、丰富司法经验的人，经过长期训练才能成为合格的法官。"而考虑到人性的一般堕落状况，具有正直与必要知识的人其为数自当更少。"[②] 此外，由于法官的专业化要求高，"并不是每个人都能胜任的轻松活。由普通人直接来执法或直接操纵审判过程就像由普通人直接行医或控制治疗过程，由普通人指挥军队、控制军事专门技术一样，都是不大可能的"[③]。任何一名法官都应当既能够精通法律知识，又能够具备丰富的司法实践经验，甚至要有丰富的人生阅历以及娴熟的司法技艺。为此，法官的锻炼和成长都需要经过长期的积淀和不断的学习。

在国外，各国也无一例外要求法官必须接受相当的法律教育，具有扎实的法律专业知识、丰富的法律实践经验。英美法系国家都需要法官具有丰富的法律实践经验，甚至是必须在执业经验的律师中产生。日本法官任职的基本条件是："（1）通过全国统一司法考试，这种考试极为严格，历年及格率都在2%—5%；（2）司法考试的合格者需要完成在司法研修所、检察厅、律师事务所一年半的司法研修。（3）再经过最后一次考试，合格者被授予法曹资格。法曹是法官、检察官、律师和法学学者的统称。如果进入裁判所，则要从判事补（相当于预备法官）做起，一

---

① ［英］亚当·斯密：《国富论》，谢宗林、李华夏译，中央编译出版社2013年版，第83页。

② ［美］汉密尔顿、杰伊、麦迪逊等：《联邦党人文集》，程逢如等译，商务印书馆1980年版，第395—396页。

③ ［美］罗斯科·庞德：《普通法精神》，唐前宏、廖湘文译，法律出版社2010年版，第57页。

般要在判事补的职位上做够 10 年,才能成为真正的法官——判事。"①

在中国,法官的成长成本也不低。首先,至少需要完成四年本科学业,才有资格报考司法考试,考过通过率很低的司法考试,之后还得过五关斩六将通过公务员考试,进入法院,通常还需要做若干年的书记员、法官助理,不断熟悉司法的运作过程和学习审理案件的技巧,通过初任法官培训和考试,才能正式任命为法官。因此,任何一名法官的学习和培养成本都非常高,与普通的体力劳动者不可同日而语。法官的养成时间比较长,付出的成本比较高,这是法官应当高薪的理由之三。

(四)法官的工资决定了社会正义的价格

"经济学之父"亚当·斯密曾说,在一个社会中,医生和律师的劳动报酬应该比较高,因为"我们把本身的健康托福给医生;把我们的财富,有时甚至把性命和名誉托付给律师和代理人。……所以,工作报酬让他们享有的社会地位,必须和他们被托付的重任相当"②。应该说斯密的话,代表的恰恰是经济学的基本原理,对于委以重任的人,应该予以较高的回报。

亚当·斯密说我们把财产、性命和名誉委托于律师,其实,不仅是律师,我们更是把自己的身家性命和社会的公平正义托付给了法官。每年进入法院审理的案件有上千万件,法官决定着这上千万件案件的裁判和走向。如果不重视法官的经济保障,只给法官配给低工资、低收入,那么在职业流动越来越频繁,人力资源逐步市场化的当下,法官职业必然无法吸引高素质的法律人才进入,甚至法院内素质高、能力强、经验丰富的部分法官由于具有较强的市场竞争力而离职。这必然会产生法院内部人员的逆向淘汰机制。近年来,大量法官离职,而法院从律师、法律学者中遴选法官的尝试屡屡受阻,从一个侧面证明了法官职业的吸引力持续减弱的现状。如果继续放任这种现象发展,法官的整体素质和能力将不升反降。法官职业的特殊性在于其在很大程度上影响和决定社会

---

① 谭世贵等:《中国法官制度研究》,法律出版社 2009 年版,第 71—72 页。
② [英]亚当·斯密:《国富论》,谢宗林、李华夏译,中央编译出版社 2013 年版,第 83 页。

正义的输出方式,因此,法官福利待遇的高低,体现了整个社会愿意支付社会正义的价格,支付低价格最终将会导致社会正义的缺席。司法正义无法通过廉价的法官来实现,这是法官应当高薪的理由之四。

二 法官薪资的设定标准

确定法官薪酬应当参考以下几个原则和标准:一是与法官付出相适应,[①] 法官职业要求广博的知识和超群的技能,案件审理也需要法官运用高级的技能,付出大量的脑力劳动和体力,责任重大、工作性质重要,此外法官的薪酬也可以与其处理案件的多少、难易程度相匹配。

二是与其他法律行业的薪酬具有可比性。薪酬满意度在一定程度上是一个相对满意度,同为从事法律行业的法官与律师可比性较强,他们之间薪酬的比较无法避免。虽然从国际惯例来看,法官的薪酬都低于律师的薪酬,但是如果差距过大,必然增强法官的相对剥夺感,引发法官不满甚至离职。

三是根据所在地物价指数进行浮动。法官也是人,也需要一定的物质基础来维持日常生活,因此,法官的收入需要与法院所在地的物价相匹配,特别是在通货膨胀发生时,应建立随物价浮动的相关机制,保证法官收入不被降低。

四是与法官职业补偿相匹配。法官角色要求其人际交往、社会活动范围等受到严格限制,因此,法官的薪酬需要从两方面加以补偿:一是从事法官职业前,长期学习教育的补偿;二是从事法官职业后,不得从事违背法官职业伦理的一系列活动,以及家人不得从事律师、离开法院后不得从事诉讼代理业务等限制的补偿。

此外,给法官加薪绝不能是涨三毛五毛的小打小闹,这无助于从根本上改善法官职业满意度,[②] 关键是要确定法官薪酬的合理计算方法以及

[①] 康士勇:《工资理论与工资管理》,中国劳动保障出版社 2006 年版,第 44—45 页。
[②] 按照上述原则和目前的法官收入,法官薪资应当设定为高出当地平均工资的 1—2 倍比较合理,这也与本书对法官理想薪酬的统计相一致。调查表明,法官期望的平均薪酬为月薪 12552 元,约为 2014 年城镇非私营单位在岗职工年平均工资 4697 元的 2.67 倍。

通过法律来保障法官薪酬的合理增长机制。

第五节　完善法官经济保障的立法建议

一　加强宪法法律层面保障

目前，中国宪法缺少对法官福利待遇保障的规定，而法律的规定也并不详尽。但是，保证加强法官的经济保障，必须通过强有力的法律制度加以保障，在宪法层面、法官法层面加以规范。一是在宪法法律中规定以下内容：一、人民法院的经费，包括人员工资、办案经费、装备经费、福利保障等开支皆列入国家预算，由中央财政直接拨付。非经人民代表大会，不得扣减、截留。中央设立专门的司法经费管理机构，负责申报、管理、拨付、监督等职责。二、法官就任后，其所享有之特权、津贴以及休假与年金方面的待遇，不得降低和减少。三、法官的工资、津贴、奖金以及其他福利待遇，应符合审判工作特点，并随着生活指数的上涨而逐年增加。二是在适当时机下仿效其他国家[①]单独制定保障法官经济收入的专门法律，对法官的福利待遇加以专项规定，并建立专门的司法委员会对法官福利待遇保障进行监督，以保障法官的福利保障制度落到实处。

二　司法经费单独列支

中国的《宪法》确定了法院独立行使审判权不受外界干涉的原则，然而，在现实中往往不能落实到位，其中的重要原因之一是中国法院不具有独立的财权。"由于现行体制下各级法院的经费主要由各级地方财政支出，法院财政依赖于地方政府，从而导致'司法地方化'，使'司法独

[①] 如俄罗斯的《法官地位法》，韩国的《法官报酬法》，南非、印度等国的《法官薪酬和任用条件法案》等。

立'难以真正实现。"① 《关于司法机关独立的基本原则》第7条规定："向司法机关提供充足的资源，以使之得以适当地履行其职责，是每一会员国的义务。"联合国大会《北京宣言》第37条规定："法院的预算应由法院制定，或者由有关机关与司法机关共同列出。"当今世界上大多数国家都将司法机关的经费独立出来，单独列入国家预算，由中央财政统一划拨。这样的设置可以使得法院经费管理体制独立于行政管理体制之外。

所以只有建立相对独立的法院经费管理体制，将法院经费单独列支，保证其不得随意减少，并由法院自身来支配，法院才有可能不受掣肘地提高法官的福利待遇。而且也只有如此，法官的福利待遇才能够落到实处，并得到比较稳定的保障，且不随着法院地位的高低、经济的发展情况而变化。

而中共十八大的司法体制改革方案也将实现法院人、财、物的省级统管作为司法体制改革四大举措之一，这一改革方向无疑是正确的，在此基础上，还可以逐步推动整个法院系统财权的独立。

法院经费管理体制改革的具体设想是：第一步，实现法院经费的省级统管，由高级法院提出全省法院所需确保全省辖区法院正常运转所需的经费标准，提请该省级人大审理通过后，统一划拨给高级法院，再由高级法院逐步下拨到基层法院，从而建立起全省法院系统经费垂直管理体制。第二步，通过5—10年的过渡期，实现法院经费的单独列支。由最高人民法院制定国家司法预算，提请全国人大审理通过后，由最高人民法院逐级下拨到基层法院，建立起全国法院系统经费垂直管理体制。从而避免法院在财政上对地方政府的依赖，减少地方政府干预司法的现象，为法院独立办案创造良好的条件；特别是通过法院财政单独列支，为在全国统一实行相对独立的法官工资保险福利制度提供可靠的财政保障。

三 明确建立法官的单独职务序列

法官工资没有单独保障，没有体现法官的职业特点，是中国法官工资报酬不高的重要原因之一。在目前将法官按照公务员管理的体制下，

---

① 谭世贵等：《中国法官制度研究》，法律出版社2009年版，第404页。

法官工资与公务员的薪酬体系差别不大，导致法官工资、福利待遇完全参照其行政级别确定和增长，完全无法体现法官的职业特征。由于和同级行政机关相比，法院的人数相对较多，领导职位相对较为稀缺，法官晋职晋级的机会少，因此，在行政级别的晋职晋升上普遍比相同年资的公务员慢半拍。由于法官薪资高低主要取决于行政级别，级别普遍较低导致法官工资收入低于相同年资的公务员。因此，法官单独序列是保障法官享受较高福利待遇和收入的关键一步。

2015年9月，中央全面深化改革领导小组制定的《法官、检察官单独职务序列改革试点方案》提出"要突出法官、检察官职业特点，对法官、检察官队伍给予特殊政策，建立有别于其他公务员的单独职务序列"。2016年初，最高人民法院政治部主任徐家新在《人民日报》发表的一篇文章中提出了建立法官单独职务序列的基本构想。他认为，"建立法官单独职务序列的核心是按照法官等级进行管理，法官等级与行政职级脱钩，与其他公务员职务层次没有对应关系，法官之间也不根据等级高低确定上下级关系"[1]。徐主任还认为，通过法官等级与行政级别脱钩，"可以依托法官法确立的'四等十二级'法官等级制度，在等级设置、晋升方式、晋升年限、选升比例、考核惩戒和工资制度等方面充分体现法官职业特点，实行有别于其他公务员的人事管理制度，保障审判权依法独立公正行使，确保实现'让审理者裁判、由裁判者负责'"[2]。

实现法官单独序列后，法官等级应当根据法官职业的特点，根据法官的工作量、学历、年资、经历等确定。法官等级类似于工程师、教师、医生等职业的专业技术等级，法官的职务晋升，工资福利等就不再与行政级别挂钩，而是与法官等级相关。法官晋升职级、涨薪、增加福利待遇，不必谋取一官半职，不必从审判岗位转到管理岗位。这样，法官的等级、收入的提升就不必受法院管理岗位少，行政级别晋升空间狭窄的限制，有助于打破法官职务晋升的"天花板"，拓宽法官职业发展空间。"通过专业技术等级的考核，实行按期晋升、择优选升和特别选升相结合的方式。各级法院法官只要认真履行职责，不必担任领导职务，也能按

---

[1] 徐家新：《建立符合职业特点的法官管理制度》，《人民日报》2016年4月18日第7版。
[2] 同上。

照任职年限逐级晋升到一定等级,而且可能比领导享受更高的福利待遇。"①

具体而言,法官单独职务序列的改革方案应当具有以下特点:第一,法官的工资、福利待遇与行政级别脱钩,按照更符合审判规律的法官级别来确定;第二,法官单独职务序列后,工资、福利待遇不能降低;第三,应当在方案中明确法官等级晋升的条件和年限。具体条文为:一、法官实行单独工资制度,按照法官等级享有国家规定的工资福利待遇。法官的工资制度和工资标准,根据审判工作特点,由国家规定。二、法官实行定期增资制度。除考核不合格的外,法官等级应当每五年晋升一级;有特殊贡献的,可以按照规定提前晋升法官等级。

四 完善法官的其他福利待遇保障

提高基本工资的同时,为了保障法官过上有尊严、体面的生活,免除法官在吃穿用度、衣食住行方面的后顾之忧,那么,法官的福利待遇保障就应当包括薪酬以外的其他一些基本福利待遇和特殊保障。

第一,建立完善法官职业保险制度。由于当下中国法官的职业风险比较高,有必要创设法官的职业保险制度。一是参照公证员的公证职业责任保险制度,为法官建立司法职业保险制度,确因法官过失导致的民事财产损害的,由保险公司赔付,免除法官因疏忽、过失或其他原因造成当事人或者利害关系人的经济损失,而被追究法律责任的风险;二是提供法官意外伤害保险。法官审判工作属于风险职业,法官依法行使审判权,必然会涉及一些个人或单位的利益,为保证法官不受打击,防止法官的人身财产等受不法侵害或受到不公正的待遇和处理,有必要由国家增加法官人身安全保险内容,提供法官司法意外伤害险;三是提高法官医疗保险额度。考虑到法官现阶段工资收入较低,法官精神压力大,工作繁忙,为了解除法官的后顾之忧,有必要提高法官医疗保险额度,给予法官充分的医疗保障。可以将"法官享受国家规定的司法职业保险、意外伤害保险和医疗保险,完善抚恤优待办法,为法官的人身、财产、

---

① 徐家新:《建立符合职业特点的法官管理制度》,《人民日报》2016年4月18日第7版。

医疗等权益提供与其职业风险相匹配的保障"等内容写入具体法条。

第二，提供住房补贴或者居所。俗话说，有恒产者有恒心，如果法官连安居的地方都没有，就不可能想象他可以安于清贫地工作，不可能乐于坚守法官清贫的职业。解决法官住房困难，也不必给法官提供豪华的住宅、别墅，而是需要给法官提供稳定的住所，应当规定法官有权获得在法院所在地购买房屋提供一次性住房补贴或者以低廉的价格租赁公有房屋，以保证其居所稳定。

第三，休假与培训。法官平日公务繁忙，给予法官相应天数的休假，推进法官度假休养制度化，可以作为一项特殊的福利制度，提高法官健康水平又可以作为激励机制，激发法官工作热情。[①]《法官法》中应明确规定，依法保障法官的休息权和休假权。法官超出法定工作时间加班的，应当补休；不能补休的，应当参考《劳动法》相关标准补发工资。法官享有休假的权利，休假天数向一线法官、基层法官及办案数量较多的法官倾斜。此外，可以借鉴台湾地区的做法，将法官休假与培训、进修相结合，台湾地区"法官法"第82条规定，实任法官每连续服务满七年者，得提出具体研究计划，向司法院申请自行进修一年，进修期间指令全额薪给，期满六个月内应提出研究报告送请司法院审核。在给法官充分休养的同时，给予一定时期的培训假或者进修假，督促法官不断学习进步，不断提升。

第四，子女教育方面的优待。可以给法官子女优先进入优质资源学校的优待，以稳定法官的家庭，给予法官子女优渥的待遇和便利。

五　完善法官退休制度

法官的退休制度一方面要维持法官退休后仍然能够有相对体面的生活，另一方面则涉及法官退休后要遵守一定的伦理规范或者职业禁止规定。例如，中国香港地区法官在退休后两年内，不得从事法律规定的某些职业，如成为公司董事，否则会被暂停支付退休金。印度法律规定，最高法院大法官退休后不能到任何一个邦区担任律师，高等法院以下的

---

① 谭世贵等：《中国法官制度研究》，法律出版社2009年版，第401页。

法官退休以后，禁止到他担任过法官的邦区当律师。①

在中国，法律规定法官退休后两年内不得从事律师工作，但是除此之外，法官退休制度的设计没有体现法官职业的特殊性，而与普通公务员退休制度并无二致。因此，建议突出法官退休制度的特点：一是延长法官的退休年龄，②对于法官退休年龄可以根据法官的身体状况和自身意愿适当延长。二是加强法官退休的经济保障力度，确定法官任职满20年的可以全薪退休，③法官任职满10年不满20年的，退休后可以享受原薪酬80%的退休金。三是鼓励法官参与法律相关活动，退休法官拥有丰富的司法经验和法律知识，在身体条件许可的条件下，应当合理利用退休法官的智力资源。其一，鼓励退休法官参与法院初任法官的培训，将其司法经验传授给初任法官、新任律师，西方不少国家的退休法官就经常参与其中；④其二，鼓励退休法官担任调解员、人民陪审员，充分发挥退休法官的审判智慧和特长；其三，鼓励退休法官担任法官的审判顾问，或者邀请其列席法官会议，为疑难复杂案件的研讨提供智力支撑。事实上这种设想并没有制度障碍，因为《法官法》也已经规定了"法官的退休制度，根据审判工作的特点，由国家另行确定"。

---

① 谭世贵等：《中国法官制度研究》，法律出版社2009年版，第593、595页。

② 参见胡昌明《"娃娃法官"的忧与思》，《法制日报》2007年11月11日。

③ 考虑到将来要提高法官任职条件，法学院毕业要从事法律工作一定年限后，才能任命为法官，或者要从有经验的律师、法学教师、法务工作者中遴选法官，因此，全薪退休的年限不宜过长。例如，美国联邦法官年满65周岁，任法官15年，或者年满70岁，任法官10年，可以带全薪退休。

④ 德国法官的培训过程中，新选任的法官可以从由三个退休法官所组成的小组那里吸取经验教训（怀效锋主编：《法院与法官》，法律出版社2006年版，第335页）；英国的退休法官常常对所属的律师公会里的新人律师进行培训。（贺绍奇：《英国法官制度》，载唐明毅、单文华主编《英美法评论》第一辑，法律出版社2003年版，第285页。）

第六章

法官安全保障状况及其完善

　　法官的安全保障是法官保障制度中的重要一环。只有当法官人身安全、财产和住所安全、家人安全得到全面、切实的保障，法官免于当事人的威胁和恐吓，法官才能够站在更加中立和不偏不倚的立场上，做出居中裁判。

　　作为解决纠纷的国家机关，法院为诉讼双方当事人的纠纷提供中立的解决场所，当事人则将他们的争议带到法庭之上，每个人都期待自己的主张被支持、诉请被采纳。"绝大多数选择诉讼的当事人最终会接受法院的判决，即使判决与他们的诉请背道而驰。"[①] 但是，一些当事人无论判决是否公正，只要结果不利于自己就不愿接受，甚至将败诉的不满和后果迁怒于法官，轻则对法官进行辱骂、挑衅，重则直接威胁法官的人身安全。在司法权威、司法公信力不高，当事人的程序意识尚未建立的中国，法官裁判的公正性、合理性都更易受当事人的质疑，法官的安全风险更大，法官安全保障的现状不容乐观。因此，加强法官职业安全保障势在必行。

　　[①] 王禄生：《美国法官伤害事件及其四大应对策略 ǀ 数说司法 ǀ 第 89 期》载今日头条 http://www.toutiao.com/i6256529623048258049/，2016 年 10 月 20 日最后访问。

第一节　法官安全保障的规范分析

一　《宪法》和《法官法》中法官安全保障的条文分析

中国《宪法》中缺乏对法官安全保障的规定，对于法官安全保障，主要散见于《法官法》《中华人民共和国刑法》（以下简称《刑法》）《民事诉讼法》以及《履职规定》等法律、规范性文件之中。

首先，在《法官法》中有关法官安全保障的条文只有一项，即第8条第5项，此外，对于法官安全保障就再无其他规定了。其次，该法中对于法官安全保障的规定过于宽泛，缺乏具体可操作的条款。"法官的人身、财产和住所安全受法律保护"，这一条款内容当然没错，但是任何人的人身、财产和住所安全都应受法律保护，而法官作为直接处理矛盾纠纷、惩戒犯罪分子的公职人员，他们的人身安全往往受到更大的威胁，因此有必要对法官的人身、财产和住所加以特殊保护。该法对法官人身、财产和住所安全方面未提供任何具体保护措施。所以，近年来，法官被袭、法院爆炸，法官被当事人威胁，乃至捅伤、枪杀的恶性事件层出不穷，显然这一概括性的条款无法起到切实保障法官人身安全的作用。

二　基本法律中法官安全保障的条文分析

在中国的基本法律中，《刑法》第309条体现了对法官的安全保障。该条罪名为"扰乱法庭秩序罪"，明确规定以下四种情形之一的可以处三年以下有期徒刑、拘役、管制或者罚金："第一，聚众哄闹、冲击法庭；第二，殴打司法工作人员，严重扰乱法庭秩序；第三，侮辱、诽谤、威胁司法工作人员或者诉讼参与人，不听法庭制止，严重扰乱法庭秩序的；第四，毁坏法庭设施，抢夺、损毁诉讼文书、证据等扰乱法庭秩序行为，情节严重的。"

《刑法》第309条是第九次刑法修正案修改的重点条文之一。其中，第3项、第4项都是新增的内容，在原条文中的"聚众哄闹、冲击法庭、殴打司法工作人员"等行为的基础上,将"殴打诉讼参与人以及侮辱、诽谤、威胁司法工作人员或者诉讼参与人,不听法庭制止等严重扰乱法庭秩序的行为"纳入犯罪范畴,旨在有效维护法庭的秩序,提高和维护司法权威。然而,从法官安全保障的角度来考察,这一条文仍有不足:第一,该条文保护的范围非常有限,保护的对象重点在于法庭秩序,而不是法官个人的人身保护,这从该条罪名中就可见一斑。现实中,大量对于法官威胁、恐吓乃至伤害的行为都不是发生在法庭上,而是在接待当事人的过程中,或者案件处理完毕后,都是在法庭之外。例如,法官在接待过程中,当事人威胁说,如果自己不能胜诉,要与对方当事人、法院同归于尽等,对此这一条文却无能为力。第二,入罪的标准比较严格。不管是"殴打"司法工作人员、诉讼参与人还是抢夺、损毁诉讼文书、证据本身已经严重威胁了诉讼秩序甚至打乱了正常诉讼程序的严重行为,但是法条中都注明"严重"作为入罪的标准,使得符合犯罪构成的条件更加苛刻。第三,适用程序复杂苛刻。根据《刑事诉讼法》,扰乱法庭秩序罪与其他罪名一样需要由公安机关配合侦查、检察机关起诉以及法院判决。由于程序复杂,导致审判实践中扰乱法庭秩序的现象屡禁不止甚至愈演愈烈,但是实际受到刑事处罚的实例却不多,起不到震慑的作用。[①]

此外,《民事诉讼法》中也有与法官安全保障相关的条文。依据《民事诉讼法》第110条[②]、第111条第1款[③]都可以对违反法庭秩序和威胁法官安全的行为进行司法惩戒。然而,这几个条文的立法主旨仍然是维护法庭秩序,而不是审判人员的人身安全。其中,第110条中虽然出现了

[①] 中国裁判文书网中涉及"扰乱法庭秩序罪"的裁判文书共计28份,扣除二审、再审重复裁判文书及1份不予受理裁定书,2013年全国范围内以来适用该法条的案件只有20件。

[②] 《民事诉讼法》第110条:"诉讼参与人和其他人应当遵守法庭规则。人民法院对违反法庭规则的人,可以予以训诫,责令退出法庭或者予以罚款、拘留。人民法院对哄闹、冲击法庭,侮辱、诽谤、威胁、殴打审判人员,严重扰乱法庭秩序的人,依法追究刑事责任;情节较轻的,予以罚款、拘留。"

[③] 《民事诉讼法》第111条第1款:诉讼参与人或者其他人有下列行为之一的,人民法院可以根据情节轻重予以罚款、拘留;构成犯罪的,依法追究刑事责任,其中第四项为:"对司法工作人员、诉讼参加人、证人、翻译人员、鉴定人、勘验人、协助执行的人,进行侮辱、诽谤、诬陷、殴打或者打击报复的。"

"侮辱、诽谤、威胁、殴打审判人员"的行为,但其仍有"严重扰乱法庭秩序"的限定语;第110条第3款与《刑法》309条第3项的内容近似,具有可比性。本条的特点在于,其对司法人员的保护不再局限于法庭,且在违法形式方面增加了诬陷和打击报复两项内容。另外,依据《民事诉讼法》,人民法院可以根据情节轻重对违法者予以罚款和拘留,相对于刑事责任,程序更加便利,也更容易操作。然而本条规定的内容仅适用于民事诉讼活动,存在一定的局限性。虽然,该条第1款规定了"构成犯罪的,依法追究刑事责任",但是由于缺乏相应的刑事法律法规配套,实践中追究刑事责任的事例极少发生。

三 其他规范性文件中对法官安全保障的条文分析

最高人民法院2015年9月21日发布了《责任制若干意见》,该意见对法官安全保障的规定与《法官法》相比更加明确和细化。意见第40条[①]明确了法官受到诬告陷害名誉受损时,应当由法院公开负责澄清;第43条[②]将惩治威胁、骚扰法官的范围扩大至法庭之外,并规定严格保护法官的个人信息不受泄露;第44条[③]则规定要加强法官安全保障,并落实到立法和配套制度上去,这显然是一个务实和有进步意义的做法。

2016年出台的《履职规定》第17条、第18条、第19条对法官安全

[①] 《司法责任制意见》第40条:法官因依法履职遭受不实举报、诬告陷害,致使名誉受到损害的,或者经法官惩戒委员会等组织认定不应追究法律和纪律责任的,人民法院监察部门、新闻宣传部门应当在适当范围以适当形式及时澄清事实,消除不良影响,维护法官良好声誉。

[②] 《司法责任制意见》第43条:法庭内外的威胁法官安全的行为的惩治。依法及时惩治当庭损毁证据材料、庭审记录、法律文书和法庭设施等妨碍诉讼活动或者严重藐视法庭权威的行为。依法保护法官及其近亲属的人身和财产安全,依法及时惩治在法庭内外恐吓、威胁、侮辱、跟踪、骚扰、伤害法官及其近亲属等违法犯罪行为。侵犯法官人格尊严,或者泄露依法不能公开的法官及其亲属隐私,干扰法官依法履职的,依法追究有关人员责任。

[③] 《司法责任制意见》第44条:加强危害法官安全行为的处罚力度,并推动相关立法:加大对妨碍法官依法行使审判权、诬告陷害法官、藐视法庭权威、严重扰乱审判秩序等违法犯罪行为的惩罚力度,研究完善配套制度,推动相关法律的修改完善。

保障也有比较详细的规定。第17条①是加强对司法人员人身安全的保障以及公安机关配合的相关规定，第18条②则是对特殊案件司法人员特殊保护的规定，第19条③是关于司法人员个人信息保护的特殊规定。

　　与《法官法》相比，《责任制若干意见》《履职规定》对法官安全的保障有了明显进步，特别是对于法官的人身安全给予更加明确的保障。但是，一方面，《责任制若干意见》是最高人民法院出台的文件，《履职规定》是中办和国办出台的规范性文件，并不是正式的法律法规；另一方面，《责任制若干意见》《履职规定》中规定的法官惩戒委员会等至今尚未建立，两个文件的实施效果有待进一步考察。

　　综上，中国的法官安全保障制度存在以下特点：第一，虽然中国在《刑法》《民事诉讼法》《法官法》以及其他一些规范性文件中都有法官安全保障方面的规定，但是这些规定比较分散，每一个法律规定最多不过三五条，有的只有一条甚至一项；第二，法官安全保障制度规定的层级不高，《宪法》中没有规定，《法官法》只是在总则部分简单地提了一句，而法官安全保障显然也不是《刑法》《民事诉讼法》的立法主旨和主要保护对象；第三，法律保护的核心法益往往侧重于法庭秩序，而不是法官自身的安全，法官安全保障仅仅是法庭秩序的附属品，只是在保障法庭秩序时，对威胁、殴打法官的行为予以惩处，这在

---

　　① 《履职规定》第17条：对干扰阻碍司法活动，威胁、报复陷害、侮辱诽谤、暴力伤害司法人员及其近亲属的行为，应当依法从严惩处。

　　对以恐吓威胁、滋事骚扰、跟踪尾随、攻击辱骂、损毁财物及其他方式妨害司法人员及其近亲属人身自由和正常生活的，公安机关接警后应当快速出警、有效制止；对正在实施违法犯罪行为的，应当依法果断处置、从严惩处。对实施暴力行为危害司法人员及其近亲属人身安全的精神病人，在人民法院决定强制医疗之前，经县级以上公安机关负责人批准，公安机关可以采取临时保护性约束措施，必要时可以将其送精神病医院接受治疗。

　　② 《履职规定》第18条：人民法院、人民检察院办理恐怖活动犯罪、黑社会性质组织犯罪、重大毒品犯罪、邪教组织犯罪等危险性高的案件，应当对法官、检察官及其近亲属采取出庭保护、禁止特定人员接触以及其他必要的保护措施。对法官、检察官近亲属还可以采取隐匿身份的保护措施。

　　办理危险性较高的其他案件，经司法人员本人申请，可以对司法人员及其近亲属采取上述保护措施。

　　③ 《履职规定》第19条：司法人员的个人信息受法律保护。侵犯司法人员人格尊严，泄露依法不应公开的司法人员及其近亲属信息的，依照法律和相关规定追究有关人员责任。

《刑法》中表现得尤为突出；第四，除了《责任制若干意见》和《履职规定》，其他法条对法官安全保障的规定都十分概括，规定过于原则化，很多威胁法官安全的行为无法可依，往往很难对法官安全起到切实的保障作用。

第二节 法官安全保障的实证分析

人民法院作为纠纷解决机构，处于调处社会矛盾的中心；法官作为纠纷的裁判者，承担着定纷止争的神圣职责，同时也处在社会矛盾的风口浪尖，面临着利益对抗和矛盾激化的各种风险。"近年来，随着改革的进一步深化，利益调整的加快，以及法律调整范围的进一步拓宽，人民法院需要调处的矛盾纠纷更加复杂，人民法院化解矛盾的任务更加繁重，法官所面临的职业风险也日益凸显，法官人身权利受到侵害或履行职务遭遇抗拒等事情时有发生。"[①] 这一现象也引起了最高人民法院的高度重视和关注，2010年，在第十一届全国人大常委会第十七次会议上，时任最高人民法院院长的王胜俊在《最高人民法院关于民事审判工作情况的报告》中指出："从当前的司法实践来看，民事审判中常常会遇到各种外部干扰，生效裁判尚未得到应有的尊重，个别当事人甚至采取极端手段暴力抗法、哄闹法庭、残害法官，基层法官的人格尊严得不到维护，人身安全面临较大威胁，这在很大程度上影响了人民法院的司法权威。"[②] 其实，不仅是民事审判，在行政审判、刑事审判、执行、诉讼保全甚至立案阶段，法官的安全都无法得到切实保障，具体表现在以下一些方面。

[①] 柴立军、邹耀广、许东劲：《广州法院法官人身安全保障情况的调研报告》，《法治论坛》2008年第2期。

[②] 王胜俊：《最高人民法院关于民事审判工作情况的报告——2010年10月27日在第十一届全国人民代表大会常务委员会第十七次会议上》，《中华人民共和国全国人民代表大会常务委员会公报》2010年11月15日。

一　法官执行公务受阻

执法过程中的暴力抗法对法官人身安全构成直接威胁。从法院内部的调研报告以及一些媒体的报道中可以看出，多年以来，法官执行公务中暴力抗法事件频发，特别是近年来有愈演愈烈的趋势。

据不完全统计，1995年至1998年，仅对人民法院的执行工作就发生暴力抗法事件3473起，打伤执行干警2378人，干警死亡4人。[①] 2001年，全国法院共遭遇暴力抗法事件760余起，800余名法官和其他工作人员被殴打致伤，多名法官被杀害。[②]

在北京理工大学法学院教授徐昕等人撰写的文章《法院执行中的暴力抗法：1983—2009》中，收集了全国范围内法院执行中遭遇的暴力抗法事件465例。文章显示，"80年代初，针对法院的暴力抗法现象开始出现，90年代后期暴力抗法现象开始增多，至2000年达到较高程度，此后稍有回落，2003—2006年呈现加速上升趋势，后两年有所下降，2009年又急剧回升。至今没有迹象表明暴力抗法现象得到抑制"[③]。

据广州市中级人民法院的不完全统计，2003年后的五年间，广州中院一家法院就发生了28起暴力抗法或法官受伤害事件。如"2007年6月15日，广州市荔湾区人民法院在执行申请人广州市某局与被执行人潘××房屋拆迁纠纷执行一案过程中，发生了被执行人泼硫酸、喷不明气体、以斧头等工具进行暴力抗法等行为，有1名干警因吸入大量不明气体，身体出现不适，被送医院治疗。另有5名干警被淋到硫酸导致不同程度的皮肤灼伤，7名干警身体被擦伤、刮伤。后在被执行人家中发现煤气4罐、不明液体1瓶及硫酸、斧头、锤子等危险物品"[④]。

法官执行公务过程中的暴力抗法事件往往具有以下特点：

[①] 黄河：《司法人员缺乏安全感》，《检察日报》2000年3月15日。
[②] 参见《最高人民法院工作报告（第九届全国人大第五次会议）》，《中华人民共和国最高人民法院公报》2002年第2期。
[③] 徐昕、田璐：《法院执行中的暴力抗法：1983—2009》，《法治论坛》2011年第2期。
[④] 柴立军、邹耀广、许东劲：《广州法院法官人身安全保障情况的调研报告》，《法治论坛》2008年第2期。

第一，执行行为中的暴力抗法现象最为突出。

执行程序是生效裁判文书可执行内容的实现程序，在此环节，执行法官的行为将会与被执行人的权益发生强制性的、赤裸裸的冲突。因此，在这个环节当事人表现出与法院激烈的对抗，法官在执行过程中人身受到威胁的比例也最高。执行中的暴力抗法事件的频频发生，已引起最高人民法院领导的重视。原最高人民法院院长肖扬曾在一个反映暴力抗拒执行的文件上批示："人民法官保护人民，但谁来保护依法办案、依法执行公务的人民法官？三思、慎思！"[1] 2001 年 5 月，最高人民法院专门发布的《关于谨防发生暴力抗拒执行事件的紧急通知》中称："最近一个时期，一些地方因暴力抗拒执行而致执行干警被打伤的事件时有发生，特别是在乡镇、农村地区更为突出。……在暴力抗拒情况下的强制执行所产生的负面影响极大，应当引起各级人民法院的特别关注。"同年 6 月 8 日，最高人民法院副院长沈德咏也在浙江省法院执行工作改革会议上称"暴力抗法情况愈演愈烈"[2]。此外，广州中院所作的调研数据显示，"广州中院的 28 起暴力抗法或法官受伤害事件中，19 起发生于执行阶段，约占 68%"[3]。

第二，暴力抗法的群体性特点突出。除了法官在执行中暴力抗法情况突出的特点外，其抗法的群体性特征十分明显，抗法的群体往往不是单个个体或者少数几个人，而是纠结了一个家族、一个村庄或者一个企业的员工，大家在从众心理下，更加无视法院权威，对抗司法执行。徐昕的调查表明，在暴力抗法的所有案例中，"10 人以下的抗法事件共 115 例，占 24.68%，其中被执行人'单兵作战'的仅 60 例，占样本总数的 12.88%。从收集的案例来看，10 人以下的暴力抗法主要涉及被执行人及其家庭成员，反映的社会关系和社会结构较为单一。10 人以上参与抗法的群体性事件占样本总数的 65.32%，其中 300 人以上的特大群体性事件

---

[1] 刘皓：《暴力抗拒执行的情况分析》，载法律图书馆 http://www.law-lib.com/lw/lw_view.asp？no=3897，2016 年 10 月 20 日最后访问。

[2] 参见浙江省高级人民法院执行局编《执行改革探索与实践》，人民法院出版社 2001 年版，第 49 页。

[3] 柴立军、邹耀广、许东劲：《广州法院法官人身安全保障情况的调研报告》，《法治论坛》2008 年第 2 期。

18 次，而且不少案例中出现暴力抗法者反复多次组织暴力抗法活动"。群体性暴力抗法在农村地区显得尤为突出，"据统计，河南淅川市法院近年来审结的聚众暴力抗法案件 28 起，其中 16 起属于家族暴力抗法案件"。①

这样的事例比比皆是，例如，770 余人的河南鹤壁集乡"抗法村"屡次集体抗法。2000 年 8 月 9 日，武汉市汉阳区江堤乡四新农场发生恶性暴力事件，数百"洪湖帮"村民围攻殴打百余名执法人员达 9 小时之久，并将一民警扣为人质。执法人员多人受伤，5 人被送至医院治疗。2005 年 11 月 29 日，朝阳法院 4 名执行干警来到位于朝阳区小红门乡的上海佳吉快运有限公司北京分公司，对法院两审判决的赔偿义务采取强制执行措施，但是遭到对方近百名员工的围攻。最终法院两次增派警力才使局面得以控制。2006 年 8 月 29 日，从化法院干警前往英德市依法执行英德市某公司联营合同纠纷案，遭遇一大群来历不明人员围攻和袭击，致 9 名法警受伤。2016 年 9 月，山东寿光法院法官在曹县执行公务时，在警察的眼皮底下，冲出三十多人对执行法官进行了围殴，最后被带到县政协的"韩主席"的指挥部，缴了查封手续，才得以被"遣送"回寿光。

二　法官频受当事人的诽谤、侮辱

暴力抗法之外，几乎每名办案法官都在审判工作中受到过当事人侮辱、诽谤。法官受当事人侮辱、诽谤的常见形式有以下几种。

（一）当面指责、谩骂法官

当面指责、谩骂等语言侮辱是法官受到当事人侵害最常见的情形，具体的表现形式包括在接待当事人过程中、庭审过程中当事人当面指责、谩骂、责骂，通过电话形式谩骂以及通过信件对法官加以指责、辱骂等。这些辱骂往往是在法官无法满足当事人的不合理要求或者判决当事人败诉后发生，当事人通常在指责中出言不逊，甚至说出极为难听、下流的话，但是由于缺乏具体明确处罚规定，法官没有任何处罚手段，只能忍气吞声和置之不理。《中国法治发展报告（2016）》的一份调查报告显示，

---

① 胡建成：《聚焦家族暴力抗法现象》，《法制日报》2001 年 12 月 29 日。

在侵害司法人员权益的事件中，以辱骂、威胁、跟踪、殴打较为常见。"湖州两级法院的司法人员在一年间共受到包括辱骂、威胁、跟踪、殴打及其他手段在内的侵害832次。发生次数从高到低分别为：辱骂501次，威胁238次，跟踪37次，其他手段29次，殴打27次。以辱骂手段实施的侵害事件发生次数占侵害司法人员权益事件总数的比重高达60.2%，可见辱骂是最为常见的侵害手段。"①

（二）通过打横幅等形式侮辱法官

有的当事人败诉后，认为自己受到了司法不公或者冤屈，不通过正常的上诉、申诉等法律途径加以救济，而是为了扩大影响，制造舆论同情、关注，私自制作横幅、黑锦旗甚至在法院门口敲锣打鼓、搭台演戏，试图给法院施加压力。这些声势浩大的侮辱法官行为，不仅扰乱法官内心的安定，也严重干扰了司法的公正和秩序。这样的行为在现实中随处可见，试举两例：

【例1】在刘律师的博客中记述了这样一件事：今年（2009年）7月下旬，我在河南省高级法院参加一个行政赔偿案件的二审庭审……下午二点半，当我再次来到河南省高级法院门口时，看到一群人站在法院门口，打出了三条横幅，上面分别书写"铁证如山，不容翻案"，"有办人情案关系案者天理难容！"，"相信高院不会再出第二个徇情枉法的李某某！"。经询问得知，一当事人因一起经济纠纷，某市中级人民法院一审判他们胜诉，对方上诉到省高法后，二审因李某某的原因而改判他们败诉。这一当事人不服二审判决，向最高人民法院申诉，最高人民法院依法裁定再审，原一审法院仍旧判他们胜诉，对方上诉后定在下午开庭，这个当事人怕二审法院再次作出对他不利的判决，因此在法院门口打出了这些横幅。②

---

① 郭文利、潘黎：《司法人员遭受违法侵害状况调研报告——以浙江省湖州市两级法院为例》，《中国法治发展报告（2016）》，社会科学文献出版社2016年版，第382页。
② 刘建明：《当事人为何在法院门口打出横幅》，载刘建明律师的新浪博客 http://blog.sina.com.cn/s/blog_5d692b570100eu94.html，2016年10月20日浏览。

这些挑衅司法权威的横幅周围聚集了很多围观群众，法院未采取任何措施，打横幅的几位"老乡"面露微笑。暂且不管横幅中出现的李法官公正与否，当事人横幅打到法院门口，试图给法院施压，对主审法官极尽侮辱之能事，法官的名誉何谈保障？司法权威何谈树立？但是，对于这种拉横幅、示威等"小事"，法院通常只是驱逐了事，并不加以制裁和处罚。

下面是一则来自当事人的举报信，信中描述了其在法院门口拉横幅被法警没收并和法警发生冲突一事。当事人反而举报前来维持秩序的法警。

【例2】我在法院门口阳光之下打横幅维权
举报人：吴××
第二举报人：周××
被举报人：单位、广西××市中级法院法警等15人。
我和冤案者周××在××市中级法院门口穿着冤服拉着横幅在阳光之下打腐败，坏人，是维权。没有阻碍交通，没有妨害工作……下午3点钟法院法警文××支队长为头，招集15个法警命令我俩个人收起横幅，并叫派出所出面谎称公安部有文件规定打横幅是犯法的。强行来抢我的横幅……

这篇网络举报信中，当事人自称"冤案者"，在法院门口穿着"冤服"，打着横幅，文中没有透露横幅的具体内容，只说是"打腐败，坏人"，似乎这样就有了天然的合法性。司法警察前来制止和没收这样的示威横幅当然是维护法院权威和秩序，履行自己职务的正当行为。在法警履职过程中与当事人发生了冲突，于是就产生了这篇举报信。举报信透露出普通民众并不认为在法院门口示威、打横幅是践踏法律尊严的严重违法行为，反而认为这是宪法赋予自己的权利。这样的行为严重挑战了司法权威，损害了法官和法院的形象，在其他国家通常会被处以藐视法庭的重罪。然而在中国，这样的行为还被当事人公布于互联网上，并用来声讨举报法院"违法"。

上述事例在全国范围内并不鲜见。然而，这些违法行为直接侮辱了法官本人，对法官办案造成较大的心理压力，甚至导致法官焦虑、抑郁，也是造成司法环境不佳、法官工作压力大的重要原因之一。

（三）通过各种形式和渠道诽谤法官

此外，当事人还经常通过网络、贴大字报、申诉等各种渠道投诉法官收受对方当事人贿赂、枉法裁判等言辞对法官加以诽谤，而这些所谓法官贪赃枉法的投诉往往查无实据，仅仅是当事人捕风捉影、空穴来风。随着信息化、网络时代的来临，在网络上发布信息成本低、追责难，网上肆意散布法官贪赃、枉法、腐败的不实言词，成为当事人宣泄对案件败诉不满情绪的主要渠道之一，各大网站上此类消息随处可见。

更有甚者，有人制作"枉法裁判者名单"散布到网上，涉及全国各地法官上百名，其中既有在任的中、高级法院院长，也有普普通通的一线法官，并且在博客中公然宣称"凡枉法裁判者都严重损害司法公信力，黑白颠倒，冤枉无辜公民，危害国家公共安全，因此，我们必须把中国特色的枉法裁判者贴上过街老鼠的标签，使其成为被人人喊打的四害（老鼠）……"而制作"枉法裁判者名单"的竟然还是一名律师！

此外，一些当事人在上诉状、申请再审书、投诉书中肆无忌惮攻击原审法官，甚至有的当事人直接把法官列为被上诉人、被申请人，公然宣称自己案件的承办法官在案件承办过程中存在受贿、与对方当事人勾结、枉法裁判等情节。例如，一位老信访户因为对判决不满，判决后十多年不断信访闹事，要求法院救助，此外，他还在法院附近的公交车站、人流量大的商业网点到处张贴一审、二审法官，甚至跟他打过交道的信访法官、立案庭法官、法院院长的大字报，大字报上公布法官姓名、照片、住址，并极尽侮辱、诽谤之能事，其本人却没有因此受到任何法律制裁。

除了上述形式外，近年来诽谤法官的形式不断升级。例如，2015年8月11日，浙江宋城集团以"百名窦娥舞台剧"的形式，举报浙江省高级人民法院院长齐奇。宋城集团执行总裁称，向中纪委实名举报齐奇"失职渎职、干扰司法公正"。

这一举报以其形式新颖，赚足了眼球，使得浙江高院院长、二级大法官齐奇一夜成名。在公开的简短举报信中，宋城集团执行总裁黄鸿鸣说："十八大以来，中国的司法环境得到了巨大的改善。但仍然有个别人知法犯法，已经成为涉及司法公正、契约精神、社会公平、社会和谐的问题。我向中纪委实名举报浙江省高级人民法院院长齐奇，我将对此予以全力配合！如有不实，宋城集团和我个人愿对此承担法律责任。"[1] 虽然黄鸿鸣在举报中言之凿凿，但事后又因为"举报不实"而登门道歉。该事件中反映出法官安全保障方面十分典型和突出的问题：首先，事情的起因是宋城集团在浙江的案件败诉了。如果败诉了就可以大张旗鼓侮辱涉事法官，那么每个法官都会被当事人说成贪官污吏；其次，如果确有证据证明法官行为不端完全可以通过正常的举报程序，当事人选择的则是用"博眼球"的方式举报；再次，这次举报在网上掀起轩然大波，但是浙江高院的回应则是"正在核实举报情况"。而不是首先采取措施，对于这种行为加以严厉处罚。最后，在事发后，我们只是看到了"杭州宋城集团执行总裁黄鸿鸣近日前往浙江省高院，就'舞台剧'举报齐奇院长之事专程登门致歉"。之前信誓旦旦地如有不实，将承担法律责任的誓言似乎从没有发生过，黄鸿鸣没有受到法律制裁，而浙江法院、齐奇法官也都没有追究黄鸿鸣的刑事和民事法律责任。[2] 这样一件轰动全国，对司法公信力造成重大恶劣影响的不实举报事件，竟然悄无声息地结束了。但因为这样不明不白的结果却使得法院和法官受到质疑，对司法公信力和法官的声誉都造成了极大的损害。

对法官的不实举报、诽谤的行为似乎无足轻重，不需要诽谤者承担任何风险和责任，通过轻描淡写地"登门道歉"就解决了。况且本次举

---

[1] 孙维晨：《宋城集团执行总裁实名举报浙江高院院长》，《中国经营报》2015年8月17日。

[2] 事发之初，有媒体报道黄鸿鸣举报称，"宋城集团与浙江新湖集团股份有限公司旗下一企业的官司纠纷，齐奇收受了对方一两千万的贿赂，四年多来，齐奇干预不断，最后判我们输了，败诉导致宋城集团数亿元资产损失"。被举报的当事人齐奇则向最高院提交报告，将这一举报称为诬陷、诽谤。（常青村：《轻飘飘的"致歉"能否关上"窦娥门"》，《北京青年报》2016年1月6日）

报的对象是一位省高院的院长、共和国的二级大法官，如此惊天动地地对大法官的诽谤都无法追究相关人员责任，遑论其他普通法官了。

综上，对法官的诽谤言行往往具有以下特征：第一，诽谤者通常是败诉方当事人；第二，败诉后对裁判结果极为不满，于是上升到对法官行为的捕风捉影、添油加醋，诽谤的目的就是推翻对自己不利的判决；第三，这些诽谤往往指名道姓，言辞激烈，拟制吸引眼球的大标题，直接攻击法官，试图给法院和法官施加影响；第四，这些控诉言论，虽然都言之凿凿，以自己的身份、名誉作担保，如有不实愿意承担法律责任等等，但是大多没有出示法官从事违法犯罪行为的证据，对法官的描述充满着大量的想象和猜测。

这些举报虽然大多不实，给当事法官造成不小的心理冲击和困惑，有时还可能会引发组织的调查和询问，然而即使查证举报不实，举报人却几乎不会因此受到任何法律制裁。

三　法官及其家属受到人身威胁

侮辱、诽谤只是对法官语言上的骚扰，对法官及其家属的人身威胁则对法官造成了更大的困扰，这些司法实践中法官面临的实实在在的困扰和压力，主要表现为以下几种形式。

首先是自伤、自残型威胁。轻度的威胁表现为当事人在庭审中有意无意透露出自己身体不好，有心脏病、高血压、脑血栓等重大疾病，一旦败诉就有可能发病；或者声称自己、家人有各种不治之症、入不敷出，如果无法赢得诉讼中的经济利益就无法进一步治疗，将会家破人亡等；进一步的威胁就表现为诉讼所涉及的财产、人身利益关系到自己的身家性命，如果不能胜诉就会以命相抵，去上级法院、政府，去北京，去天安门自伤、自杀、自焚，制造影响等。例如，2007年广州市中院审理黄某离婚纠纷一案时，黄某在法庭上撞墙撞桌以自伤威胁法官。"一审时，黄某已经有如果法院判离婚就自杀等过激言语及行为，广州白云区政法委曾组织相关部门采取预防措施，白云区法院也为此专门向市中院书面反映此情况。二审庭询时，两名法警值庭也无法阻止黄某的自伤行为，临时增至六名法警才控制局面，庭询才得以正常进行。"①

其次，威胁公共安全型。此类当事人声称败诉后要去找对方当事人拼命，或者直接向法官透露会绑架、伤害对方当事人等等；或者宣称要去敏感地区制造事端，危害公共安全，扩大影响云云，其目的仍然是通过这种极端的言语威胁影响法官裁判，从而达到实现自己利益乃至胜诉的目的。例如，"2005 年广州市中院审理张某某与广州某实业发展总公司的劳动争议案中，张某某多次到中院信访、打电话、寄书函给合议庭以及民一庭的领导，言语偏激，声称如果败诉将出几条人命"②。

再次，威胁法官型。在诉讼阶段胜负未定的时候，当事人通常不会威胁法官人身安全，威胁法官的言行往往发生在裁判文书宣判之后，当事人对己方判决败诉不能接受，从而引发极端情绪，进而通过言语或者行动威胁法官。虽然，威胁后当事人未必去实施他们的伤害行为，但是威胁与侮辱和诽谤相比，对法官心理伤害更直接，对法官安全的隐患也更大。例如，2016 年 5 月，北京市东城法院民七庭两名法官收到匿名信，信件内容以及收件人部分均为机打，信件内落款部位被撕去。信件内容有"……一定采取行动，观察你们不是一两天了，你们俩住哪里我全知道，兔子逼急了也要咬人的，大不了咱们同归于尽！马彩云的结果你们都知道吧。到时候你们别后悔"等内容，直接威胁法官的人身安全。

最后，威胁法官家人型。与威胁自身人身安全相比，法官更担心的是对家人人身安全的威胁。2015 年媒体报道的"浙江金华婺城区法院庭长不堪言语刺激殴打案件当事人事件"就是一起典型的因当事人严重威胁法官和法官孩子的人身安全而引发的事件。"2015 年 5 月 11 日下午 5 时许，徐某通过法院保安打电话给胡法官，要求予以接待。胡法官在一审审理期间已接待徐某十余次，因徐不是案件当事人，且二审已维持原

---

① 柴立军、邹耀广、许东劲：《广州法院法官人身安全保障情况的调研报告》，《法治论坛》2008 年第 2 期。

② 同上。

判,即表示不方便接待。徐某在电话中称'如果不接待,就到你胡某家里去'。因担心家人受到惊扰,胡法官又在办公室里接待了徐某。接待持续约半个小时,期间徐某以'你出去怎么死都不知道''我保证肯定有人会修理你''肯定有人会把你做掉''法院会被炸掉'等语言对胡法官进行威胁,胡法官仍予以接待。下班铃声响后,胡法官要去学校接女儿回家,并告知徐某明天可以再约谈,徐某仍缠着不让走,并称:'你接小孩,我跟你去接,正好熟悉下。'胡法官一听到这句话,想到因工作其家人、孩子都要受到安全威胁,情绪一时冲动,在走廊里抱腿把徐某掀倒在地……"①

从整个事件的发生过程看,其实在电话中以及接待过程中,当事人徐某多次对胡法官的人身安全进行了赤裸裸的言语威胁,并且在得知胡法官要去学校接女儿后,徐某说的"你接小孩,我跟你去接,正好熟悉下"直接威胁法官女儿的人身安全,导致胡法官情绪失控。

四 殴打、伤害、杀害法官

侮辱、诽谤和威胁都属于语言上的威胁,会对法官造成心理上的钳制,这些行为如果不受到及时的制止和处罚,就可能发展到对法官实施直接的暴力行为,"当法官权益受侵犯发展到极致时,即出现杀害法官的恶性事件"②。近年来,法官被殴打、伤害乃至杀害事件时常见诸报端,呈现逐年上升的态势。已发生的伤害法官人身安全的事件呈现以下几个特点。

第一,伤害法官的地点不限于法庭。有的伤害法官事件发生在法院的办公场所,如无锡市惠山区人民法院法官在办公室被离婚案件当事人砍倒在地。③ 有的发生在法庭庭审过程中,例如,"萧山法院在审理一起离婚案时,一方当事人因对法官不满,竟当庭将偷带进去的浓硫酸泼

---

① 《浙江婺城法院回应庭长打人:家人受言语威胁》,载中国新闻网 http://news.sina.com.cn/c/2015-08-28/150732249529.shtml,2016 年 10 月 20 日最后访问。
② 《人民司法》编辑部、江苏省无锡市中级人民法院:《维护司法权威保障法官权益——法官权益保障研讨会综述》,《人民司法》2005 年第 9 期。
③ 李建平:《法院调查报告揭示法官职业风险》,《法制日报》2006 年 11 月 14 日。

向法官，致使一位法官重度烧伤"①。有的伤害事件则发生在法官家中，例如，贵阳市白云区人民法院蒋庆法官在家中被刑满释放的被告人杀害。

第二，被伤害的法官类型也不尽相同。伤害事件大多是针对承办法官发生的，例如，2016年初发生的马彩云法官被杀案②、银行职员因对判决不满杀害承办法官案件③等。也有些当事人则是因为对判决不满，冲进法院后不分青红皂白，胡乱砍杀法官，例如，发生在湖南省永州市零陵区人民法院的三名法官死亡、三名法官受伤的血案④，发生在湖北省十堰市中级人民法院办公楼内的4名法官被当事人用刀捅伤的事件⑤等。

第三，伤害法官事件发生的时间段，大多数集中在宣判后。例如，江苏省无锡市惠山区人民法院一名当事人因不服判决，在案件判决作出后向案件的承办法官徐娜行凶，徐娜身中7刀，身负重伤。⑥ 也有个别的伤害事件是发生在宣判或者判后答疑时，如上文所述的湖北十堰法官被捅伤案发生在法官给已经审结的一起劳动争议案件的上诉人胡某送达法律文书并做判后答疑之时。

---

① 李建平：《法院调查报告揭示法官职业风险》，《法制日报》2006年11月14日。

② 2015年2月26日当晚21时30分左右，两名歹徒手持钢珠枪闯入马彩云家中意欲行凶，马彩云身中两枪，一枪腹部中弹，一枪击中左侧面部，后经抢救无效，因公殉职，年仅38岁。其中一名歹徒李大山是马彩云审理的一起离婚后财产纠纷案件的原告。（《北京女法官遭枪击殉职》，《新文化报》2016年2月29日。）

③ 李建平：《法院调查报告揭示法官职业风险》，《法制日报》2006年11月14日。

④ 2010年6月1日，一名当事人因几年前在湖南省永州市零陵区人民法院被判决离婚，一直认为法官办案不公，于是持枪进入法院办公楼扫射，导致三名法官当场死亡，三名法官受伤的悲剧。

⑤ 2015年9月9日上午10时许，湖北省十堰市中级人民法院民三庭法官刘坦、郑飞在依法给已经审结的一起劳动争议案件的上诉人胡某送达法律文书并予答疑时，胡某突然持刀刺伤法官刘坦、郑飞，法官刘占省、胡韧先后上前制止时也被刺伤。

⑥ 无锡市惠山区人民法院一案件当事人邓文林，事先将一把不锈钢菜刀藏在白色塑料制文件夹里，混进法院，对民庭庭长徐娜一通乱砍。徐娜身中7刀，所幸获救及时，保住了性命。

第三节　法官安全保障制度的外国立法例

一　外国的法官安全保障事件

由于法官做出的任何裁决都涉及当事人的切身利益，关系重大，且影响深远。在当事人的诉求没有得到满足，并且无法客观理性地接受败诉的结果时，就有可能发生针对法官及法院工作人员的暴力行为。即使在法治发达、法律制度相对完善、法官地位崇高的国家，法官仍有可能受到人身的威胁乃至伤害。

在德国，司法人员因为办理案件而遭遇当事人报复的情形并不鲜见，血洗法庭的惨烈案件也时有发生，而当事人不满判决成为袭击法官的主因。德国法官协会的统计显示，1974年至2014年，德国法庭上共发生了118起暴力犯罪，其中50起造成了伤亡；死者中，法官与检察官共7人，其他司法工作人员3人。需要指出的是，这一数据并未将轻微暴力、恐吓等情况计算在内。

在奥地利，2011年共86名法官、检察官及其他司法工作人员遭受到了当事人恐吓与威胁。

在瑞士，联邦法官遭遇到越来越多的恐吓与勒索。联邦刑事法院的法官每年不仅要多次寻求警方保护，还配备了一罐胡椒喷雾与一根高亮手电筒用以防身。[①]

从20世纪50年代开始，美国社会针对包括法官等司法官员的伤害事件零星出现，但未能引起各界的充分关注。其直接结果便是司法人员受袭击伤亡事件不断增加，且性质日益恶劣。有数据显示，从1970年开始，美国国内针对法官的各种暴力事件稳步递增。联邦层面，1970年到2009年间，一共有4名联邦法官遇袭身亡。

[①] 周子实：《德国法官伤害事件及其三大教训》，载今日头条 http://www.toutiao.com/i6257973774340063745/，2016年10月20日最后访问。

美国"国家司法行政官协会"NSA统计了过去35年内州司法官员的侵害事件，结果令人触目惊心：8名州法官被杀害、13名州法官受伤；至少5名法律执行机关工作人员（如警察）在法庭被杀害，27名法律执行机构工作人员受伤；至少42名诉讼参与人（如证人、鉴定人等）在法庭被杀害，53名诉讼参与人受伤。

另外一组数据也能佐证美国司法人员的安全环境。美国"国家职业安全与健康研究院"的研究报告显示，1983年至1992年期间，美国职业场所凶杀率为每10万职工0.7起，而在法院工作的法警和司法行政官职业场所的凶杀率在所有职业中排名前三，达到惊人的每10万职工10.9起，是全美平均值的15倍还多。[①]

由此可见，即使是在一些法治发达的西方国家，法官也是容易受到侵害的高危人群。但是仔细分析这些数据可以发现，这些国家法官受侵害事件是在一个较长时间段内统计出来的，例如在德国发生的118起法庭上的暴力事件，统计区间是在1974—2014年，时间跨度达到了41年，平均每年不到3起，伤亡事故则平均一年才1.2起，平均每6年才有一名法官、检察官死亡。美国的数据与此类似，"1970年到2009年间，一共有4名联邦法官遇袭身亡"。也就是说，平均每10年才发生一件联邦法官遇袭身亡事件。

回顾中国，虽然没有公布过法官因公伤亡的完整统计数据，但是从一些不完全的统计或者影响全国的案例中可以看到法官受伤害的冰山一角。《检察日报》报道透露，仅执行法官在1995年至1998年四年间，被打伤2378人，干警死亡4人；[②] 最高人民法院的报告称，仅2001年，全国800余名法官和其他工作人员被殴打致伤，多名法官被杀害。[③] 2010年以来，就有湖南零陵区法院遭到曾经的当事人邮政分局保安队长朱军持枪扫射，造成三名法官当场死亡，三名受伤，湖北省十堰市中级人民法

[①] 王禄生：《美国法官伤害事件及其四大应对策略 | 数说司法 | 第89期》，载今日头条 http://www.toutiao.com/i6256529623048258049/，2016年10月20日最后访问。

[②] 黄河：《司法人员缺乏安全感》，《检察日报》2000年3月15日。

[③] 参见《最高人民法院工作报告（第九届全国人大第五次会议）》，《中华人民共和国最高人民法院公报》2002年第2期。

院四名法官被当事人捅伤,其中一人身负重伤,2016年北京昌平区马彩云法官被当事人枪杀等恶性事件发生,事发频率明显高于外国的同类事件。

那么国外到底是如何保障法官安全?采取了哪些措施?制定了什么法律?是否有值得我们借鉴的经验?

二 外国的法官安全保障措施

不同国家应对法官安全保障的具体举措各不相同。

一是加强安全培训。例如,"德国下萨克森州2015年先后在13所法院进行了面向全体司法工作人员的安全培训,并举办了4场相关活动"[1]。

二是加强法庭的安全设施建设。一些向法庭行凶者之所以能够得逞,一个很重要的原因就是低级别法院缺少安全设施。德国在加强安全培训提升的同时,采取了提升安全硬件的措施,为法庭配备安检设施、监视设备、紧急按钮、警报软件、更先进的门窗以及更多的安保人员等。2009年醉酒射杀案[2]发生后,奥地利的安全方针发生了重大变化,大幅提升了法院的安全标准。在部分法院设立危机处理部门,进行警报与疏散演习,法院入口的安检设施建设更是重中之重,并发挥了良好的效果。[3]

美国对于法官安全保障的措施更为完善和周到,主要包括以下几条。

其一,成立专门的司法人员安保机构。"1970年加利福尼亚州高等法院哈雷法官殉职事件直接推动了美国国内有关司法人员安全保障的制度改革。其重要标志就体现为在美国法警总署内部成立了专门的'司法安全处'(Judicial Security Division)。司法安全处下辖6室1中心,负责管理全美联邦司法系统5000名法院安全官的日常工作。这些安全官在400

---

[1] 周子实:《德国法官伤害事件及其三大教训》,载今日头条 http://www.toutiao.com/i6257973774340063745/,2016年10月20日最后访问。

[2] 2009年,奥地利一名57岁的男子因不满离婚判决,醉酒后冲入法院,向一名法院工作人员询问作出该判决的法官身在何处。该工作人员发现有异,便呼叫其上司,并试图让该男子冷静下来。结果,男子被惹怒,用手枪射击该工作人员头部,致其死亡(张月朦:《谁来保护法官的人身安全》,《北京青年报》2016年3月7日。)

[3] 周子实:《德国法官伤害事件及其三大教训》,载今日头条 http://www.toutiao.com/i6257973774340063745/,2016年10月20日最后访问。

处联邦法院设施中为全美 2200 名法官和超过 10000 名法院工作人员提供日常的安全保障。"①

其二，加大对司法系统安保工作的财政投入。"在建立专门机构的基础之上，美国加大了对司法人员安保工作的财政投入，从而配备更多的安保人员、采取更严密的安全保护程序和购置更先进的设备。据统计，联邦司法系统的安保设备采购费用高达 3.3 亿美元。仅在 2012 年，联邦法院系统在安保工作方面的预算就高达 4.2 亿美元。"②

其三，提升司法工作人员的安全防范意识。"除了增加安保方面的资金投入之外，司法工作人员自身的安全防范意识也很重要。为此，美国法警总署专门在 2008 年设立了'国家司法安全中心'，为司法机关工作人员提供有关本人及其家人安全保障的知识培训。在施害者将侵害范围由法官本人扩大到司法官员家人的背景之下，上述专门培训显得尤为重要。"③

其四，推出伤害风险评估系统。"美国司法人员安全保障改革最大的亮点就在于推出了伤害风险评估系统。根据美国联邦法警总署从 1980 年到 1993 年的跟踪统计，3096 名曾经在言语上间接或直接威胁法官的人员，有 8% 转换为更严重的针对法官的人身伤害。因此，如何在法官侵害事件发生之前借助当事人的过往经历和行为表现，分析、评估并识别可能的施害者就成为改革的重要方向。在此种理念指导下，美国法警总署司法安全处逐步开发出一套风险评估系统并形成了伤害风险评估的十大标准程序。具体而言，美国法警总署在司法安全处下专门设置'情报办公室'，负责一天 24 小时、一周 7 天的全程监控。在当事人表达出某种负面情绪时，情报办公室开始介入调查、分析与识别潜在的施害者。仅在 2012 年，美国法警总署就发现、调查并排除了 1370 件针对联邦司法工作人员的威胁。由于取得了良好的效果，美国各州法院也在逐步跟进。"④

---

① 王禄生：《美国法官伤害事件及其四大应对策略 | 数说司法 | 第 89 期》，载今日头条 http://www.toutiao.com/i6256529623048258049/，2016 年 10 月 20 日最后访问。
② 同上。
③ 同上。
④ 同上。

三 外国的藐视法庭罪规定

对于法官的伤害行为为各国法律所不容,不过外国法律中对法官安全的保障措施还不限于直接的伤害行为,也不限于法庭之内,很多国家是通过设立藐视法庭罪来惩罚和威慑破坏司法权威、法庭秩序的行为。普通法系国家、大陆法系国家莫不如此。

(一) 美国

在美国法律中的藐视法庭罪是指负有举证责任的单位和个人迟延提交证据或者拒不提交证据;负有出庭做证的单位和个人无正当理由拒不出庭做证;负有协助法庭执行义务拒不履行协助义务;拒不交纳法庭罚款;在法庭上辱骂或者殴打司法工作人员;对法官进行言语攻击和无理纠缠;聚众哄闹、冲击法庭、扰乱法庭秩序,情节严重的行为。藐视法庭,是一种严重的罪行,可以被判罚款或监禁。

"美国的藐视法庭罪,其惩罚范围极其宽泛:凡不服从或不尊重法庭或法官、可能影响司法运作之言行,皆可入罪。"[1] 例如,"在法庭里穿短裤、拖鞋来应诉,或者在法庭吸烟或者嚼口香糖等行为都可能被判藐视法庭罪,并且法官(包括被侵害的法官)可以直接裁判定罪,无须侦查机关进行侦查以及检察机关提起公诉"[2]。

(二) 俄罗斯

俄罗斯刑法规定,侮辱参加法庭审理人员包括审判员、陪审员、公诉人、诉讼参与人的,构成藐视法庭罪,并将威胁、诽谤、暴力、侵害法庭审理人员等行为作为违反公正审判的犯罪作出规定。具体而言,《俄罗斯联邦刑法典》第 297 条规定:"藐视法庭,表现为侮辱参加审理案件的人员的,处数额为最低劳动报酬 100 倍至 200 倍或被判刑人 1 个月至 2

---

[1] 马贤兴:《美国司法制度的几个特点及其启示》,载中国法院网 http://old.chinacourt.org/html/article/201012/30/439815.shtml,2016 年 10 月 20 日最后访问。

[2] 杨小利:《藐视法庭行为何时休?》,《人民法院报》2016 年 6 月 5 日第 1 版。

个月工资或其他收入的罚金，或处 180 小时至 240 小时的强制性工作，或处 2 个月以上 4 个月以下的拘役。上述行为表现为侮辱审判员、陪审员或其他进行审判的人员的，处数额为最低劳动报酬 200 倍至 500 倍或被判刑人 2 个月至 5 个月工资或其他收入的罚金，或处 1 年以上 2 年以下的劳动改造，或处 4 个月以上 6 个月以下的拘役。"①

（三）法国

法国刑法典规定："对司法人员、仲裁员、翻译人员、专家或一方当事人的律师进行威胁、恐吓，明知他人无罪的证据而不提供证明，侮辱司法人员等等，都应以妨碍司法活动罪或危害司法权威罪等有关犯罪加以追究。"此外，1994 年 3 月 1 日生效的《法国刑法典》第 434—24 条规定："对正在履行职责的法官、陪审员或其他司法建制中的任何人，以言语、动作或威胁或者以各种未公开的文字或形象，寄送任何物品，对其进行侮辱，旨在侵犯其尊严或侵犯对其所担负之职责的尊重的，处 1 年监禁并科 10 万法郎罚金"。②

（四）英国

在英国，犯罪是否具有故意，可以分为藐视法庭行为和藐视法庭罪。"民事诉讼中的藐视法庭行为，不属于刑事违法或者轻罪，但法院仍可以将某一违法者投入监狱一段时间，对其科处罚款或者没收财产。"③

而藐视法庭罪的形式主要包括激怒法庭和当面藐视法庭。"激怒法庭往往是以书面的形式（特别是在媒体上）在司法场所之外对于法官、法院的工作及法院的判决所作的言词评价；当面藐视法庭指在法庭上直接冒犯法庭秩序或法官。此外，滥用司法过程、干预证人作证、干预陪审团等也构成藐视法庭罪。"④

在英国，对藐视法庭的行为，所有高级法院都具有科以罚款或者判

---

① 颜竟、邹涛：《藐视法庭罪简介及其立法构想》，《改革与开放》2009 年第 6 期。
② 同上。
③ 马永平：《英国藐视法庭罪及其借鉴》，《人民法院报》2015 年 9 月 11 日。
④ 同上。

决入狱的权力。

(五) 其他国家

除此之外，世界上其他各国也普遍设立了藐视法庭罪，如意大利、韩国等国在法律中都明文加以规定。

意大利《刑法》第343条规定："至裁判官审判时，妨害其名誉或尊严者，处一年以上四年以下徒刑；以强暴胁迫犯之者，加重其刑。"

1988年12月31日修订的《韩国刑法典》第138条规定："以妨害、威胁法院裁判或者国会审议为目的，在法庭、国会会议场所或其附近，侮辱或者骚扰的，处3年以下劳役或者100万韩元以下罚金。"

知其然还要知其所以然，除了了解各国的法律规定外，更重要的是弄明白藐视法庭罪保护的法益是什么？惩戒的行为有哪些？各国普遍设立藐视法庭罪，对挑衅司法权威的行为甚至言语进行严厉惩罚的原因有哪些？从而对中国的立法或者相关措施的出台提供借鉴。

从上述法律规定可以看出，各国设立藐视法庭罪的目的是打击那些恶意挑战司法权威、损害一国法治秩序的行为。

各国设立的藐视法庭罪通常有以下特点：第一，范围内容比较广泛。既包括在法庭内扰乱法庭秩序，直接冒犯法官的行为，例如，当事人或旁听者在法庭内大声喧闹，经法官制止而不从的行为，携带武器进入法庭，企图干扰法庭秩序的行为；也包括对审判的不当干预，例如，威胁、恐吓对方当事人、鉴定人员、翻译人员，滥用司法过程，干预证人作证，干预陪审团等；甚至包括法庭外对法官和司法的批评和侮辱，例如，在法庭外批评法院未决的裁判，或诽谤法官品格，更不要说公然侮辱、诽谤和恐吓法官了。第二，藐视法庭罪定罪程序比较简单。法官（包括被侵害的法官）通常无须经过其他机关配合，可以直接裁判定罪，无须侦查机关配合进行侦查或者检察机关配合提起公诉。第三，属于刑事重罪，惩罚比较严厉。通常构成藐视法庭罪不仅需要缴纳罚金，还需要承受一定时期的监禁刑，这是世界各国藐视法庭罪的通行做法。

第四节 法官安全保障的理论分析

著名心理学家马斯洛提出人类需求理论,"其中生理需求和安全需求是最基本的低级别的需求"[①]。安全需求中最基本的是人身安全的需求,人一旦缺乏安全感则会"觉得这世界是不公平或是危险的。认为一切事物都是危险的,进而变得紧张、彷徨不安,认为一切事物都是'恶'的"[②]。从马斯洛的人类需求理论可以看出,只有法官的人身安全和家庭安全得到切实保障,才能保证法官依法履行职务,追求司法公平正义等更高的需求满足,法官才能改善自身的生存状况。细言之,给予法官特殊的安全保障原因有以下几方面。

第一,法官职业存在巨大的风险。诚如上文所述,不管是在国内还是国外,法官都是高危行业。主要原因在于法院本来是社会矛盾的最后一道防线,这一性质使之必然处于矛盾的焦点,法官也置身于各种社会纷争的旋涡之中,法官的裁判直接影响诉讼当事人的财产和人身权益,甚至有些案件关系到当事人的身家性命,例如,刑事审判中的死刑复核直接决定一个人的生死而民事审判中的离婚纠纷、拆迁纠纷也涉及当事人的重大权益,少数当事人败诉后情绪激烈,难以平复。

第二,中国法院和法官的权威尚未建立。在一个司法公信力高,法官权威性强的社会,当事人能够比较理性地看待败诉,更多从自身角度出发寻找败诉的原因,而当下中国司法的公信力和权威性严重不足,当事人败诉后往往归咎于法院、法官没有公正审理。其一,当事人对裁判认可度低。在法治发达国家,民众对司法裁判的认可度普遍较高,认可司法程序的公正性和法官的裁判。而在中国,法官"面对的很大一部分当事人来自乡土社会,文化水平普遍不高,对于一整套高度专业化的程序和术语当事人难以理解,更难用正确的方法维护自身权益,他们大多

---

① [美]亚伯拉罕·马斯洛:《动机与人格》,许金声等译,中国人民大学出版社 2007 年版,第 28—29 页。
② 同上书,第 28—29 页。

把希望寄托于法官的明察秋毫,而一旦审判结果与自身预期不一致则迁怒于法官"[①]。其二,法官职业权威性不彰。由于司法地位低下、法官素质参差不齐,法官职业在中国的权威性尚未建立,再加上司法腐败的报道频现,法官职业形象不佳,更容易让人产生怀疑和不满。其三,官方语境中,大力塑造中国法官在田间地头与人民群众打成一片的形象,这一方面导致与法官中立形象相冲突,另一方面使得法官与当事人无法保持合理距离,更不容易树立自身的权威性。

由于上述三方面原因,中国法官比起法治成熟国家的法官,更容易受到质疑、挑衅和伤害,轻则被投诉、辱骂,重则被人身攻击甚至生命受到威胁,因此,也更需要加以特殊保护。

第三,裁判工作需要确保法官的内心平静。法官司法权的实质是一种判断权,而判断的正确性和公正性,不仅取决于法律规定本身的合理性,以及当事人提供证据,还原事实能力的强弱,法官本身法律素养的高低、司法经验的丰富程度等,更重要的是法官本身保持一个平静和中立的心态。由于司法裁判是一种高级的、极为复杂的判断权,法官内心天平任何细微的倾斜和偏差都有可能造成裁判结果全面失衡。打个比方,譬如足球场上的裁判员,在执法曼联和拜仁队比赛前收到曼联球迷威胁,声称如果曼联在这场比赛失利,裁判员家人的性命堪忧,这时候,球场上的裁判员又如何能够保持中立、秉公执法?而司法裁判远比足球裁判复杂得多,法官受到人身威胁,或者心存对安全隐患的担忧时,显然也无法保持内心的平静和中立,这样极易产生司法不公。

第四,不保障法官安全则无法确保司法公正。正是由于上述的原因,如果法官在审理和裁判中总是心怀不安、担忧,甚至恐惧,那么,裁判的结果必然无法实现公平和正义,而一旦司法失去了公正,整个社会公平的调节器就将失衡,必将危及整个社会的公正性,甚至稳定性。在司法实践中,已经出现由于害怕当事人闹事、信访法官不敢轻易判决,或者违背内心确认、法律规定进行裁判的现象。如在一些离婚案件中,一方当事人不同意离婚,以死相逼,即使符合婚姻法的离婚条件,法官往往仍然倾向于判决不予离婚;在一些弱势个人与企事业单位的诉讼中,

---

[①] 李建平:《法院调查报告揭示法官职业风险》,《法制日报》2006年11月14日。

法官由于担心个人信访或者闹事因素，倾向于将个人的责任与赔偿转嫁给组织（如公司、医院、学校等），判决公司更多的责任，减免个人的责任。长此以往，司法的公正性和公平性将不复存在，也将助长个别当事人威胁、恐吓、胁迫法官的气焰。

职是之故，必须立即切实加强对法官，乃至全体司法人员的安全保障措施，其意义不仅在于保护法官这个群体和职业，更在于维护整个社会的公平和良心。

第五节 完善法官安全保障制度的对策建议

一 扩大法官安全保障的区域范围

现行法律中，只有《法官法》提到了法官的住所安全受到法律保护，其他法律法规对于法官的安全保障都局限在"法庭"这个特定场合。其实在法庭之中，法官与当事人有一定物理距离，法庭内有录像监控，法庭外有法警，况且当事人进入法庭前需要通过安全检查，当事人携带危险物品的可能性较小，因此，法庭中法官安全受到威胁反而是比较容易控制和处理的。而法官担心、害怕、防不胜防的则是在法庭之外的恐吓、威胁或者伤害，如法官在住所、执行现场、办公场所、法院周边地区、接待室、立案大厅，乃至于法官家人的活动场所周围等。目前仅通过维护法庭秩序的方式保护法官的人身安全，显然远远不够。因此，有必要扩大法官安全保障的区域范围，对于法官的安全保障不应局限在法庭、法院内、法院周围，而应涵盖法官及其近亲属活动场所周围，并加强对通过电话威胁或者网络散布谣言的当事人的处罚力度。

二 扩大法官安全保障的对象范围

受到各种人身威胁、报复的不仅仅有法官个人，还包括法官的家人。马彩云被枪杀案中，马彩云的丈夫被歹徒打伤；奔波在甘肃陇南大山深处的法官张鹏曾被威胁杀全家;① 浙江金华婺城区胡法官正是因为不能忍受当事人徐某对其女儿安全赤裸裸的威胁,才出手把徐某掀倒在地。可见,法官亲属的安全也容易受到当事人的威胁。因此,法官安全保障的范围也不应局限于法官个人,还应将其近亲属,包括法官的配偶、子女、父母以及同住的其他近亲属等纳入法官安全保障的对象范围内。

三 降低威胁法官行为的惩戒难度

对于威胁法官安全的行为不予重视、惩戒不力,处罚时犹豫不决、轻描淡写,是导致部分当事人敢于对法官进行辱骂、威胁、诽谤、恐吓,有恃无恐的重要原因。之所以惩戒不力,一是全社会对于威胁法官行为的认识不到位,只要没有发生严重伤害事故,都没有引起足够重视,没有从干扰司法公正,乃至威胁整个社会公平正义的高度看待法官安全保障问题;二是法律法规对于威胁法官的行为缺少明确、细致的规范,对于威胁行为方式、地点等都存在较大的疏漏,在惩戒时往往无法可依;三是法院内部思想不统一,往往采取回避的态度。法院领导考虑到一旦对违法者采取法律制裁,可能导致矛盾进一步激化,顾虑较多,多数情况下,消极忍让以求息事宁人,不愿意依法严厉制裁和处罚违法的当事人。四是追究的程序烦琐。《刑法》虽然设立了扰乱法庭秩序罪,但是刑事诉讼需要借助公安机关或者检察机关立案、侦查,往往因时过境迁,难以举证,造成责任追究难。可见,要降低这类行为的惩戒难度,既要从意识上高度重视对法官的伤害和威胁、恐吓的行为,也要制定、修改相关法律法规,使得惩处这类违法行为在有法可依的基础上,更加便捷容易。特别是在目前的司法环境下,要加大对当事人挑衅司法权威行为的惩处力度,以保护法官的人身和财产安全,防止司法权威进一步丧失。

---

① 邢剑扬:《奔波在甘肃陇南大山深处的法官曾被威胁杀全家》,《兰州晨报》2014年1月6日。

四　加强法官安全事故的事先防范

事后对伤害、杀害法官的凶手予以严惩，固然是法官安全保障制度的一部分，但是事先对这些行为的风险评估、预警、预防，对于有安全隐患的威胁、恐吓行为及时制止，防止事态的发生和恶化对于法官安全保障来说更为重要，也更有意义。首先，当事人对于法官的侮辱、威胁、恐吓行为，同样严重影响了法官的人身安全，给法官造成了莫大的心理压力，导致司法扭曲和不公，危害极大；其次，当事人做出对法官的威胁、恐吓行为，意味着当事人对裁判极度不满，并且将败诉结果归咎于法官，也就预示着，存在发生法官安全事故的可能性；最后，有关部门不重视，甚至放任对法官的侮辱、威胁、恐吓行为，往往会助长不法分子的嚣张气焰，错失了将伤害事故扼杀在萌芽状态的最佳时机。因此，对于案件当事人情绪激动，扬言对法官及其亲属实施暴力的威胁和恐吓行为，公安部门应当快速反应、有效制止；同时加强对涉事法官的人身安全保护力度；对确有证据证明存在暴力倾向和可能性的，应当依法果断处置、从严惩处。

五　增加法官保护举措和力度

健全和完善法官保障制度就应当将法官安全保障措施落到实处，泛泛而论要保障法官的人身、财产和住所安全并不能彻底消除对法官的人身威胁，因此有必要增加法官安全保障举措的力度。对于泄露或者公开司法人员及其近亲属信息的，及时屏蔽相关信息，对于发布者、泄露者予以治安处罚；对于办理危险性较高的案件或者人身安全受到当事人恐吓和威胁的法官经司法人员本人申请，可以对法官及其近亲属采取出庭保护、禁止特定人员接触以及其他必要的保护措施；对于特殊的恐怖活动犯罪、黑社会性质组织犯罪、重大毒品犯罪、邪教组织犯罪等危险性高的案件，还可以对法官近亲属采取隐匿身份的保护措施。对于轻微的滋事骚扰、跟踪尾随行为除了由公安机关批评教育外，法院可以视情节轻重实施训诫、罚款、司法拘留等司法惩戒措施；对于严重的恐吓威胁、攻击辱骂法官及其近亲属的行为，可以直接由法院通过刑事处罚加以严惩。

六　增设藐视法庭罪

详见本书第八章。

第七章

法官责任豁免状况及其完善

法官责任豁免是指法官对于自己在司法审判过程中依法实施的行为、发表的言论和判决的结果，享有不受指控或法律追究的权利。[①] 赋予法官这一权利，旨在确保法官的独立性，裁判的自主性，使得法官能够自主履行审判职能。

西方国家建立法官责任豁免制度，主要是由司法实践中屡屡发生法官被不正当解除职务的现象而引起的，因而也可以说"法官责任豁免是总结司法实践中的教训而必然形成的制度"[②]。目前，中国尚未建立完善的法官责任豁免制度，司法实践中法官因审判失误而被追责，甚至承担刑事责任的事例屡见不鲜。因此，在中国建立完整的法官保障制度，建立、健全法官责任豁免制度尤为重要和迫切。

第一节 法官责任豁免制度的规范分析

一 《法官法》中的缺失与错案追究制度

《法官法》是对法官的职责、权利义务、任职条件、任免、考核、培训、奖励、惩戒、工资保险福利等进行规定的法官权利义务的总纲，

[①] 谭世贵、孙玲：《法官责任豁免制度研究》，《政法论丛》2009年第5期。
[②] 同上。

但其对于法官责任豁免却没有明确的规定。其中第四条对法官履职的原则性规定以及第八条对法官身份保障的规定与法官责任豁免有些许关联，但严格来说都不属于法官责任豁免制度的内容，可以说，在中国的法律层面，尚未建立法官责任豁免制度。

在其他法律法规层面，1998 年，最高人民法院颁布的《责任追究办法》对法官责任豁免有所涉及，该办法第 22 条明确规定了五类审判人员不应当承担责任的情形，[①] 同时，该办法第 27 条规定："人民法院的判决、裁定、决定是否错误，应当由人民法院审判组织确认。"第 28 条则规定了法院内部违反审判责任的职能部门。[②] 该办法第 22 条中关于审判人员不承担责任的具体情形，对于法官裁判是否错误应当由人民法院审判组织确认，以及对违法审判法官的追究由各级法院内部的监察部门进行，这实际上给予了法官一定限度的责任豁免权。

然而这一规定与完善的法官责任豁免制度的差距又显而易见。其一，该办法旨在追究审判人员的违法审判责任，即对人民法院审判人员在审判、执行工作中，故意违反与审判工作有关的法律、法规，或者因过失违反与审判工作有关的法律、法规造成严重后果的，规定了应当承担违法审判责任，并对追究范围、违法审判责任的确认与追究等作了具体规定。所以，上述的免责规定本身不是该法的主要组成部分。其二，该法第二章用十八个条文规定了应该承担责任的范围和内容，其中很多内容与法官责任豁免制度的精神是背道而驰的，特别是将一些审判中的过失行为确定为法官追责的范围，例如，过失导致制作、送达诉讼文书错误，造成严重后果的；采取财产保全措施时有过失行为，造成严重后果的等等。其三，该法第 22 条规定的审判人员不承担责任的五项内容与法官责任豁免制度的精神实质也相去甚远，后者指法官裁判行为不受追责，而

---

① 《责任追究办法》第 22 条：有下列情形之一的，审判人员不承担责任：（一）因对法律、法规理解和认识上的偏差而导致裁判错误的；（二）因对案件事实和证据认识上的偏差而导致裁判错误的；（三）因出现新的证据而改变裁判的；（四）因国家法律的修改或者政策调整而改变裁判的；（五）其他不应当承担责任的情形。

② 《责任追究办法》第 28 条：各级人民法院监察部门是违法审判责任追究工作的职能部门，负责违法审判线索的收集、对违法审判责任进行调查以及对责任人员依照有关规定进行处理。

不论其对错、正误，而前者只是指五项不可归责于法官的错判行为免受责任追究，免责范围和免责强度与真正的责任豁免制度不可同日而语。

2012年，河南省高级人民法院以《责任追究办法》为蓝本出台的《错案责任终身追究办法（试行）》则更进一步演变为法官责任追究大全，该法首先明确了错案的概念，即是指"人民法院工作人员在办案过程中故意违反与审判执行工作有关的法律法规致使裁判、执行结果错误，或者因重大过失违反与审判执行工作有关的法律法规致使裁判、执行结果错误，造成严重后果的案件"。由于出现裁判"结果错误"的原因多种多样，特别是在当事人举证能力不强，法律意识薄弱的地区，法庭认定的法律事实与客观事实相背离的情形并不少见，本身这样的"错案"，法官的可归责性非常小。以此作为法官追责的条件，法官的生存状态就岌岌可危了。

二 《责任制若干意见》与《履职规定》

《责任制若干意见》虽然在对加强法官职业保障方面有不少突破和亮点，但是该意见第25条，规定法官"应当对其履行审判职责的行为承担责任，在职责范围内对办案质量终身负责"，却加重了法官的责任。在法官对办案质量终身负责的法律依据是什么，是否符合司法规律缺乏论证的基础上，仅仅根据政策出台这样的法条违背了法官责任豁免制度的精神。

《履职规定》中有关责任豁免方面的规定包括第11条、第12条、第14条。第11条提出了错案的外延和责任范围；[①] 第12条是关于司法责任制中责任分担的规定，特别是明确了上级机关、审委会、法院的院、庭长改变法官审理案件意见的，法官不应承担责任；[②] 第14条则是关于错

[①]《履职规定》第十一条：法官、检察官非因故意违反法律、法规或者有重大过失导致错案并造成严重后果的，不承担错案责任。

[②]《履职规定》第十二条：案件办理及相关审批、管理、指导、监督工作实行全程留痕。法官、检察官依照司法责任制，对履行审判、检察职责中认定的事实证据、发表的意见、作出的决定负责。上级机关、单位负责人、审判委员会或者检察委员会等依职权改变法官、检察官决定的，法官、检察官对后果不承担责任，但法官、检察官故意隐瞒或者因有重大过失而致遗漏重要证据、重要情节，或者提供其他虚假情况导致该决定错误的除外。

案追究的程序要求——必须经过法官惩戒委员会的审议,并且要求认定错案的应当听证,听取法官的陈述和申辩。①

由此可见,这份中办、国办出台的规范性文件,加强了法官履行审判职责行为的保护,确定了非因法定事由、非经法定程序,不得对法官进行责任追究的原则。

从上面的法条分析可以发现,中国法律对于法官豁免的保护十分薄弱,但对于法官追责、责任承担的规定则十分严格和详细。体现在:第一,直接赋予法官豁免权的法律缺失。不管是《宪法》《法院组织法》还是《法官法》中,都没有直接赋予法官责任豁免权,导致中国法官责任豁免保障制度的整体缺失,法官裁判冒着巨大的职业风险。一旦多年前审理的案件被查实认定事实、适用法律不正确,法官就可能被免职,甚至身陷囹圄。第二,在法院自身出台的一些规定中,对法官责任豁免权的保障也十分薄弱,《责任追究办法》提到了法官免责的几种情形,但是该规定不仅效力层级低,只不过是人民法院的一个内部文件,对负责法律监督的人民检察院和党的纪律检查与行政监察的纪检监察机构并没有约束力,无法真正免除法官责任;而且规定本身就是以追究法官责任为主旨,并在条文中列明了法官的各种错案追究方式。总而言之,从法律规范角度而言,中国法官的责任豁免保障十分欠缺,保障的力度、范围、广度都无法与法官职业所应承担的风险相匹配,也与国外的相关法律相差甚远。导致在法律空白处"裸奔"的法官频频受到来自方方面面的责任追究。

---

① 《履职规定》第十四条:法官、检察官履行法定职责的行为,非经法官、检察官惩戒委员会审议不受错案责任追究。法官、检察官因违反党纪,审判、检察纪律,治安及刑事法律,应当追究错案责任之外的其他责任的,依照相关规定办理。

法官、检察官惩戒委员会审议法官、检察官错案责任案件,应当进行听证。人民法院、人民检察院相关机构应当派员向法官、检察官惩戒委员会通报当事法官、检察官违纪违法事实以及拟处理意见、依据。当事法官、检察官有权陈述、申辩。法官、检察官惩戒委员会根据查明的事实和法律规定,作出无责、免责或者给予惩戒处分的建议。

第二节　法官责任追究的实证分析

由于在中国，法官从未有被认为应当享有豁免保护权，在立法层面法官责任豁免保护又存在漏洞。因此，在司法实践中，法官因案件审理、裁判、执行行为而被追究责任的现象屡见不鲜，具体表现为以下几种形式。

一　裁判结果错误被追责

因裁判结果错误被追责是法官承担责任的常见事由之一。裁判结果错误包括"认定事实错误"以及"适用法律错误"。认定裁判错误的标准：一是法官做出的裁判被二审、审判监督程序改判、发回重审、提起再审；二是出现新情况或者有意外事件出现（受害人出现、被告自杀等），发现原审查明事实与客观事实不符。下文以影响力较大的莫兆军案、王桂荣案、李健案等三个典型案例作为分析样本，分析导致法官因裁判错误被追责的缘由及其对法官生存状况的影响。

【例1】莫兆军案

2001年9月27日，"四会市法院法官莫兆军开庭审理李兆兴状告张坤石夫妇等人借款纠纷案。因张坤石辩称借条系被李兆兴等人胁迫所写，但无法举证证明，也未向公安机关报案。根据谁主张谁举证的原则，莫兆军在履行了告知义务后，判令张坤石夫妇等人偿还欠款万元及利息。执行期间，张坤石在四会市法院墙外喝农药自杀身亡。案件发生后，公安机关经介入侦查，查明李兆兴起诉书所依据的借条确系胁迫张坤石所写，莫兆军以涉嫌玩忽职守被捕。经过一审及检察机关的抗诉，广东省高院做出终审维持一审的无罪判决"[①]。但是莫兆军因"错案"被羁押317天。

[①] 参见陈俊丰《被告败诉自杀法官入狱的法治意义》，《人民法院报》2003年5月6日。

【例2】王桂荣案

"王桂荣原系河南省周口市川汇区人民法院刑事审判庭庭长，2011年12月20日，被河南省舞阳县法院以玩忽职守罪判处有期徒刑一年零九个月。"[1] 判决的主要理由是，王桂荣在2002年审理的一起于某某诈骗案件中，因对证据不严格依法审查，错误采纳了程序违法的无效证据，判处了于某某有期徒刑10年。后于某某案在2007年被周口市中级人民法院经过再审判决无罪，并赔偿207061元。于是主审法官王桂荣被查处了。值得一提的是，王桂荣在审理于某某诈骗案的过程中，曾因案情重大，多次将案件提交审委会讨论，甚至由审委会进行旁听，并且向上级法院汇报过案情，但是这些做法都没有免除甚至减轻她的刑事责任。

【例3】李健案

《法律与生活》报道由于审理的一起经济纠纷案件在检察院抗诉后被再审改判，江苏东海县法院法官李健遂被以涉嫌枉法裁判的罪名起诉。后来该案再次再审，并维持院一审判决，即李健判决并无不当。期间李健被关押在看守所156天，取保候审918天。之后虽然李健被宣判无罪，获得了国家赔偿7000余元，但是，多年的牢狱之灾导致李健妻离子散，并在看守所被打伤致残。[2]

从上述三起法官被追究刑事责任的案件中，我们可以管窥中国法官因错案被追责的一些特点。

第一，追究刑事责任的案件范围十分广泛。在中国无论是民事审判、商事审判还是刑事审判中，法官都存在被追责的风险，莫少军审理的是民间借贷案，王桂荣审理的是刑事案件，而李健则审理的是经济纠纷，虽然案件类型各不相同，但是他们都是因为裁判行为本身"错误"，而面临承担刑事责任的风险。

---

[1] 习宜豪等：《刑上法官》，《南方周末》2015年7月2日。
[2] 雷霆：《年轻法官被拘留156天》，《法律与生活》2002年第11期。

第二，追究刑事责任的原因多种多样。虽然案例中的三名法官都以玩忽职守罪被起诉，但是他们的表现形态各异，莫兆军因没有查明事实，王桂荣"证据不严格依法审查，错误采纳了程序违法的无效证据"则属于适用法律错误，李健入狱则是由于检察院与法院对民事案件的裁判产生分歧，而产生的冤假错案。

第三，被追究刑事责任的法官身份各异。三个事例中，只有李健是年轻法官，莫兆军、王桂荣都是从事审判工作十多年的资深法官，甚至莫兆军、王桂荣都是审判业务庭庭长，审判经验丰富。然而，即便如此，他们都不能绝对免于陷入"认定事实错误"或"适用法律错误"的泥淖。

第四，法官身份没有享受任何豁免特权。三名法官都是在案件被认为"错案"之后，随即遭到了羁押，剥夺人身自由。虽然，莫兆军、李健最后判决无罪，但都被长期羁押审查，也都被剥夺了法官身份，李健甚至被打至伤残，妻离子散。而三位的法官身份，对于免于相应的刑事追究毫无作用。

第五，事发缘由多种多样。莫兆军案中，原告服毒自杀后，公安机关介入，查明本案被告的借条是在原告威胁下写的；王桂荣案中，被告人于某某在河南省政法委介入后被改判为无罪；李健案中，虽然李健的判决最终被再次再审后确认为是正确的，但是该案曾经被检察院抗诉、改判，认为李健判决的是错案。也就说从当事人到国家机关，各方面、各种因素的影响和介入，都有可能导致法官追责。

第六，法官在案件裁判过程中并不存在故意的违法行为。三个法官追责的典型案例中，法官都不存在徇私枉法的故意，没有收受贿赂等不法行为，都是在正常地履行司法权的过程之中，在司法权的范围内行使裁判权。法官甚至不存在明显的疏忽大意。莫兆军案中，莫兆军在审理中明确询问过原告是否因胁迫而报过警，这是符合胁迫写借条的通常情况的，得到否定的答复后莫兆军还向副院长报批过。王桂荣案中，王桂荣将该案分别向本院审委会和上级法院汇报过多次，甚至最后定罪的决定也是上级法院确定和同意的。李健案中，李健审判的结果则最终被认定是正确的。

综上，以上法官判"错案"的过程中，并不存在明显的故意或者

"重大过失"，审判行为也符合审理该类案件的一般规范和注意义务，没有可归责之处，也缺乏可处罚性。而之所以成为"错案"，往往是法官自己不可控制的一些因素（如检察院抗诉、当事人选择服毒自杀），法官因此而承担法律责任乃至刑事责任，明显超出了法官应当承担责任的范围。这种对法官责任的苛求，对提高审判质量，减少冤假错案起不到实际效果，但对法官的职业环境、生存保障状况却会造成较大的负面影响，错案追究已经成为高悬在法官头上的一把达摩克利斯之剑。在一份法院内部的调研报告中，调查者发现，自2008年以来，某市两级法院因为案件审判问题受到处理的法官229人次，其中通报批评178人次，警告29人次，记过和记大过16人次，调离审判岗位4人次，被追究刑事责任2人次。随着对法官处理范围的扩大，近年来，法官对岗位选择出现了一种危险的倾向——纷纷主动要求调离审判岗位，到行政、后勤等事务性部门工作，准确说，是逃离审判岗位。法官动辄得咎，轻易被追责也对本书第二章调查问卷中反映出来的部分法官愿意放弃审判权，逃离一线审判岗位调往综合部门的现象具有一定的解释力。

二 工作失误被追责

此外，法官还可能因工作中的种种失误导致被追究行政或刑事责任。有人对法官被指控玩忽职守案例进行检索，发现2014年2月26日至2016年4月8日期间在法院文书裁判网上公开的裁判文书中有八个案例，其中，判决有罪5起，判处有期徒刑一年、二年各一起，判处有罪但免予刑事处罚3起，判决无罪3起。5起有罪判决案件中，有4起是未依法将罪犯交付执行，还有1起，是因为进行调解过程中，未严格依法办事，导致损失发生。因工作失误导致法官被追责的事例如下：

【例4】黄某甲调解审查不细致案

调解是法院民事审判重要的结案方式之一，由于双方当事人达成一致意见，因此，承办法官往往并不仔细审查其中的来龙去脉。但是，有些当事人利用调解书进行虚假陈述，甚至侵害第三人的利益,法官一旦没有查明事实真相就有可能被追究责任。例如,在黄某甲玩忽职守罪一案中,作为案件承办人的黄某甲在未对上述土地价值依法进行评估,未对土地使用权来源进行调查落实的情况下,即按照双方协议内容下发调解书,导致该宗土地使用权进一步流失,万民公司部分股东长期信访,该调解书后被新乡县人民法院依法撤销。被告人黄某甲的行为损害了当事人的合法权益,影响了人民法院公正司法,其行为已构成玩忽职守罪。但其犯罪情节轻微,不需要判处刑罚,被判处免于刑事处罚。

【例5】崔晓红、郭宏学先予执行不到位案

山西省永济市两名法官崔晓红(承办人)、郭宏学(该法院审判委员会委员、舜都法庭庭长)在办理一起民事侵权案件中,对原告递交的先予执行申请,执行不力,先后4次制止吴保国的建房行为,仍未能制止,造成原告方损失37万元。法院一审认定两名法官的行为构成玩忽职守罪,但由于犯罪情节轻微,免于刑事处罚。

【例6】曹某委托鉴定中程序瑕疵案

被告人曹某在案件审理过程中,委托鉴定之前未组织双方对鉴定资料进行质证、未严格按照《最高人民法院关于民事诉讼证据的若干规定》委托鉴定和审查鉴定人员资格,以及在案件由他人承办后未及时将被告提交的异议资料复印件转交下一承办人。后经法院审理,认为被告人曹某审理该案的上述瑕疵行为,与原审的判决结果间没有法律上的因果关系,被告人曹某的行为与公诉机关指控的某房地产有限公司五百余万元的损失之间没有法律上的因果关系,公诉机关指控被告人曹某犯有玩忽职守罪,证据不足,不能成立。因此,判决无罪。

【例7】李某未将刑事被告人交付执行案

被告人李某身为国家审判机关工作人员,在办理刑事案件中严重不负责任,不能正确履行职责,在其所承办的刑事案件判决生效后,未将罪犯依法交付执行,导致该犯长期脱管,再次犯罪,并发生致死一人的后果,严重损害了司法机关的声誉,造成恶劣的社会影响,应属情节严重,其行为已构成玩忽职守罪,依法应予惩处。李某被判处有期徒刑二年。

以上四个进入刑事审判的案件涉及法官办案的各个环节,鉴定、执行、调解、刑事判决后的执行等,法官因在工作中的疏忽或者过失,导致了一定损害结果的发生而被追责。四个案例中,三名法官被认定为构成玩忽职守罪,其中一名被判处有期徒刑二年,只有一人被认定无罪。

这些审判过失行为在《责任追究办法》中都有明确规定,根据该办法,因工作失误造成担责的情况还包括:"1. 因过失致使依法应当受理的案件未予受理,或者对不应当受理的案件违法受理,造成严重后果的;2. 依职权应当对影响案件主要事实认定的证据进行鉴定、勘验、查询、核对,或者应当采取证据保全措施而故意不进行,导致裁判错误的;3. 丢失或者因过失损毁证据材料,造成严重后果的;4. 向合议庭、审判委员会报告案情遗漏主要证据、重要情节,导致裁判错误,造成严重后果的;5. 采取财产保全措施时有过失行为,造成严重后果的;6. 先予执行错误,造成当事人或者案外人财产损失的;7. 因过失导致制作、送达诉讼文书错误,造成严重后果的;8. 采取强制措施有过失行为,致人重伤或者死亡的;9. 故意拖延办案,或者因过失延误办案,造成严重后果的。"

中国法官因疏忽大意而被追责除了其主观过错外,也存在一些客观原因:由于中国的司法辅助人员严重不足,法官在承办案件时,不仅仅从事审理和裁判工作,还承担大量"作为法官办理案件的基础性的、看起来有些琐碎的日常业务工作"[①]。从案件受理、送达到财产保全、调解、鉴定、评估、文书制作等诸多环节都由法官来主导进行,增加了法官忙中出错的概率,而一旦处理不妥,或者出现疏忽就有可能受到追责,并

---

① 冯国超:《法官职业风险的实证分析及其对司法公信力建设的影响》,载《建设公平正义社会与刑事法律适用问题研究:全国法院第24届学术讨论会获奖论文集》,人民法院出版社2012年版,第191页。

承担严重的后果。

三 因开罪于其他部门被追责

除了常见的错案及工作失误导致法官被追责外，法官还可能因办案得罪其他职能部门、权力机关而被追责，其中最典型的是"河南种子案"。

【例8】李慧娟河南种子案①

李慧娟在审理伊川县种子公司与汝阳县种子公司的代理合同纠纷案件时，因认定河南省人大常委会制定的《河南省农作物种子管理条例》某些条款与《中华人民共和国种子法》相冲突，引发了河南省人大常委会的不满。根据其下发的文件，洛阳市中级法院党组撤销李慧娟的审判长职务、免去助理审判员资格，并撤销其所在经济庭赵广云的副庭长职务。

【例9】依法执行本地企业被记过案

依法执行是执行法官的本职所在，但在司法实践中，却有一名法官因依法履行职责查封了被申请人的账户而受到处分。这位西部某法院的执行法官在当事人申请执行后，依法冻结了被申请人的银行账户，但由于这是一家本地招商引资企业，非但案件没有执行，执行法官反倒被记大过一次。②

不管是李慧娟河南种子案，还是执行本地企业被记过案，法官在履职过程中并没有失误和过错，法律适用和认定事实完全正确，仅仅是因为判决书或者执行行为触及了地方党政机关、立法机关的一些利益，使

---

① 杨伟贤：《法官裁判言论责任制度豁免》，硕士学位论文，云南大学，2015年。
② 冯国超：《法官职业风险的实证分析及其对司法公信力建设的影响》，载《建设公平正义社会与刑事法律适用问题研究：全国法院第24届学术讨论会获奖论文集》，人民法院出版社2012年版，第191页。

得这些党政机关"大发雷霆"从而导致法官免职或者处分。而从《工人日报》对李慧娟法官的一份采访报道中,我们能够更加深刻地体会李慧娟法官裁判时的考量以及她的无辜。

> 李法官:"……在我所承办的这起案件中,被告伊川公司一直辩解此案应适用《河南省农作物种子管理条例》三十六条及河南省物价局、农业厅依据该《条例》制定的一般性规范性文件中的规定。我院认为上述规定不能适用的理由应该在裁判文书中表述清楚,而不能含糊其辞,简单地只说一句'不能适用'就完事大吉,这是对当事人对法律的不负责任。"①
>
> "综观全案,我认为《种子法》、《价格法》是全国人大常委会制定的法律,是上位法,且颁布在后;而《条例》是河南省人大常委会制定的法规,相对于前者是下位法,且颁布在前。依照《立法法》六十四条及八十三条之规定新法优于旧法的原则,《条例》中三十六条应该'自然无效',而河南省物价局、农业厅联合下发的豫价农字(1998)225号文件中第一项规定是依据本条款制定的,亦应是无效条款,更不能作为本案依据。"②

正如李慧娟法官所说的,这份判决本身没有错,而对裁判文书进行充分说理,有利于当事人服判息诉,增加裁判文书说理性,对于增强司法权威性也是十分必要的。至于说李慧娟的错,只在于其缺乏"政治敏锐性",没有想到自己的判决说理会触犯《河南省农作物种子管理条例》的制定者河南省人大常委会的利益,从而激怒了河南省人大常委会。但是,即使河南省人大常委会认为洛阳中院的裁判不妥,也不能够干涉法院的裁判结果,没有法定的职权和职能对李法官加以批评,更没有权力直接发文对法院施加压力,要求对李慧娟法官

---

① 《监督需要依法进行——河南种子案主审法官接受本报记者采访》,《工人日报》2003年11月29日。

② 同上。

追责。① 但是，李慧娟案中，李法官就是因为审理了这样一个正确的案件，被不明不白地追责，剥夺了法官资格、撤销了审判长职务。这显然是一起因法官豁免保障制度缺失而导致法官被无辜追责的典型事例。

四 因负有领导责任被追责

法院领导对案件"错误"承担连带责任也是《责任追究办法》的一项创举，该办法第二十六条规定："院长、庭长故意违反法律规定或者严重不负责任，对独任审判员或者合议庭的错误不按照法定程序纠正，导致违反裁判的，院长、庭长、独任审判员或者合议庭有关人员均应当承担相应责任。"以下就是一起法院副院长因决策错误导致涉嫌玩忽职守罪的典型案件。

【例10】胡平案

胡平系开封市龙亭区法院分管刑事审判工作的副院长。2001年12月初，龙亭区检察院副检察长李某、反贪局副局长党某（女）的家属等人及有关部门相继收到匿名信，对李某、党某生活作风、男女关系等问题进行诽谤。龙亭区检察院委托开封市公安局鉴定认为，诽谤信件信封上的笔迹系龙亭区检察院民行科科长冷某所写。李某、党某及其家属遂以冷某诽谤为由向龙亭区法院提起刑事自诉。12月30日，胡平召集有关人员研究并向院长汇报后，指示立案庭予以立

---

① 李慧娟法官在采访中还说：作为法官，在处理案件时正确适用法律是宪法赋予我们法官的权力。何谓法律适用？从狭义上讲，即指国家司法机关依法行使职权，运用法律的一般规定处理具体案件的专门活动。我们诚恳接受各级人民代表大会及新闻舆论的监督，但这些监督应依法进行。现在省人大发文件，认为我院在判决中之表述是"宣告省人大常委会通过的地方方法规有关内容无效，实质是对地方性法规的违法审查，违背了我国的人民代表大会制度，侵犯了权力机关的职权"，要求严肃处理主管领导及直接责任人。法律依据何在？我是一名法官，如果我的行为是犯罪，由法律来制裁；如果我是违法违纪，可依《中华人民共和国法官惩戒规定》来处分；如果我是认识上的错误，应该接受相应的批评和教育，并做出检讨。"罚当其罪，罪当其刑。"但如果我是对的，这种不正常的监督和给我个人带来的种种压力和损失又该如何弥补呢？（《监督需要依法进行——河南种子案主审法官接受本报记者采访》，载《工人日报》2003年11月29日。）

案，并于当日决定对冷某执行逮捕。后经开封中院、西南政法大学、公安部分别对诽谤匿名信信封笔迹进行鉴定，结论为不是被告人冷某所书写。2002年3月20日，自诉人申请撤回起诉。同日，冷某被取保候审。之后，开封市郊区检察院以胡平涉嫌玩忽职守向开封市郊区法院提起公诉。①

在这个案例中，以及在上述案例5"先于执行不到位案"、案例8"李慧娟河南种子案"中，除了当事法官，主管法官的法院院、庭长也因此被牵连受过、追责。由于法官本身应当独立行使审判权，法院的院、庭长也只应承担行政管理职能，而不应分享法官的审判权，因此，法院领导被连带追责显然并不合理。退一步说，此案中，胡平虽然指示立案庭对冷某案进行了立案，并对冷某执行了逮捕，也是基于当时的证据，该行为本身并无不当，因此涉嫌玩忽职守而被追究刑事责任，确实匪夷所思。

第三节 法官责任豁免制度的外国立法例

法官责任豁免制度起源于西方国家，是近代资产阶级革命反对封建皇权的产物。但是"西方国家也并不是一开始就实行法官责任豁免制度，相反长期存在的是错案追究制度。在古罗马初期就确立了错案追究制度，当时甚至允许不服判决的当事人同法官决斗。罗马帝政之后设立了上诉制度，一旦胜诉，原审法官多受到刑事处分"②。古印度《摩奴法典》的许多条文规定了审判者的责任，一旦"法"被"非法"所杀，法官也将被追究责任，比如《摩奴法典》第8卷第12条规定："法庭上遇到正义为不义所伤，法官不能拔掉其芒刺时，法官本身亦为所伤。"第14条规定："凡在法官眼前正义被不正义所毁灭，真实被虚伪所毁灭之处，法官

---

① 刘改华、魏颖华：《依法履行职责却被控玩忽职守 龙亭法院副院长胡平被宣告无罪》，《人民法院报》2013年1月6日。

② 周枏：《罗马法原论（下册）》，商务印书馆1994年版，第998页。

亦同归于尽。"① 西方国家建立法官责任豁免制度，主要是由司法实践中屡屡发生法官被不正当解除职务的现象而引起的，因而也可以说法官责任豁免是总结司法实践中的教训而必然形成的制度。② 目前，西方国家大多建立了比较完善的责任豁免制度。

一 英美法系国家的法官责任豁免制度

（一）英国

在英国，基于法官独立的原则，法官在司法过程中所做任何事情和任何言语享有完全的豁免权，即使是恶意行为也是如此。根据该原则，即使一个下级法院的法官越权，在民事诉讼中也享有豁免权。

"法官在司法过程中所说的任何言语和任何事情都享有完全的豁免权，也就是说，在英国是不存在对审判错误的法官追究刑事或是民事责任的事情。案件也许存在改判的、给予赔偿的，但不管怎么样，都不会与原审法官的业绩或奖惩挂钩，更不会追究原审法官的民事或刑事责任。"③ 英国著名的大法官丹宁曾在《家庭故事》中写过这样一件事：他曾经办的一个重要的案件被上诉法院推翻了，原以为这样被推翻的审判会影响他去上诉法院就职的希望，但事情发生的6个月之后，上诉法院法官空缺一出现，他就立即晋升为高等法院的法官。对此事，他在书中描述道："初审法官的教训是，在你的判决被上诉法院推翻时，不要心烦。"④

由此，可见，英国给予法官最广泛、最充分的责任豁免特权，不仅免于刑事责任、民事责任，甚至免于任何不利影响，而且这种责任豁免不附带任何条件。

（二）美国

在美国，法官豁免制度为普通法所确立。根据传统，联邦和州的立

---

① [法] 迭朗善译：《摩奴法典》，马香雪转译，商务印书馆1982年版，第169页。
② 谭世贵、孙玲：《法官责任豁免制度研究》，《政法论丛》2009年第5期。
③ 莫晓岚：《法官豁免制度的研究》，硕士学位论文，湘潭大学，2010年。
④ [英] 丹宁勋爵：《法律的正当程序》，刘庸安译，法律出版社2000年版，第76页。

法官员及司法官员享有绝对的豁免权。只要他们是在从事职务性的活动或者是司法活动，则应免于承担侵权责任。美国的联邦最高法院在"希雷德利诉费希尔"①一案中确立了法官责任豁免制度的原则，即只要法官没有明显缺乏"司法管辖权"的情况下行使职权，即使法官采取的行为是"错误的、恶意做出的，或者是超越其权限的"，法官也应该享有责任豁免，而不能被追究民事或刑事责任。美国的联邦最高法院认为这个原则的确定非常有意义，这样使法官责任豁免制度能充分发挥作用，使法官根据他们自己的确信来司法，而不考虑个人的后果。"如果法官因为担心因自己的职务行为而承担后果，为此而苦恼的话，这将会摧毁司法独立，司法也将没有尊严和用处。"②

（三）加拿大

在加拿大，"法律对于法官的责任豁免问题规定得较为详尽，如法官在其履行职务时所产生的失误免受起诉或是干扰；法官在履行审判职责时说过的话，做过的一切事情均受到法律保护；他说过的话受到绝对的特权保护，不能成为提起民事诉讼对象；高等法院法官就民事纠纷绝对豁免"③。

二 大陆法系国家法官责任豁免制度

在葡萄牙，《宪法》第221条第2项规定，除法律另有规定的情况外，法官不因其所作判决而受追究。

在德国，对于法官责任豁免权较为简单和粗略。其《基本法》第34条规定："法官对故意违法行为和存在明显过失的行为承担法律责任。"④《法官法》第26条第1款规定："法官只在不影响其独立性的范围内接受

---

① Ohn O. Haley, The Civil, Criminal and Disciplinary Liability of Judges, *The American Journal of Comparative Law*, Supplement, Fall 2006.

② K. G. Jan Pillai, Rethinking Judicial Immunity for the Twenty-First Century, *Harvard Law Journal*, Fall, 1995.

③ 莫晓岚：《法官豁免制度的研究》，硕士学位论文，湘潭大学，2010年。

④ 谭世贵等：《中国法官制度研究》，法律出版社2009年版，第573页。

职务监督。"另外，法官与其他国家公职人员共同属于公务员的序列，普遍适用公务员相关的法律规范。《德国民法典》第 839 条规定了公务员在职务行为中因违反义务而需要承担责任的情形。该条第一款规定，公务员在主观过错如故意或过失的支配下，存在未尽到或者违背其职务义务情形的，应承担补偿第三人因此所遭受的损失的责任。需要注意的是，在过失职务行为造成损失的场合，公务员的赔偿责任具有最后性：受害人只有在用尽其他赔偿方式仍未能获得救济的情况下，方可要求公务员承担责任。第二款则具体规定了特定的公务员类型法官的责任承担：法官在履行作出司法判决的义务时，只有违背义务的行为严重到以犯罪进行评价之时，方对损失承担赔偿责任。换句话说，法官作为特殊的公务员，其司法责任追究适用第二款的规定；据此，法官对职务义务的违反只要未达致犯罪，就免除民事上的赔偿责任，即享有民事责任上的豁免权。①

日本《法院组织法》第 49 条规定："裁判官违背职务上的义务，懈怠职责，有愧于职位时，以法律规定，以裁判惩戒之。"

印度关于法官责任豁免的规定在《宪法》中即可觅得踪迹，如在《宪法》第 124 条规定："法官享有司法豁免权，任职期间只由本院处理，任何机关不得干涉。"

墨西哥关于法官豁免权的规定有正式的立法确定："联邦三级法院和首都联邦区高等法院大法官享有诉讼豁免权。"②

俄罗斯《联邦宪法》（1993 年）第 122 条规定："法官不受侵犯；非经联邦法律规定，法官不得被迫追究刑事责任。"

三　国际公约中的法官责任豁免

国际公约因主体的特殊性，无法像各国那样通过法律条文或规定形成完整的法官豁免制度，但是国际公约对于法官及其他法务人员的豁免

---

① 郭宁：《法官豁免权的存在空间及其限度——基于两大法系的比较视角》，《山东师范大学学报》（人文社会科学版）2013 年第 6 期。
② 莫晓岚：《法官豁免制度的研究》，硕士学位论文，湘潭大学，2010 年。

权规定较为详细。这些法律文件中往往规定法官享有职业豁免权，即法官履行审判职责，非因故意或者重大过失、非因法定事由、非经法定程序，享有免受责任追究的权利。

1982年在印度新德里举行的国际律师协会第十九届全体大会通过《司法独立最低标准》第44条规定："法官对其执行法官职务之事务，其享有不受诉讼及不出庭作证的免责权。"

1983年加拿大魁北克蒙特利举行的司法独立第一次世界全体大会通过的《司法独立世界宣言》中对法官的责任豁免问题做了明确的规定：法官应被保护免受针对他们的有关其司法职责方面的个人诉讼的困扰，除非经适当的司法当局授权，否则不得被起诉或控告。在不损害任何纪律惩戒程序或者根据国家法律上诉或要求国家补偿的权利的情况下，法官个人应免于因其在履行司法职责时的不当行为或不作为而受到要求赔偿金钱的民事诉讼。①

1985年第七届联合国预防犯罪和罪犯待遇大会通过的《关于司法机关独立的基本原则》的第16条规定："在不损害任何纪律、惩戒程序或根据国家法律上诉或要求国家补偿情况下，法官个人应免于其在履行司法职责时不当行为或不作为而受到要求赔偿金钱损失的民事诉讼。"这一条规定是法官豁免权的重要依据，它表明法官在履行司法职责的时候，如果因为他的不当行为或不作为而造成了损失，则当事人可以根据损失要求国家补偿或者根据法律法规进行上诉，但法官不能因此而被要求对当事人进行民事赔偿，也就是说，法官不能因为他履行司法职责的行为而追究责任。此外，《关于司法机关独立的基本原则》还要求："对法官这样的司法和专业人员如果提出控诉或是指控，应当按照适当的程序公平且迅速地进行处理，法官则可以进行公正的申诉，并且在最初阶段进行的调查是必须保密的，除非当事人法官要求不给予保密。"

《国际刑事法院规约》（罗马规约）也规定："法官……而且在任期结束后，应继续享有豁免权，与其公务有关的言行、文书和行为，不受任何形式的法律诉讼。"从这条可以看出，法官在任期结束后，

---

① 蒋惠岭：《法院独立审判问题研究》，人民法院出版社1998年版，第124页。

对于与公务有关的言行、文书、行为都享有豁免权,更不用说是在任期中了。

第四节　法官责任豁免制度的理论探讨

一　司法权威性的要求

当事人的矛盾纠纷之所以形成诉讼,原因在于双方对于法律、事实有截然不同的看法,存在针锋相对的诉求,在公说公有理婆说婆有理的情况下,需要中立的第三方对矛盾纠纷加以决断和解决。如果这个第三方软弱无力,或者无法令人信服,那么矛盾解决的作用就无法充分发挥。法官作为司法的执掌者,如果其言论和判断处处受到事后追责的威胁,对于矛盾纠纷的判断没有终局性和权威性,那么,司法和法官的作用就无法发挥。正如,美国联邦最高法院的一位大法官所说的,"不是因为我的判决是正确的所以它才是终局的,恰恰相反,我的判决之所以是正确的,是因为它享有终局性"。法官豁免制度是司法获得权威、法官敢于依照法律和自身良心判断的根本保障。没有这种保障,必然导致法官千方百计通过请示汇报等将裁判权和裁判责任向法院院、庭长和上级法院转移。法官主动放弃裁判权,必然导致法官的地位和权威性无法提升,司法裁判权也始终与法院内部的行政管理权纠缠不休,无法实现其自身价值。

二　司法裁判公正具有相对性

正如学者所云:"法官并不是全能的,他们只能在有限的时间内,根据有限的司法资源,依照法律的程序去履行自己的职责,这决定了法官不可能做出与案件客观事实丝毫不差的结论,所以其做出的裁判的客观性和公正性也是相对的。"[①] 法庭的时空限制使得法官未必能够百分之百

[①] 谭世贵、孙玲:《法官责任豁免制度研究》,《政法论丛》2009 年第 5 期。

地查明客观真实。司法权作为一种判断权,需要法官通过呈现在自己面前的证据材料,依据法律法规,对既往事实加以推理和判断,因此,法官审理和裁判的工作类似于具有法律专业知识的侦探。能否还原事实并加以正确推理,取决于事发现场留下多少线索,犯罪分子的狡猾程度,当然还有侦探的推理能力,要想真实客观地还原事实,上述条件缺一不可。因此,正如再优秀的侦探也难免为疑难案件绞尽脑汁,甚至无从下手,被罪犯故意设计的陷阱迷惑,误入歧途一样,法官即使精通法律知识,拥有最为丰富的司法经验,也不可能具有上帝般的先知,对任何事实细节都明察秋毫。既然,判断的偏差是常人所不能完全避免的,那么让法官对任何判断错误都承担责任显然不合理。上述莫兆军案中,莫兆军法官从常理分析,如果被告被胁迫写下借条,肯定会留下证据。然而事实上,本案中被告虽然受到胁迫写了借条,却没有报案,莫兆军通过推理得出的法律事实就与客观事实产生了差异,但这个差异并不是法官在庭审过程中必然能够查明的。尽管法官尽到了充分的注意义务,但是在现有条件下仍然没有查明事实,由此造成的"错案"不应归咎于法官自身。

三 司法程序已给予充分的救济途径

正是司法裁判对于事实的还原具有相对性,世界各国普遍为司法程序设置了充分的救济途径。中国亦无例外,除了两审终审制之外,民事诉讼和行政诉讼中当事人终审后可以向上一级人民法院申请再审,刑事诉讼当事人有二次申诉机会,死刑还有复核程序,所以任何一个普通的刑事、民事和行政诉讼都可能经过三至四轮的审理(或审查)。绝大部分诉讼中发生的错误和瑕疵都可能通过上述救济途径加以弥补,因此,"追究法官责任的诉讼反而变得多余了,亦即既然法官的错误判决可以通过上诉程序得到纠正,那么追究法官责任从而损害司法权威的做法也就逐渐失去其必要性"[①]。

---

① 谭世贵、孙玲:《法官责任豁免制度研究》,《政法论丛》2009 年第 5 期。

四 对杜绝冤假错案无益

由于司法公正只具有相对性,客观事实能否被还原的影响因素众多,仅因为客观事实与法官认定的事实不符,就祭出责任追究的大棒,那么一则法官在行使司法裁判权时,必然左顾右盼,如履薄冰,因时时担心遭到追责不能专注于法律和事实的判断。英国原上诉法院院长丹宁勋爵曾这样说道:"当法官依法行事时,每位法官均应受到保护,以免负赔偿损害的责任。所有法官都应该能够完全独立地完成自己的工作,而不需担惊受怕。决不能弄得法官一边用颤抖的手指翻动法书,一边自问:'假如我这样做,我要负赔偿损害的责任吗?'只要法官在工作时真诚地相信他做的事是在他自己的法律权限之内,那么,他就没有受诉的责任。法官可能弄错事实,可能对法律无知,他做的事情可能超出他的司法权限——不管是在事实上,还是在法律上——但是只要法官真诚地相信他做的事情是在自己的司法权限之内,他就不应承担法律责任。他就不应为指责他出于故意、恶意、偏见或者其他诸如此类的东西所苦。除法官表明他明知自己无权做某事却违法去做外,任何其他情况均不能使法官承担法律责任。"[①] 二则即使对错判法官课以最重的处罚,除了造成对冤案的重审和翻案的障碍之外,对提高裁判的正确性也不会产生丝毫的帮助。因为法官不可能由于责任更加重大而超越自身的认知能力,成为全知全能的神。况且不少冤假错案的发生不只是法官判断错误,而是经过层层汇报、请示,在群体和领导决策下造成的。

五 中国建立法官责任豁免制度的特殊意义

此外,在中国建立和完善法官责任豁免制度有着特别重要的原因:其一,中国法官的追责事由、途径众多,已经对法官独立裁判构成威胁。从上文的多个事例中可以发现,除了法院内部制定了错案追究、信访追责等一系列责任追究制度外,法官在办理案件过程之中及之后都有可能

---

① [英]丹宁:《法律的正当程序》,刘庸安译,法律出版社 2000 年版,第 56—57 页。

受到政法委（例2）、各级地方人大（例8）、检察院的追责（例3、例5、例10）。其中，在例3的李健案中表现得最为典型，李健审理的案件最终经过两次再审，恢复到原审的判决结果，也印证李健此前的判决是正确的，但是李健本人却因检察院的错误抗诉而被羁押156天，遭受四年不白之冤，妻离子散，付出了巨大的代价。其二，中国法庭查证事实尤为困难。熟悉中国审判的人应该知道，中国的疑难复杂案件往往不是指案件法律问题的艰深，而在于事实难以查明。其中，既有当事人平时法律意识不强，不注意留存证据特别是书面证据，举证能力弱的原因；也有社会和司法的诚信机制未建立的因素，法院对当事人、证人在法庭上的不诚信行为司法处置无力，导致法庭上谎话连篇，法官的判断难上加难。案件事实的一片迷雾造成法官事实认定的巨大困境，也容易造成"错案"。其三，司法裁判的独立性差，司法受制于诸多法外因素。责任自担原则是现代法治的普遍原则，要求行为人应该且只应该对自己的行为承担责任。由于法官独立行使审判权在审判实践中没有落实到位，中国的法官在案件审理时，经常会受到法外因素的影响，特别是在一些重大敏感、疑难复杂案件中，都能看到当地政府、政法委、上级法院及法院领导的身影。法官对于一些案件本身无法作出独立判断和决定，那么将案件"错判"责任完全归咎于承办法官则显然违背了责任自担的原则。

第五节 完善法官责任豁免制度的对策建议

建立法官责任豁免制度对于增强司法的权威性、独立性，改善法官生存状态，免除法官审理裁判的后顾之忧具有重要意义，因此建议从以下几个方面建立比较完善的法官责任豁免制度。

一 确立法官责任豁免制度

虽然，在最高人民法院制定的《责任追究办法》和中办、国办发布的《履则规定》中都出现了法官责任豁免的内容，但是总体而言，中国法官的责任豁免规定仍然欠缺，亟待建立、健全完备的法律责任豁免制度。一是树立法官责任豁免的理念。从法官责任豁免立法规定的欠缺，到实践中法官履职行为屡被追究刑事责任，都可以看出中国尚未树立法官责任豁免的司法理念。"西方国家的法官豁免制度置身于三权分立的政治框架之中，司法独立是应有之义，而法官豁免制度则是司法独立目标指引下的路径选择。"[①] 但是，法官责任豁免并不应只是西方国家的专利，法官豁免权的本质目的是维护法律的公正适用，中国法官法同样要求法官"独立行使审判权"，而这种独立不仅表现在法官有权根据自己的法律知识对案情和法律适用加以判断，并做出判决，也表现在自己确信撰写的判决不会成为日后他人追责的罪证！加之，"法官在履行职务义务过程中必须承担各种严格责任，赋予豁免权是促使其权利与义务相平衡的重要砝码"[②]。二是通过立法确保这种豁免理念落到实处。在树立了法官应享有责任豁免权的共识后，需要通过法律将这个理念落实到法律条文中去，通过立法将法官责任豁免制度作为法官免受追责的保护机制。至少应当在最高国家权力机关制定的法律——《法官法》中，加以明确规定。等将来法官责任豁免制度逐步成熟完善，法官裁判的独立性得以确立，法官的责任豁免还可以作为一项宪法权利写入宪法中去。

二 明确法官责任豁免的界限

国际上，虽然世界各国都明确规定了法官责任豁免制度，但是仔细比较不同国家的规定，法官责任豁免的原则、范围、界限等都有着明显的差异。设定中国法官的责任豁免原则应当考虑到中国法律传统及当下法官的水平和素质，对法官责任豁免应加以限定，不应一味扩大豁免权的范围。

第一，仅限于法官的职务行为。"法官的职务行为是指法官执行职务所必需的行为，依据《法官法》和三大诉讼法的规定，法官的职务行为

[①] 郭宁：《法官豁免权的存在空间及其限度——基于两大法系的比较视角》，《山东师范大学学报》（人文社会科学版）2013 年第 6 期。
[②] 同上。

包括两大类，即审判和执行。"① 那么，那些属于法官的职务行为之外的行为就是与法官的审理、判决无关的行为，例如，法官在进行现场调查勘验时，发现贾某家的兰花非常名贵，在离开时占为己有，这就超过法官职务行为范畴，当然也不在法官责任豁免范围内。法官责任豁免只能针对法官的职务行为而言。

第二，排除故意和恶意的行为。英美法系国家法官往往享有绝对的豁免权，英国法律传统中，只要在司法管辖权内，"法官在司法过程中所做任何事情和任何言语享有完全的豁免权，即使是恶意行为也是如此"。这是与英美法系国家法官本身具有崇高的地位，其进入法官职业前已经经历过长期的考察，法官具有极高的道德素质紧密相关的。许多国家对法官的责任豁免均排除故意或者重大过失行为。在中国当下法官素质仍没有达到理想状态的前提下，法官的责任豁免仍应以相对豁免为原则，即以过失为限，排除故意或者恶意行为的司法责任豁免权。在通常情况下，法官对于合议庭评议结果、审委会决定都是清楚和知晓的，在这个前提下，法官私自制作与合议庭评议结果、审委会决定相悖的诉讼文书，应属故意或者恶意，所以排除在法官责任豁免之外。相反，一些过失行为，例如"丢失或者因过失损毁证据材料"，"过失延误办案"，如果认定法官不具有恶意，也不是具有司法腐败等因素而故意为之，即使具有重大过失，也造成了损害后果，也不应追究其刑事和民事法律责任，只能通过法官考核的机制予以相应的惩戒。

三 明确法官的责任范围

建立健全法官责任豁免应当明确法官的责任范围。一些审判事务性工作并不应当由法官亲力亲为，只是在目前中国的司法辅助人员严重不足，法官与法官助理、书记员工作职能区分不清晰的前提下，而由法官代为承担，这些不应归咎于法官的责任在建立法官责任豁免制度时应当排除在法官追责范围内。例如，《责任追究办法》中规定了因多项审判人员工作失误被认定需追究责任，如对案件是否应当受理问题的错误，对

---

① 谭世贵等：《中国法官制度研究》，法律出版社 2009 年版，第 585 页。

事实进行鉴定、勘验、查询、核对的错误,采取财产保全措施时的过失,送达诉讼文书错误、强制措施有过失行为等。这些工作本身不应属于法官的审判职责范围,因此,更不应将其作为惩戒、追究法官责任的依据。

四 明确法官的追责机构

上述法官被追责的案例表明,现实生活中,追究法官责任的机构多种多样,既有政法机关,也有人大、政府,只要影响了部门利益就可以随意要求对法官追责,其主要原因在于法官追责程序启动过于随意。因此,完善法官责任豁免制度的另一重要举措是设立明确、统一的法官责任追究机构,如法官惩戒委员会。在设立法官惩戒委员会时,应遵循以下两个原则:一是独立性原则,即法官惩戒委员会既不能设立在行政机关、立法机关和检察机关内,也不宜设立在本法院内部,以避免法官惩戒委员会沦为其他机关以及各法院内部行政管理的工具。建议在最高人民法院及各高级人民法院下面专门设立法官委员会的一个分支机构或者作为法官委员会的职能之一,以保持其独立性特征。中级和基层人民法院法官的惩戒由高级法院法官惩戒委员会决定,最高和高级人民法院法官的惩戒由最高人民法院法官惩戒委员会决定。二是程序司法化原则。法官惩戒委员会必须是司法性质的机构,追究法官责任要严格按照程序进行,由法官惩戒委员会独立裁决,并严格遵守法官在司法职权范围内的行为免受惩罚的原则。

五 明确法官责任豁免与司法责任制的关系

党的十八届三中全会确定将"司法责任制"等四项改革作为司法体制改革的重点。一方面,完善司法责任制,应以法官独立审判为前提。法官独立审判是法官承担责任的前提。完善法官责任豁免制度,保证法官在审理案件时心无旁骛,也是法官独立审判的题中应有之义;另一方面,建立健全法官责任豁免并不是要免除法官的所有责任,更不是要减弱或者放弃对法官的监督,而是应当明确法官监督的范围和角度。严格区分法官的职务行为和不当行为之间的界限，对于职务行为造成的判决错误和损失应当免责，但是一旦发现法官存在不当行为，超出了法官职业行为的范围，违反了法官伦理，如该回避没有回避、单方接触当事人、收受当事人贿赂等，则应绝对排除在法官责任豁免之外。因此，法官责任豁免制度与司法责任制之间并不矛盾。

第八章

法官保障制度完善的对策与立法建议

法官是一个国家司法的执掌者,对法官权益的保障则会在很大程度上影响法官能否独立、中立、公正地审理案件,直接决定着一个国家司法水平的高下。"在西方国家法官具有崇高的社会地位,并通过立法形式对法官的地位和社会保障等问题作出明确规定。"[①] 从本书第三至第七章的分析可以看出,虽然中国法律也对法官的权利进行了一定程度的保障,但是总体上来说,中国法官保障制度仍然存在缺失和漏洞,这是中国法官保障不力,法官生存状况不佳、法官离职的重要制度原因。

第一,法官保障的立法层级不高。在宪法中体现法官地位或者保障制度是外国宪法的通例,如在宪法中规定法官是独立的,只服从法律。美国宪法、印度宪法中都规定了法官终身任职或者不得被免职,并且明确任职期间酬金不得减少等内容。相比而言,虽然中国宪法专门设有"人民法院和人民检察院"一节,但是其中都是关于法院组织和运行的内容,只字未提法官的权利、保障,或者义务和责任。有关法官的权利义务主要是由全国人大常委会制定的《法官法》来确定。其他的保障内容和规定则散见于中办、国办或者最高人民法院发布的规范性文件如《法官职业道德基本准则》《履职规定》《法官行为规范》中,与立法相比,这些规范性文件不仅层级低,而且规范性差,刚性不足。

第二,法官保障的立法粗疏。有关法官保障的法条大多数是概括性规定,缺乏制度的刚性。虽然,在《法官法》等规范性文件中也明确了

[①] 尹丽华:《俄罗斯刑事诉讼中的法官职权及其保障》,《法律适用》2005 年第 3 期。

法官的权利义务、法官的薪酬、法官的培训和申诉等与法官保障相关的内容。但从总体上看，这些规定中法官的权利过于单薄，法条过于原则性和粗疏，对于法官的权益不能起到充分的保障作用。在《法官法》制定后，法官的审判权被肆意侵犯，法官被随意调离、免职，人身权受到侵害的事例仍然屡见不鲜。例如，《法官法》第 45 条第 1 款规定了法官享有控告权，[①] 但是法官被侵权后向谁提出控告，怎么控告，哪些行为属于侵犯法官权利的行为，都付之阙如，事实上，法官根据这条提出过控告的事例十分罕见。该条第 2 款对法官独立行使审判权的保护性规定[②]更是没有起到任何保护法官履职的作用，现实中干涉法官依法审判的事情比比皆是，但是按律追究责任的几乎不见先例。

第三，缺乏配套措施，法律没有武装到牙齿。即使《法官法》等法律法规中有一些保障法官权益的条文，却因为缺乏相应的配套制度，使用起来就像软脚蟹一样绵软无力。《法官法》第 36 条和第 42 条的规定，[③]明确提及对法官工资待遇和退休应根据审判工作特点另行规定，可见立法者已经注意到了法官职业具有特殊性。然而，事实上《法官法》颁布二十多年后，仍未见这个"另行规定"出台，这两项规定仍然无法落实。又如《法官法》第 39 条对于法官辞职的规定如下："法官要求辞职，应当由本人提出书面申请，依照法律规定的程序免除其职务。"看上去很明确，但是实际上，在个别法院给法官辞职设置很多障碍，法官遭遇辞职难，而这一条文并没有对法官辞职权利保障起到实际效果。

因此，通过立法加强法官保障不仅势在必行，而且迫在眉睫。前文已经就法官保障各制度的改革方向提出了对策建议，本章则重点在制度和立法层面对法官保障如何落到制度层面加以阐述。

另外，受制于中国的国情、司法的现状、法律传统文化以及法官群体素质等因素，法官保障制度的完善和健全只能一步一个脚印，循序渐

[①]《法官法》第 45 条第 1 款：对于国家机关及其工作人员侵犯本法第八条规定的法官权利的行为，法官有权提出控告。

[②]《法官法》第 45 条第 2 款：行政机关、社会团体或者个人干涉法官依法审判案件的，应当依法追究其责任。

[③]《法官法》第 36 条：法官的工资制度和工资标准，根据审判工作特点，由国家规定。《法官法》第 42 条：法官的退休制度，根据审判工作特点，由国家另行规定。

进。为此，本书确立了完善法官保障制度的近期目标和中远期目标，并对近期目标中《法官法》的修改提出立法建议。

第一节 完善法官保障的近期目标

一 修改完善《法官法》

《法官法》是明确法官职责、权利义务的基本法律，修订《法官法》，删改其中不符合时代法治发展要求、不符合中央最新司法体制改革精神、不利于保障法官独立行使审判权的内容，增加法官的权利保障，是完善法官保障、改善法官生态的重要举措。全国人大也正在着手对《法官法》进行修订，本书则将基于前文对法官职权保障方面的研究成果，提出《法官法》中与法官保障相关的修改方案。

（一）《法官法》修改的总体思路

第一，在宪法和法律框架内修改。《宪法》是国家的根本大法，法官权益的最终保障需要宪法层面的突破。在对法官权益没有修宪计划的前提下，在《法官法》修改过程中，应当着眼于法律现状，尊重现有的《宪法》和基本法律制度框架，做到理想与现实相结合。尊重《宪法》，不是指囿于《宪法》，目前《宪法》对法官制度的规定几乎是空白，《法官法》修改过程中，可以以《宪法》作为法律修改的边界，在不直接违背宪法精神和条文的前提下，确定一些修改的"小目标"，逐步确立法官的各项保障制度，使其从无到有，从弱到强。在确保法律修改可实施性的前提下，为法官权利保障争取更多突破口。

第二，体现和固定司法体制改革的最新成果。《法官法》的修改是贯彻落实中央整体部署的具体体现，也是司法体制改革的重要组成部分。因此，《法官法》修改应当吸收司法体制改革的最新成果，将司法体制改革的成果中较为成熟的内容，以法律的形式固定下来，例如，《责任制若干意见》《履职规定》中有关法官履职保障、安全保障有进步意义的法条。并且将本次司法体制改革中已经取得共识，在实践中也逐步推广的重要内容,通过修订法律确定下来,如法官员额制、法官遴选委员会、法官单独职务序列及工资制度、法官惩戒委员会等等。

第三,充分考虑司法和法律的现状。在修订《法官法》的时候,既要立足于中国国情,也要考虑到中国法官的生存现状。中国法官整体上工作压力大、福利待遇低、审判责任重、各种风险高,因此,《法官法》修改时应当着力针对法官群体普遍反映的突出问题,在法官的履职保障、经济保障、安全保障和责任豁免保障方面加大修改力度,从制度层面改善法官的生态环境。

第四,广泛借鉴先进国家的立法经验。法治是人类智慧的结晶,是人类文明的共同财富。在全球化的今天,任何国家的法律制度都不是封闭的,不同法律制度之间相互影响、相互作用是必然的。《法官法》的修改也应当树立现代司法理念,勇于冲破传统思想观念的障碍和利益固化的藩篱,直面影响司法公正、制约司法能力的深层次问题,在立足国情的基础上认真研究借鉴域外法治成果。

第五,留有扩展的空间,适度前瞻。从某种意义上来说,立法跟艺术作品的创作一样,永远是一种缺憾的美。法律要求保持稳定,因此,法律一旦制定就无法实时更新适应不断发展进步的社会。为了让法律的生命更加长久,《法官法》的修改应当着眼于未来五年、十年后中国司法制度、法官制度的发展状况,保持适度的前瞻性。同时,对于尚在试点摸索阶段,尚未达成共识的意见,或者效果有待进一步检验的改革措施,可根据试点进度和具体效果,考虑在这次修法中留有扩展的余地,增强《法官法》的弹性。

(二) 在《法官法》总则中确立法官保障的重要条款

一部法律的总则部分是该部法律的立法宗旨和立法精神的集中体现。《法官法》的修改过程应当着重把"法官管理法""法官义务法"转变为"法官保障法""法官权利法",这就需要在总则中减少法官的管理色彩,体现法官的基本权利和重要的保障原则。

第一,在立法目的中增加法官保障的内容。现有《法官法》总则确定的立法目的是"为了提高法官的素质,加强对法官的管理,保障人民法院依法独立行使审判权,保障法官依法履行职责,保障司法公正"。这一立法目的，侧重于加强法官管理，不利于法官权利的切实保障。因此，建议在总则的立法目的中弱化管理色彩，强化法官保障方面的内容。

第二，增加《法官法》总则的内容。现行《法官法》总则共四条，规定了《法官法》的立法目的，法官的范围、法官的义务和法官依法履行职责，受法律保护等内容。总体而言，总则部分过于简陋，内容不全面。建议在《法官法》修改时，将现行《法官法》第二章法官职责和第三章法官义务和权利的内容，以及法官法的立法目的、立法依据、法官的范围、职业伦理等内容纳入总则部分，特别是应当在总则中增加法官保障的原则性条款。鉴于法官履职保障、身份保障和责任豁免制度对于法官保障体系的重要作用，建议在总则中增加这三个制度的原则性条款。一是增加法官履职保障的原则性规定。由于履职保障是法官行使审判权，体现法官之所以为法官的根本保障，因此，建议在《法官法》总则中增加"法官有权独立行使审判权，不受任何组织和个人的干涉；法官行使审判权不服从任何权威，只服从法律和自己的良心，履行自己的职责"等内容。二是确立法官身份保障的原则性规定。即法官非因法定事由、非经法定程序，或者本人同意，不被免职、辞退，不受纪律处分。三是确立法官职业豁免的原则性规定，即规定法官履行法定职权不受刑事、民事、行政责任追究等。

（三）单独设立"法官保障"一章

现行的《法官法》中，法官保障的相关内容零散地分布在法官的"义务与权利""惩戒""工资保险福利""辞职辞退""退休""申诉控告"等不同章节之中。法官保障散落不同章节中不利于法官保障各项制度形成合力，也不利于突出法官保障的重要性，因此建议单独设立法官保障一章，内容包括法官工资福利制度、法官身份保障、法官安全保障、法官责任豁免等。

第一，通过立法提高法官经济保障水平。根据中央司法体制改革精神和《法官、检察官工资制度改革试点方案》，一是在《法官法》中规定建立与法官单独职务序列相配套的法官工资制度，明确法官的工资和福利待遇应当高于公务员。二是明确定期增资机制，可以按照法官等级按时晋升法官等级和工资级别，并且确定法官在任期期间的薪酬不得降低。三是法官履职期间因公受伤，或遭遇意外伤害的，有权获得帮助和补偿。四是为法官提供必要的住房、医疗保障及相应的津贴、补贴和保险、福利政策。五是为法官设立职业保险制度。参照公证员的公证职业责任保险制度，为法官设立司法职业保险制度，确因法官过失导致的民事财产损害的，由保险公司赔付，免除法官因疏忽、过失或其他原因造成当事人利害关系人的经济损失或伤害，而被追究法律责任的风险。六是保障法官的休假权。同时，明确法官的工资制度和福利待遇，根据审判工作特点，可另行规定，为将来制定法官保障法或者法官工资法预留空间。

第二，完善法官退休养老制度。法官任职年龄普遍高于其他公务员，法官执行公务员的退休规定，造成法官的工作年限过短，造成司法资源的极大浪费。因此，在《法官法》修改时应当调整法官退休制度，一是赋予法官选择权，对于长期在审判一线办案的法官，经本人申请，可适当延长退休年龄等；二是鼓励退休法官从事法官培训、法院的审判顾问、人民陪审员等，并给予相应的报酬；三是考虑到法官的职业特点，以及法官及其家人为司法公正性在工作就业、生活方式等方面所做的牺牲等因素，在《法官法》中明确法官任职达到一定年限后，退休后工资待遇不得降低。

第三，明确法官履职保障的具体条款。可以借鉴最高人民法院颁布的《责任制若干意见》和中办、国办公布的《履职规定》，以法律形式将法官履职保障机制落实下来：一是明确依法独立行使审判权的主体是法官；二是明确法官审判不受干涉，违反法律规定干预、过问和插手司法活动的应当予以记录、通报和追究责任；三是明确任何单位或者个人不得要求法官从事超出法定职责范围的事务，法官也有权拒绝任何单位或者个人安排其从事超出法定职责范围事务的要求。

第四，增加法官人身安全方面保障的条文。一是明确禁止对法官进行诬告陷害、威胁、报复陷害、侮辱诽谤、暴力伤害，否则从严惩处；二是法官安全保障的对象除了法官还包括法官的近亲属；三是严格保护法官及其近亲属的隐私和个人信息；四是对法官进行诬告陷害、威胁、报复陷害、侮辱诽谤、暴力伤害等行为，可以由法院来处罚和定罪；五是加强对法官人身安全的事前保护措施，对于审理案件涉及重大利益的法官予以特殊保护，对法官发出安全威胁的当事人事先予以控制和惩处等等；六是法官因依法履职遭受不实举报、诬告陷害，致使名誉受到损害的，人民法院应及时为其澄清事实。

第五，明确法官的责任豁免权。一是明确法官履行职务行为的豁免权。确保法官未经法定的惩戒程序不受责任追究。只要法官在履职过程中不存在故意和恶意，无论案件判决结果是否与客观真实相一致，不应追究法官责任。"在追究责任的前提上，从限制法官自由转向保障法官独立；在标准上，从主观内心过错转向外在行为失当；在重心上，从实体结果公正转向程序正当合法；在依据上，从法院内部文件转向法律明确规定。"[①] 二是明确法官的刑事责任豁免权。增设"法官非经选举或任免该法官的机关许可，不受逮捕或者刑事审判"的规定。

第六，完善法官的身份保障制度。针对司法实践中，法官依法办案受到非法干预甚至被处分、撤职的事例，为了完善法官的身份保障，应当在《法官法》中明确，首先，对法官任何不利的惩戒必须经由法定的事由，并且经过法官任命机关或者法官惩戒委员会来决定；其次，在《法官法》中规定法官免职或者处分的法定事由，除此之外法官不应被免职或者受处分；再次，对于法官的任何惩戒措施，法官有权向做出决定的机构申请复核或者向上一级机关申诉；最后，明确非经法官本人同意，不得要求法官调动、调岗。

第七，确定法官与法官助理、书记员等司法辅助人员的职责工作。调查发现，中国的司法机关为法官配备的法官助理、书记员等司法辅助人员严重不足，导致法官陷入大量的事务性工作，无法专心审判，严重影响司法的公正和效率。因此，建议在《法官法》中明确法官配备司法辅助人员的数量和职责，明确庭审记录、送达、保全、调查、接待信访、案件档案整理、裁判文书草拟等工作由司法辅助人员从事，并独立承担责任。法官只负责庭审和裁判文书的最终撰写、签发等审判工作。

---

① 魏胜强：《错案追究何去何从？——关于我国法官责任追究制度的思考》，《法学》2012年第9期。

(四) 其他法官保障制度的规定

1. 明确法官单独职务序列的内容

法官的职级确定不仅直接关系到法官的工资福利待遇，而且还决定法官能否获得较高的社会地位和社会权威性，法官独立行使审判权，对于司法公正和法官生存状态影响巨大，因此，建议在《法官法》修订时单独予以规定。

在现行职级结构下，法院的院长、庭长职级较高，行使审判权的普通法官职级反而较低，造成以下几个不良后果。

第一，不利于将优秀人才留在办案一线。在法院内部，只有晋升院、庭长才能获得较高的职级、社会地位和工资报酬，因此，当上院、庭长成为法官的普遍职业追求。但是，一旦法官成为院、庭长，就会被大量的行政事务所牵绊，无法专心从事审判工作，法院中优秀的法官走上领导岗位后，法官就变相流失了，同时造成一线办案法官始终是被选拔机制"淘汰"下来的法官，不利于法官素质的提升，也不利于调动一线法官的工作积极性。

第二，不利于独立行使审判权。法院院长、庭长职级较高，作为办案主力的普通法官的职级较低。法院院长、庭长作为普通法官的上级和领导，对法官有行政管理权，对法官的奖励、晋级等具有较强的话语权，通过对法官的管理，法院院长、庭长可以决定不听从自己意见法官的考核与升迁，也可以轻而易举实现对案件的影响，因此，法官独立行使审判就成了空谈。从上文的问卷调查也反映出，法官普遍对领导打招呼的案件感到压力巨大。（管理的传递，也是行政管理权对裁判权的侵占和控制的逻辑，只有打破法官受行政管理权的束缚，才能够实现法官的真正独立审判。）

第三，不利于法官地位的提升。为法官设置行政级别，把法官纳入整个公务员的等级体系，无助于法官地位的提升。每个法官对应一个行政级别，当法官面对比自己职级高的官员时，当法院裁判一个级别更高的行政机关的诉讼案件时，就有可能造成裁判逻辑和行政逻辑的倒置，不利于司法的中立与公正。

之所以将法官纳入行政职级体系，究其原因在于中国的《公务员法》

和《法官法》中都没有突出法官职业的特殊性，将法官作为普通公务员来管理和确定职级。科层化的职级结构适用于行政机关的公务人员，符合上行下效、层层领导的要求，却与司法工作要求的高度专业性和独立性相抵牾。与其他公务员相比，法官的工作具有独立判断性，而不仅仅是执行上级领导或者官员的指令。法官的这种判断需要以大量法律知识和实践经验为基础，与公务员的工作性质截然不同，因此，建立法官单独职务序列是本轮司法体制改革最急切需要解决的问题。

2. 设定具有法官特色的等级制度

要改变这种不合理的现象只有彻底将法官与行政级别脱钩，制定一套独特的符合司法规律的职级晋升体系。

法官是审理案件的专业人士，法官等级的设定应参考其他专业人士，如医生或者教师的职称设定方法，按照其职业能力、水平来划分主治医生、副主任医生、主任医生或者小学二级教师、中学一级教师中学、高级教师等职称。法官的等级应与其行政级别脱钩，而根据法官的专业水平、职业素养来确定，如法官从事法律工作的年限、专业知识水平、审判资历、学历水平等，由法官考评委员会进行考核，评定法官等级，法官等级的晋升也应通过法官考评委员会的考试和评定。法官的工资收入、职业待遇应与法官等级相匹配，而非行政职级。具体而言：

一是在《法官法》条文中明确法官实行单独职务序列的字样，以立法的方式将法官单独职务序列确定下来。

二是在《法官法》中确立实行与法官职务序列相配套的单独工资制度。法官单独职务序列确定后，要将法官的收入和待遇等与法官的单独职务序列挂钩，而改变目前的法官津贴制度。目前法官工资收入仍与行政级别关系紧密，工资增长主要依靠法官行政级别的提升。法官津贴虽然多少给法官增加了一些收入，但是法官津贴的数额过低，每个月只有180—400元，而且大部分基层法官的法官等级不高，法官津贴也就一两百块钱，对于提升法官收入水平几乎是杯水车薪。

三是改变目前的法官等级设定方式，减少法官等级差距。目前法官等级的设定方式还是以法官的行政级别、职务为基准，首席大法官、一级大法官、二级大法官三个等级为最高人民法院、高级法院的个别院长、庭长所专有，成为法院行政级别的翻版，不利于打破法官之间的等级壁垒，不利于树立院长、庭长与普通法官享有的审判权是完全平等的理念。《中华人民共和国法官等级暂行规定》中规定，首席大法官这一等级只有最高人民法院院长一人；一级大法官则为最高人民法院副院长，不超过 10 人；二级大法官包括最高人民法院副院长、审判委员会委员、各高级法院院长，也不超过 50 人。设置这些人数不足百人的法官等级参照的是行政职级的思路，与法官的职权和审判权威性联系不足，因此建议改变现有的法官等级设定方式，根据任职法官年限或者从事法律工作的年限、法学知识的掌握以及法律经验的丰富程度等来确定法官等级。

四是压缩法官等级，提高不同法院、不同行政级别法官之间的平等性。法官之间不存在领导与被领导的关系，不存在权力高低大小之分。法官之上不允许再有法官凌驾，法官有资格深浅之别，但并不意味着资深法官可以命令资浅法官。① 目前《法官法》确定的法官等级共分为十二级，"由高至低依次为首席大法官、一级大法官、二级大法官、一级高级法官、二级高级法官、三级高级法官、四级高级法官、一级法官、二级法官、三级法官、四级法官、五级法官"。层次过于复杂，首席大法官、一级大法官、二级大法官三个等级加起来不超过 100 人，必要性不强。因此，建议参考教师的职称评等方式，每个层级法院设置高级法官、中级法官和初级法官三等，即设置最高人民法院高级法官、中级法官和初级法官，高级法院高级法官、中级法官和初级法官，中级法院高级法官、中级法官和初级法官，基层法院高级法官、中级法官和初级法官，其中下一级法院的高一级法官，相当于上一级法院的低一级法官。例如，基层法院高级法官，相当于中级法院中级法官，也相当于高级法院的初级法官，这样四级法院的法官等级可以压缩至 6 个，从而大幅提升最低层级法官的福利待遇。基层法院初级法官基本工资应不低于最高人民法院高级法官薪酬的一半水平。此外，该法官等级制度还可以配合法官逐级遴选制度，例如，基层法院初级法官任职满一定年限后可以报考遴选中级法院初级法官等等。

---

① 徐显明：《司法改革二十题》，《法学》1999 年第 9 期。

表 8—1　　　　　　　　　　法官等级示意

1级				最高法院高级法官
2级			高级法院高级法官	最高法院中级法官
3级		中级法院高级法官	高级法院中级法官	最高法院初级法官
4级	基层法院高级法官	中级法院中级法官	高级法院初级法官	
5级	基层法院中级法官	中级法院初级法官		
6级	基层法院初级法官			

五是确立法官随着任职年限自动增长法官等级的制度。此外，还应结合法官选任制度设立法官等级的合理增长机制。初任法官一般确定为初级法官，根据法官任职年限增长、工作业绩等晋级，低一级的法官任职满五年后可以自然升任上一级法官，工作满一定年的法官在满足一定考核条件后，可以提前晋升。低一级法院法官任职满十年可以报考上一级法院等等。明确初任法官应当从基层法院开始任职，逐级遴选，确保高等级法院法官都有丰富的基层审判经验。

二　修改与法官权利保障相关的其他法律规定

（一）修改《法院组织法》

《法院组织法》属于法院系统的"小宪法"，一定程度上可以理解为《法官法》的上位法，其中规定了法院各类人员及其相互关系的一般准则，尤其是与审判权运行直接相关的法院人事制度，如各级审判组织，法院的基本职能，院、庭长职责，审判辅助人员和司法行政人员的管理方式等。因此，《法院组织法》与法官保障的关系十分密切，一些司法体制改革和法官保障的措施必须通过《法院组织法》加以明确。

第一，确立各级法院和法官的审判权。作为法院系统的"小宪法"，《法院组织法》是确立中国司法制度和法官制度的纲领性法律文件，那么有必要在其中把法官制度中最为重要的内容以法律形式固定下来，首先要完善法官履职保障制度，一是明确人民法院是国家的唯一审判机关，行使宪法和法律赋予的审判权；二是确定人民法院依照法律规定独立行使审判权，不受任何组织和个人的干涉。

第二，增设法官保障的专门章节。由于在《宪法》层面，专门改变法官制度，确立司法体制改革中法官保障和改革内容的难度较大，近期应当把《法院组织法》不仅作为法院制度的"小宪法"，还应作为法官保障的"大宪章"，把法官履职保障、身份保障、安全保障、经济保障和责任豁免的内容明确下来。

第三，完善机构设置。《法院组织法》中对法官保护的一些机构设置应当明确下来，例如，要求国家和省、自治区、直辖市设立专门的法官惩戒委员会。明确非经法官惩戒委员会决定，不得追究法官违法履职责任。受追究法官有向法官委员会提出陈述、申辩的权利。另外，可以在《法院组织法》中，明确设立其他与法官权利义务紧密相关的组织机构，如法官遴选委员会、法官考评委员会，而且适时设立独立于行政、立法机构的法官事务委员会，统摄法官的遴选、考评、惩戒和晋级晋升等事务。

第四，明确法院的经费保障。要把法官经济保障落到实处，就要把法院的经费保障通过法律形式确定下来，在《法院组织法》中，一是应当明确人民法院的经费独立预算事项：如人民法院经费应纳入中央和省级预算，设置独立的"法院"类级科目，单独编列、全额保障；二是应当明确法院的经费不得减少，并应当逐年提高，规定人民法院经费保障水平应当随着经济社会发展和审判事业的需要逐年提高，建立经费标准体系和稳定增长机制，确保经常性支出预算不低于上年水平、建设性经费足额保障，并逐步使中央财政在全国法院经费中承担主要责任；三是明确对于法院的经费预算，财政部门在修改时，非经与人民法院协商，不能删减修改，只能加注意见等等。

第五，注意与《法官法》的协调统一。《法院组织法》的修改完善需要与《法官法》的修改协调一致，避免出现矛盾，对于法官单独职务序列、法官员额制等法官制度的重要改革，应当在《法院组织法》中加以确认。另外，注意《法院组织法》与《法官法》的分工。《法院组织法》条文侧重于法院与法院外部关系的协调，司法机关与行政、立法机关层面的制度保障，而《法官法》则侧重于法院内部，法官群体的权利义务的管理和保障。

（二）废除错案追究制度

错案追究制度是中国在审判方式改革过程中逐渐形成的旨在加强对法官的监督，确保办案质量的一项制度。从错案追究制度产生的背景看，它与中国的司法状况有着密切的关系。作为一项旨在遏制司法不公、司法腐败而设立的制度，其初衷是良好的，但是"这一制度在建立与实施的过程中产生了许多弊端，这却是制度设计者所始料不及的"[①]。首先，错案追究中对于"错案"的界定本身不科学、不符合司法规律。目前，错案追究制度判断错案的标准往往是裁判结果，如是否被上级法院发回重审或者改判，然而，案件改判的原因本身纷繁复杂，用上级法院改判作为错案标准本身不科学。其次，司法作为一种技艺，司法裁判的结果不具有唯一的正确性，二审改判并不一定就意味着一审错误，另外，二审本身是否正确又需要谁来判断？就像李健案中所暴露出来的，李健一审的裁判被反复修改两次，如此反复，那么谁是最终的裁判者，谁来最终判断到底是不是错案？最后，错案追究制度本身与司法独立、程序性的价值相悖，作为趋利避害的理性人，法官在错案追究的压力之下，自然会把疑难复杂或者有争议的案件都向院、庭长或者上级法院请示汇报，这样势必造成审级制度的消弭以及法官独立裁判权的消亡。权力过于集中而责任承担主体分散反而更容易导致司法腐败。因此，建议在建立和完善法官责任豁免制度、法官身份保障制度的同时，应废止《责任追究办法》，彻底废除错案追究制度，改变现有的法官责任承担方式。

（三）废止《人民法院工作人员处分条例》

《人民法院工作人员处分条例》（以下简称《处分条例》）是最高人民法院2009年制定的一个规范性文件，该条例依据《公务员法》和《法官法》，并参考了借鉴《行政机关公务员处分条例》及法院相关纪律规范制订而成。该条例共分3章111条，从政治纪律等九个方面，对人民法院工作人员的职务行为和日常生活行为进行了全面规范。

第一，《处分条例》是错案追究制度的细化和扩展。《处分条例》分

---

① 谭世贵、孙玲：《法官责任豁免制度研究》，《政法论丛》2009年第5期。

则第二节"违反办案纪律的行为"几乎就是对《责任追究办法》的细化，对于该办法第二章追究范围内的18个条文所涉及的"错案"情形，规定了具体的处分方法，是警告、记过、撤职还是开除等。由于错案追究制度本身应予废除，基于错案追究制度及其立法思路而制定的《处分条例》也不符合司法的精神。

第二，与《行政机关公务员处分条例》（以下简称《公务员处分条例》）大量雷同。正如，《处分条例》第一条所透露的，该条例是依据《公务员处分条例》等所制定的，因此，条例不仅与《公务员处分条例》在条文设置方面近似，而且其中充满了与法官职权无关的，放之四海而皆准的违法违纪行为和处分方式，例如，第24条"违反国家的民族宗教政策，造成不良后果的，给予记大过处分；情节较重的，给予降级或者撤职处分；情节严重的，给予开除处分"。就是《公务员处分条例》第18条第1款第3项的翻版。第102条"吸食、注射毒品或者参与嫖娼、卖淫、色情淫乱活动的，给予撤职或者开除处分"。与《公务员处分条例》第31条"吸食、注射毒品或者组织、支持、参与卖淫、嫖娼、色情淫乱活动的，给予撤职或者开除处分"如出一辙。而该条例第104条"参与迷信活动，造成不良影响的，给予警告、记过或者记大过处分。组织迷信活动的，给予降级处分；情节较重的，给予撤职处分；情节严重的，给予开除处分"。与《公务员处分条例》第30条只字不差。

第三，条例缺乏法官职业的特点，而是充满行政处分的色彩。除了与《公务员处分条例》大量雷同外，该条规定对象是"法院工作人员"，这也就注定了这一可以据以对法官进行处分的条例，没有突出法官职业的特色，把法官跟法官助理、书记员、司法警察，甚至法院的综合辅助人员、后勤服务人员"一视同仁"，所以很多条文本身就是匪夷所思的。例如，第25条"在对外交往中损害国家荣誉和利益的……"第74条"旷工或者因公外出、请假期满无正当理由逾期不归……"第80条"违反规定挥霍浪费国家资财的……"第94条"因酗酒影响正常工作或者造成其他不良后果的……"第99条"与他人通奸，造成不良影响的……"等等。可见，该条例只是简单把"行政机关公务员"换成"法院工作人员"，没有体现法官职业的特点，也失去了存在的价值和意义。

实在无法想象，在一个规定法官纪律的法条中竟然充满着旷工、酗酒、通奸等等这样的字眼，把法官职业降低到流氓地痞或者无赖的道德水准上去考量和惩戒。同时，在《处分条例》中还专门规定了"对外交往中损害国家荣誉和利益的"和"挥霍浪费国家资财的"这些与法官的日常职责、审判工作毫无关系的行为。这些行为不仅是法官所绝对不允许发生的，也是任何人都不能实施的，否则违反的不是法官的行为规范，而是《刑法》或者做人的行为准则了。就如同在条例中规定法官"不得故意杀人"一样多此一举。而该条例中通篇充斥着这样的条文。

因此，建议删除该条例，整合符合法官履职特点的违法行为，减少法官的处分事由和事项，简化法官惩戒的规定，加强法官责任豁免制度建设。

（四）进一步完善《责任制若干意见》《履职规定》

近年来，在司法体制改革大背景下出台的《责任制若干意见》和《履职规定》，两个文件在法官履职保障、安全保障、责任豁免方面显然有较大的进步。例如，改革审判权力运行机制，明确司法人员职责和权限，力图厘清法官责任的边界与责任主体等。

但是，"由于它没有放弃司法行政控制的基本思路，相反，在某些方面它还强化了行政权力对法官的监控权"[1]。例如，《责任制若干意见》第24条规定的院长、副院长、庭长有权要求法官报告案件进展和评议结果的四类案件。第25条规定法官"应当对其履行审判职责的行为承担责任，在职责范围内对办案质量终身负责"。这些都将在司法实践中造成不良影响。建议删改这两个明显不符合司法体制改革精神的要求、违背司法规律的条文。

另外，《履职规定》第5条至第8条，则对法官调离、免职、辞退或者作出降级、撤职等处分规定的事由太多太杂，导致法官很容易受到这些条款的影响而被免除或者改变法官身份。建议在《法官法》修订过程中加以整合，删除、减少剥夺法官身份的事由和方式。

---

[1] 周永坤：《论法官错案责任追究制》，《湖北社会科学》2015年第12期。

第二节　完善法官保障的中远期目标

除了修改完善《法官法》《法院组织法》等近期目标外，为了从根本上保障法官的地位和权利，必须进行更进一步立法和修法，巩固司法体制改革和法官保障近期目标的成果。

一　《宪法》中增加法官保障条款

《宪法》是"规定我国社会制度、国家制度、公民基本权利义务以及国家机关的组织与活动的基本原则等法律规范的总和。宪法性规范是涉及社会生活中的根本问题，如基本的经济、政治制度，公民在国家中的法律地位等问题的规范"[1]。《宪法》是一个国家的根本大法，规定国家的根本任务和根本制度，具有最高的法律效力。

司法制度是任何一部《宪法》的重要内容之一，中国《宪法》也不例外。中国《宪法》第三章第七节规定了"人民法院和人民检察院"的根本法律制度，明确了法院的地位、职权、组织形式、上下级关系等内容。法官制度作为司法制度的重要组成部分，其基本原则也应当在《宪法》中予以体现。但是中国《宪法》中法官制度付诸阙如，甚至连"法官"二字都没有提到，这与外国《宪法》中往往列明法官的基本权利义务形成强烈反差。

在日本、德国、意大利、加拿大、俄罗斯、丹麦、韩国、阿拉伯联合酋长国等国家的《宪法》或者《基本法》中都明确规定了法官独立的原则，明确本国法官只服从本国的宪法和法律，依良心独立行使职权，不受任何权威、任何行政机关的干涉等内容。

在美国、法国、意大利、丹麦、俄罗斯、印度等国家的《宪法》中都确定了法官身份保障的原则，明确法官职权只能基于法定的程序和理由予以剥夺或是中止，规定任何法官职位的变动，包括法官的晋升必须

---

[1] 朱景文主编：《法理学》，中国人民大学出版社2008年版，第373页。

首先取得法官本人的认可。

在美国、印度、日本等国《宪法》中则明确规定了法官的经济保障，诸如，在任期期间得领酬金，其金额在连续任职期不得减少等。

俄罗斯、印度、葡萄牙等国家的《宪法》中确定了法官的责任豁免制度，例如，法官享有司法豁免权，法官不因其所作判决而受追究刑事责任等。

以日本《宪法》为例，该国《宪法》第六章"司法"，共计七个法律条文，其中涉及法官保障的方方面面，包括法官职权保障[①]、职务保障和责任豁免[②]，法官的任职保障和退休保障[③]，以及法官的经济保障[④]等等。

鉴于司法在调整社会公平正义中的重要作用主要通过法官行使审判权来实现，而法官制度缺乏宪法层面的保障，不利于法官独立行使审判权的稳定性和法官职业的权威性。因此，修改《宪法》，在《宪法》中体现法官保障的相关内容是建立和完善法官保障制度最重要的中长期目标之一。

《宪法》中法官保障的内容应当包括以下四方面：一是法官职权保障，规定"法官依照法律规定独立行使审判权，不受任何组织和个人的干涉"。二是法官的身份保障，规定"非经法定事由，未经法官惩戒委员会决定及刑事审判庭审判程序，法官不得被免职"。三是法官的经济保障，规定"人民法院的开支皆列入国家预算，由中央财政直接拨付"。"法官任职期间有权享受职务的报酬，并确保其在连续任职期不得减少。"四是法官责任豁免保障，规定"法官享有司法豁免权，其裁判行为不受追究刑事责任"等等。

[①] 第76条第3款：所有法官依良心独立行使职权，只受本宪法及法律的拘束。

[②] 第78条：法官除依审判决定因身心故障不能执行职务者外，非经正式弹劾不得罢免。法官的惩戒处分不得由行政机关施行。

[③] 第79条第4款：最高法院法官到达法律规定年龄时退职。第80条第1款：下级法院法官，由内阁按最高法院提出之名单任命之。此种法官之任期为十年，得连任。但到达法律规定年龄时退职。

[④] 第79条第5款：最高法院法官均定期接受相当数额之报酬，此项报酬在任职期中不得减额。第80条第2款：下级法院法官均定期接受相当数额之报酬，此项报酬在任职期中不得减额。

二 适时出台《法官保障法》

《宪法》在法律体系中具有最高的法律效力，通过修改《宪法》则可以提升法官保障的力度，然而作为国家根本大法，关于法官制度、法官保障制度方面只能进行概括性规定，不可能涉及法官保障的方方面面。《法官法》和《法院组织法》是关于司法制度、法官制度的基本法律，正因为如此，两部法律虽然可以专门制定章节规定法官保障的各项制度，但是两部法律内容非常丰富，除了法官保障之外，还要涵盖法院设置、职权、审判组织、法官选任、法官管理考评、法官惩戒方面的内容。因此，对于法官保障制度的具体实施不可能涉及细枝末节以及操作层面的规定。而这些操作层面的规定，有可能真正影响法官的权利义务和保障制度的落实，因此，要把法官保障落到实处，有必要适时制定、颁布法官保障的单行法律或者条例。

从域外经验来看，不少国家，对于法官员额、法官薪酬、法官惩戒等内容较多或修改频率较高的法官人事制度问题，会以单行法的形式作出规定，如日本的《裁判官分限法》《裁判官弹劾法》《裁判所职员定员法》《法官工资法》，韩国的《法官报酬法》《法官报酬相关规则》《各级法院法官员额法》，印度的《法官保护法》《最高法院法官薪酬及服务条件法令》，南非的《法官薪酬和任用条件法案》等。

从立法技术来说，《法官法》的修改应当给未来的立法留有余地，在制定某些法官保障条文时，可以通过由"最高人民法院另行规定"，或者"由全国人民代表大会常务委员会另行规定"的方式为制定法官制度方面的单行法律预留立法空间。

《法官保障法》应当把不宜在《法官法》《人民法院组织法》中明确规定，但是与法官保障制度紧密相连的条文整合起来，形成一个法官保障的完整法律制度。

《法官保障法》的具体内容可以包括：

第一，法官等级方面的具体规定。《法官法》中可以确定实行法官单独职务序列的原则，并对法官的等级制度、法官等级数量及法官等级种类等进行概括性的规定，具体的法官等级编制、评定、晋升、降级、褫夺、相关程序等细节则宜在《法官保障法》这部单行法律中加以规定。

第二，法官员额方面的具体规定。在修改的《法官法》《人民法院组织法》中应明确规定"法官实行员额制""法院的法官员额数量应根据辖区人口、经济发展、历年案件数量等加以确定"等原则性内容。对于具体的如何根据法院辖区经济社会发展状况、案件数量、案件类型、人口数量（含暂住人口）、案件增长趋势等，结合法院审级职能、法官工作量、审判辅助人员配置、办案保障条件等因素，确定一个法院的法官员额数量、比例则适宜在《法官保障法》中加以详细规定。

第三，法官工资待遇的具体规定。《法官法》中可以明确规定"法官实行单独工资制度，按照法官等级享有国家规定的工资福利待遇。法官的工资制度和工资标准，根据审判工作特点，由国家规定"。具体操作层面上，每个等级法官对应的工资数额，如何定期增资以及法官享受国家规定的审判津贴、地区津贴、其他津贴以及保险和福利待遇到底如何计算等则应通过这部单行法律规定。

第四，法官的其他福利制度的具体规定。《法官法》可以原则性地规定法官的退休制度，根据审判工作特点适当延长法官退休年龄，具体办法由国家另行制定法律。《法官保障法》中则可以制定如何根据审判工作延长法官退休年龄的延长年数、申请方法、工资计算等具体操作方法。《法官法》可以规定法官履职期间因公受伤的，有获得帮助和补偿的权利。《法官保障法》中则可以规定法官受伤的具体补偿数额及方法。

第五，法官的身份保障和责任豁免制度的具体规定。可以在《法官法》原则性地规定，应当在国家和各省、直辖市、自治区设置法官惩戒委员会，负责全国各级法院法官的惩戒工作，并形成对法官惩戒的两级监督体系。在《法官保障法》中则具体规定法官惩戒委员的人员组成类别、任职条件、产生程序，以及具体的工作内容、工作制度、工作纪律和工作程序等多方面内容。

三　设立"藐视法庭罪"

从加强法官保障，提高司法权威的角度，本书还建议中国应当在适当时候增设藐视法庭罪。设立藐视法庭罪的原因不是因为国外有这个罪名，而是司法是整个社会最为重要的公正调节机制，保证司法的秩序和权威是社会公正最为重要的保障，特别是在司法权威屡遭破坏，法官权威不断受到各种挑衅的当下，设立藐视法庭罪具有特别重要的意义。

对此，有些学者存在不同意见，认为中国不宜或者暂时不宜设立藐视法庭罪的原因主要有以下几条：一是中国虽然没有设立藐视法庭罪，但并非没有惩处藐视法庭行为的机制；二是法官的精英化和程序的正当化不足，设立藐视法庭罪会对刑事诉讼程序构成极大的挑战；[①] 三是国际上一些国家对于藐视法庭罪已经加以限制或者制约；[②] 四是司法独立和司法权威也绝不是靠"藐视法庭罪"这样的强权压制所能够获得的。[③]

对此，本书不敢苟同，第一，中国《民事诉讼法》第102条规定对于一些妨害司法公正的行为可以根据情节轻重予以罚款、拘留等。在《刑法》中也分别设立了"扰乱法庭秩序罪""妨害公务罪""伪证罪""辩护人、诉讼代理人毁灭、伪造证据妨害作证罪""帮助毁灭、伪造证据罪""窝藏、包庇罪""拒不执行判决、裁定罪"等罪名来约束公民的行为。但这些立法未免体系过于繁杂、容易适用混乱而且也未能完全涵盖应当定罪惩处的藐视法庭行为。例如，对于法庭之外恐吓或者诽谤法官的行为就缺乏规制。在《刑法》中单独增设"藐视法庭罪"，不仅可以涵盖上述所有罪名，还能弥补《刑法》之空白，促进《刑法》更加科学化、体例化、系统化。

第二，中国法官精英化程度不高绝不是法官应当受到侮辱诽谤的理由，而正是由于包括法官安全保障在内的制度保障不健全，导致法官这一职业吸引力不强，优秀的法律人不愿进入，甚至法官大批出走。如果不加强司法权威，改善司法环境，严惩挑衅司法权威的行为，只能逼走更多的法官，法官素质、司法公正将会落入恶性循环。另外，在立法中可以明确藐视法庭罪的内涵、构成要件、定罪程序，为藐视法庭罪设立救济途径，以避免法官滥用权力。

[①] 易延友：《我国暂时不宜设立藐视法庭罪》，《法制日报》2009年1月22日。
[②] 李敏：《"藐视法庭罪"和"袭警罪"入刑考量——访中国社会科学院法学研究所研究员、博士生导师王敏远》，《中国审判》2015年第20期。
[③] 马长山：《藐视法庭罪的历史嬗变与当代司法的民主化走向》，《社会科学研究》2013年第1期。

第三，用国际上一些国家限制藐视法庭罪的适用，来否定中国不宜设立藐视法庭罪更是不合时宜。因为世界各国法治发展程度不一样，一些国家限制藐视法庭罪主要是由于藐视法庭罪适用范围过大，甚至与言论自由相冲突，而目前中国的司法现状与此恰恰相反，是司法权威过于低下，当事人挑衅司法权威的行为比比皆是，藐视法庭的处罚力度正应当加强而非减弱。

第四，本书虽然认同司法权威的树立确实不应仅仅依靠设立严厉的刑事罪名和处罚的观点，但是如果放任威胁、恐吓、伤害法官和司法人员的事情屡屡发生，而不加严惩，那么人人都会视司法为儿戏。正是在司法尚未获得权威之时，才更需要通过刑事立法提高司法权威的重要性，使得司法首先获得人们的敬畏，才有可能获得逐步权威。

具体而言，可以将以下八种行为视为构成藐视法庭罪的客观方面：一是有举证责任的单位和个人迟延提交证据或者拒不提交证据的行为；二是负有出庭作证的单位和个人无正当理由拒不出庭作证的行为；三是负有协助法庭执行审判职务的义务拒不履行协助义务的行为；四是拒不交纳法庭罚款的行为；五是在法庭上辱骂或者殴打司法工作人员的行为；六是对法官进行言语攻击和无理纠缠的行为；七是聚众哄闹、冲击法庭、扰乱法庭秩序，情节严重的行为；八是其他违反法庭命令，故意挑衅法官的行为。

具体的量刑方式，可以作为轻罪，处三年以下有期徒刑或者拘役，并处或者单处一万元以上三十万元以下罚金；情节严重的，处三年以上七年以下有期徒刑。

第三节 《法官法》中法官保障的立法建议稿及说明

根据上文的分析和研究，本书拟按照法官保障制度的五项主要内容提出《法官法》的立法建议稿，供立法机关参考。

《中华人民共和国法官法》法官保障部分立法建议

第一部分　法官履职保障

第一条　法官依法履行审判权，受法律保护。

第二条　法官依法履行审判职责，只遵从宪法和法律，不受任何组织和个人的干涉。

任何组织和个人违法干预司法活动、过问和插手具体案件处理的，应当依照规定予以记录、通报和追究责任。

第三条　任何组织或个人不得要求法官从事法定职责范围以外的任何其他事务。

第四条　法官、法官助理、书记员的职责工作应当明确。法官负责案件审理、裁判文书撰写、签发；法官助理受法官指派负责送达、保全、调查、接待信访、裁判文书草拟、校核等审判事务性工作；书记员负责庭审记录、案件档案整理等审判事务性工作。

法官、法官助理、书记员对且仅对自己职责范围内的事务承担责任。

给法官配备法官助理、书记员的数额应当根据法官的办案案件数量、案件类型、法院层级等确定，不得少于一名法官助理和一名书记员。

第二部分　法官身份保障

第一条　法官实行员额管理。法官员额非经法定程序，不得增减。

第二条　非因法定事由，非经法定程序，法官不得被免职、停职或降职处分。

第三条　除非确有证据证明法官存在贪污受贿、徇私舞弊、枉法裁判等严重违法审判行为外，法官依法履职的行为不得暂停或者终止。

第四条　法官有下列情形之一的，应当提请法官遴选委员会免除其职务：

（一）丧失中华人民共和国国籍的；

（二）由于自身原因不愿担任法官职务并提出书面申请的；

（三）因违法犯罪受到刑事处罚的；

（四）因身心健康原因无法继续从事审判工作的。

第五条　建立符合职业特点的法官单独职务序列。

法官的等级分为一至六级，按照基层人民法院、中级人民法院、高级人民法院、最高人民法院分别设定各级法院的初级、中级、高级法官。上一级法院的低一级别法官对应下一级法院的高一级别法官。

第三部分　法官经济保障

第一条　法官实行单独工资制度，按照法官等级享有国家规定的工资福利待遇等高于其他公务员的薪酬待遇。法官的工资制度和工资标准，根据审判工作特点，由国家规定。

第二条　法官在任职期间薪酬待遇不得降低。

法官实行定期增资制度，每年增资幅度不低于前一年度国民收入平均增长幅度。

第三条　法官享受国家规定的审判津贴、地区津贴、其他津贴以及其他福利待遇，具体方法由最高人民法院根据审判工作特点另行规定。

第四条　法官享受国家规定的司法职业保险、意外伤害保险和医疗保险，完善抚恤优待办法，为法官的人身、财产、医疗等权益提供与其职业风险相匹配的保障。

第五条　法官履职期间因公受伤，或遭遇意外伤害的，有权获得帮助和补偿。

第六条　法官的退休制度，根据审判工作特点，由国家另行规定。

长期在审判一线办案的法官，经本人申请，可适当延长退休年龄，最长不得超过十年。

法官任职满二十年的，退休后工资福利待遇保持不变；任职满十年的退休后工资福利待遇不得低于退休前的百分之九十；任职不满十年的不得低于退休前的百分之八十。

鼓励法官退休后积极参与法院组织的法官培训等活动，并给予相应的报酬。

第七条　依法保障法官的休息权和休假权。法官超出法定工作时间加班的，应当补休；不能补休的，应当在参考劳动法相关标准补发加班工资。

第四部分　法官安全保障

第一条　依法保护法官及其近亲属的人身和财产安全，依法及时惩治在法庭内外恐吓、威胁、侮辱、跟踪、骚扰、伤害法官及其近亲属等违法犯罪行为。

第二条　对妨碍人民法院依法行使职权、拒不执行生效裁判和决定、藐视法庭权威等违法犯罪行为，人民法院依法予以制裁。

第三条　司法人员的个人信息受法律保护。侵犯司法人员人格尊严，泄露依法不应公开的司法人员及其近亲属信息的，干扰法官依法履职的，依法追究有关人员责任。

第四条　法官因依法履职遭受不实举报、诬告陷害，致使名誉受到损害的，人民法院监察部门、新闻宣传部门应当及时为其澄清事实，消除不良影响。

对故意损害法官名誉、打击报复的直接责任人员，应当依法追究其责任。

第五条　办理特定的、重大、敏感案件的法官，应当对法官及其近亲属采取出庭保护、禁止特定人员接触以及其他必要的保护措施。对法官近亲属还可以采取隐匿身份的保护措施。

第五部分　法官职业豁免制度

第一条　国家和省、自治区、直辖市设立法官惩戒委员会。

第二条　追究法官违法履职责任，应当由各级人民法院院长依法提请法官惩戒委员会审议决定，非经法官惩戒委员会决定，法官不受处罚。

第三条　法官惩戒委员会应当召开听证会决定法官的处罚事项。当事法官有权到会进行陈述、举证、辩解；对决定不服的，有权提出申请复议和申诉。

第四条　除下列情形外，法官履行职责不受追究：

（一）在履职过程中存在贪污受贿、徇私舞弊等违反法官职业操守的行为；

（二）故意或者恶意歪曲法律、事实，导致裁判结果错误并造成严重后果的行为。

第五条　法官非经法官惩戒委员会确定应予惩戒，并经选举或任免法官的机关许可，不受逮捕或者刑事审判。

附 录

关于法官生存状态的调查问卷

各位法官：

感谢您在百忙之中参与本次调查，本调查问卷，采用不记名填写方式。调查问卷作为中国社会科学院和中国应用法学研究所《中国法官制度改革》课题的基础材料，结果将为改革我国的法官制度提供参考。共分为基本情况和法官生存状况（20题）两部分，约5分钟。

一　法官基本情况

1. 性别　○A. 男　○B. 女
2. 年龄　○A. 25岁以下　○B. 25—30岁　○C. 31—35岁　○D. 36—40岁　○E. 41—50岁　○F. 50岁以上
3. 法院层级　○A. 基层法院　○B. 中级法院　○C. 高级法院　○D. 最高法院
4. 法院所在城市＿＿＿＿＿＿＿＿＿＿＿＿＿＿
5. 在法院工作年限　○A. 5年及以下　○B. 6—10年　○C. 11—15年　○D. 16—20年　○E. 21—25年　○F. 26—30年　○G. 30年以上
6. 任法官年限　○A. 3年以下　○B. 3—5年以下　○C. 5—10年　○D. 11—15年　○E. 16—20年　○F. 21—25年　○G. 25年以上
7. 婚姻状况　○A. 已婚　○B. 未婚　○C. 离异　○D. 丧偶
8. 有无子女　○A. 有　○B. 无
9. 有子女的话，子女的年龄　○A. 学龄前　○B. 小学　○C. 中学

○D. 大学　○E. 已工作

10. 受教育程度　○A. 大专以下　○B. 大专　○C. 本科　○D. 硕士　○E. 博士

11. 所学专业　○A. 法律　○B. 非法律

12. 学历获得　○A. 前学历　○B. 后学历

13. 职务　○A. 院领导　○B. 庭长　○C. 副庭长　○D. 普通审判员　○E. 助理审判员

14. 职级　○A. 副局级及以上　○B. 正处　○C. 副处　○D. 正科　○E. 副科　○F. 科员及以下

15. 所在岗位

    A. 刑事审判庭

    B. 民事审判庭

    C. 人民法庭

    D. 行政审判庭

    E. 商事审判庭

    F. 知识产权庭

    G. 审监及其他业务庭

    H. 执行部门

    I. 立案庭

    J. 政治部门

    K. 研究室

    L. 办公室

    M. 警队

    N. 审判管理部门

    O. 其他 _____

16. 个人住房情况　○A. 自购住房　○B. 住父母房　○C. 租房　○D. 住单位宿舍　○E. 其他

二　法官生存状况（题后未标注的为单选题）

17. 您月均审结案件数量？

　　　　A. 5 件以下　　　　B. 5—10 件　　　　C. 11—20 件
　　　　D. 21—30 件　　　　E. 30 件以上
18. 给您配备书记员的数量？
　　　　A. 没有　　　　　　B. 不足一人　　　　C. 一人
　　　　D. 两人　　　　　　E. 两人以上
19. 是否有法官助理？有几名？
　　　　A. 有＿＿＿（几名）　　　　　　　　　B. 无
20. 您是否经常加班？
　　　　A. 是　　　　　　　B. 否　　　　　　　C. 偶尔加班
21. 平均加班的频率？
　　　　A. 每周不足 1 小时　B. 每周 1 小时左右　C. 每周 2—5 小时
　　　　D. 每周 5—10 小时　E. 每周 10—15 小时　F. 每周 15 小时以上
22. 您个人月收入水平？
　　　　A. 2000 元以下　　　B. 2001—3000 元　　C. 3001—5000 元
　　　　D. 5001—8000 元　　E. 8001—12000 元　　F. 12000—20000 元
　　　　G. 20001 元以上
23. 您家庭平均月支出？
　　　　A. 2000 元以下　　　B. 2001—3000 元　　C. 3001—5000 元
　　　　D. 5001—8000 元　　E. 8001—12000 元　　F. 12000—20000 元
　　　　G. 20001 元以上
24. 您对目前收入的满意程度？
　　　　A. 非常满意　　　　B. 比较满意　　　　C. 一般
　　　　D. 不太满意　　　　E. 很不满意
25. 您理想中的收入水平？
　　　　A. 5000 元以下　　　B. 5001—8000 元　　C. 8001—12000 元
　　　　D. 12001—20000 元　E. 20001—40000 元　F. 40000 元以上
26. 您当初选择进入法院工作的主要原因是什么？
　　　　A. 工作和收入都比较稳定
　　　　B. 社会地位比较高
　　　　C. 专业对口
　　　　D. 实现自己的人生价值

E. 通过法官职业维护社会公平正义

F. 服从组织分配

G. 除法院外没有更好的选择

H. 其他

27. 您对目前的职业是否满意?
   A. 非常满意　　B. 比较满意　　C. 一般
   D. 不太满意　　E. 很不满意

28. 您如果对目前的职业不满意,不满意的原因是什么?(可多选)
   A. 审判压力过大
   B. 福利待遇太低
   C. 晋升空间狭隘
   D. 职业风险高、责任大
   E. 审判考核指标不合理
   F. 审判之外事务占用时间多
   G. 地位低下,缺乏职业尊荣感
   H. 奖励、考核、晋升等机制缺乏公平性
   I. 休假培训机会少
   G. 其他

29. 如果您认为审判压力大,这些压力主要来自哪里?(可多选)
   A. 案件数量多
   B. 疑难案件多
   C. 担心办错案
   D. 领导、他人请托案件
   E. 当事人信访、闹访
   F. 案件程序严格、审理期限短
   G. 司法环境恶劣
   H. 错案责任制度不合理
   I. 其他

30. 除薪酬外,您最看重什么?(可多选)
   A. 教育培训和学习深造的机会
   B. 提高自己能力的机会和舞台

C. 良好的工作环境

D. 和谐的人际关系

E. 工作的成就感

F. 荣誉和表彰奖励

G. 休假

H. 解决入托、入学、就医难等后顾之忧

I. 其他

31. 目前您生活中最大的烦恼是？（限选三项）

A. 住房困难

B. 工作压力大

C. 婚恋问题及家庭问题

D. 人际关系不睦

E. 经济拮据

F. 健康问题

G. 职业倦怠

H. 看不到职业前景

I. 其他

32. 您是否想过要离开法院？

A. 从没想过

B. 偶尔想过

C. 认真考虑过，但还没有付诸实施

D. 认真考虑过，已经为离职做准备

33. 如果想过离开本法院，您最想去什么单位？

A. 上级法院

B. 检察院

C. 其他机关单位

D. 律所

E. 高校等事业单位

G. 国有企业

H. 私营企业

I. 自己创业

34. 您对于周围法官离职的现象的态度是什么？

  A. 应该绝对禁止

  B. 须依照严格管理控制

  C. 不鼓励和不禁止

  D. 应当宽容和理解

35. 如果让您自己选择工作岗位，您最愿意去哪个部门？

  A. 刑事审判庭

  B. 民事审判庭

  C. 人民法庭

  D. 行政审判庭

  E. 商事审判庭

  F. 知识产权庭

  G. 审监及其他业务庭

  H. 执行部门

  I. 立案庭

  J. 政治部门

  K. 研究室

  L. 办公室

  M. 警队

  N. 审判管理部门

  O. 其他____

36. 您认为法院审判工作面临的最大困难是什么？（可多选）

  A. 审判没有独立性

  B. 人才流失

  C. 司法公信力低下

  D. 司法权威不足

  E. 法院人、财、物不独立

  F. 司法环境不佳

  G. 法院地位不高

  H. 其他

37. 您认为当前法院亟须改进和加强的工作是？（可多选）

A. 选任高素质的法官
B. 提高薪酬和福利待遇
C. 改革绩效考核制度
D. 为法官配备足够多的司法辅助人员
E. 实行法官员额制
F. 优化审判资源配置，改变忙闲不均状况
G. 实现法院人财物的独立
H. 建立合理的管理制度
I. 保证法官的培训和休假制度
J. 建立公开、公平、公正的晋升、遴选制度
K. 其他

参考文献

一 中文著作

《马克思恩格斯全集》第 1 卷，人民出版社 1956 年版。

［奥］埃利希：《法社会学原理》，舒国滢译，中国大百科全书出版社 2009 年版。

［德］拉德布鲁赫：《法学导论》，米健、朱林译，中国大百科全书出版社 1997 年版。

［德］拉德布鲁赫：《法哲学》，王朴译，法律出版社 2005 年版。

［德］拉伦茨：《德国民法总论》（上册），王晓晔等译，法律出版社 2003 年版。

［德］拉伦茨：《法学方法论》，陈爱娥译，商务印书馆 2003 年版。

［德］魏德士：《法理学》，丁晓春、吴越译，法律出版社 2005 年版。

［美］卡多佐：《司法过程的性质》，苏力译，商务印书馆 1998 年版。

［美］波斯纳：《联邦法院——挑战与改革》，邓海平译，中国政法大学出版社 2002 年版。

［美］波斯纳：《法官如何思考》，苏力译，北京大学出版社 2009 年版。

［美］德沃金：《法律帝国》，李常青译，中国大百科全书出版社 1996 年版。

［美］汉密尔顿等：《联邦党人文集》，程逢如等译，商务印书馆 1980 年版。

［美］克莱因：《美国联邦与州法院制度手册》，刘慈忠译，法律出版社

1988年版。

［美］S. E. Taylor 等：《社会心理学》（第十版），谢小非等译，北京大学出版社 2004 年版。

［美］艾尔·巴比：《社会研究方法》，邱泽奇译，华夏出版社 2009 年版。

［美］波普诺：《社会学》（第十版），李强等译，中国人民大学出版社 2005 年版。

［美］波斯纳：《法理学问题》，苏力译，中国政法大学出版社 1994 年版。

［美］波斯纳：《法官如何思考》，苏力译，法律出版社 2009 年版。

［美］博登海默：《法理学：法律哲学与法律方法》，邓正来译，中国政法大学出版社 1999 年版。

［美］布莱克：《法律的运作行为》，苏力译，中国大百科全书出版社 1996 年版。

［美］布莱克：《社会学视野中的司法》，郭星华等译，法律出版社 2002 年版。

［美］弗里德曼：《法律制度——从社会科学角度观察》，中国政法大学出版社 2004 年版。

［美］汉密尔顿等：《联邦党人文集》，程逢如等译，商务印书馆 1980 年版。

［美］霍姆斯：《普通法》，冉昊、姚中秋译，中国政法大学出版社 2006 年版。

［美］卡多佐：《司法过程的性质》，苏力译，商务印书馆 1998 年版。

［美］达玛什卡：《司法和国家权力的多种面孔》，郑戈译，中国政法大学出版社 2004 年版。

［美］罗斯科·庞德：《普通法精神》，唐前宏、廖湘文译，法律出版社 2010 年版。

［日］棚濑孝雄：《纠纷的解决与审判制度》，王亚新译，中国政法大学 2004 年版。

［英］哈特：《法律的概念》，张文显等译，中国大百科全书出版社 1996 年版。

［英］吉登斯：《社会学》（第五版），李康译，北京大学出版社 2009 年版。

[英] 丹宁勋爵：《法律的正当程序》，刘庸安译，法律出版社 2000 年版。

张文显、信春鹰、孙谦：《司法改革报告：法律职业共同体研究》，法律出版社 2003 年版。

苏力：《送法下乡——中国基层司法制度研究》，中国政法大学出版社 2000 年版。

陈卫东：《司法公正与司法改革》，中国检察出版社 2002 年版。

宋冰编：《读本：美国与德国的司法制度及司法程序》，中国政法大学出版社 1999 年版。

左卫民等：《最高法院研究》，法律出版社 2004 年版。

左卫民等：《变迁与改革——法院制度现代化研究》，法律出版社 2000 年版。

贺卫方：《司法的理念与制度》，中国政法大学出版社 1998 年版。

谭世贵等：《中国法官制度研究》，法律出版社 2009 年版。

高其才等：《乡土司法》，法律出版社 2009 年版。

高其才等：《基层司法》，法律出版社 2009 年版。

吴英姿：《法官角色与司法行为》，中国大百科出版社 2008 年版。

顾培东：《社会冲突与诉讼机制》，四川人民出版社 1991 年版。

怀效锋：《法院与法官》，法律出版社 2006 年版。

侯猛：《中国最高人民法院研究：以司法的影响力切入》，法律出版社 2007 年版。

肖扬：《当代司法体制》，中国政法大学出版社 1998 年版。

孙代尧：《台湾威权体制及其转型研究》，中国社会科学出版社 2003 年版。

陈文兴：《法官职业与司法改革》，中国人民大学出版社 2004 年版。

周道鸾：《外国法院组织与法官制度》，人民法院出版社 2000 年版。

孙万胜：《司法权的法理之维》，法律出版社 2002 年版。

周振雄：《美国司法制度概览》，上海三联书店 1999 年版。

赵小锁：《中国法官制度构架——法官职业化建设若干问题》，人民法院出版社 2003 年版。

韩波：《法院体制改革研究》，人民法院出版社 2003 年版。

康均心：《法院改革研究：以一个基层法院的探索为视点》，中国政法大学出版社 2004 年版。

白建军：《法律实证研究方法》，北京大学出版社 2008 年版。

白建军：《公正底线：刑事司法公正性实证研究》，北京大学出版社 2008 年版。

风笑天：《社会学研究方法》，中国人民大学出版社 2009 年版。

傅郁林：《民事司法制度的功能与结构》，北京大学出版社 2006 年版。

黄宗智：《过去和现在——中国民事法律实践的探索》，法律出版社 2009 年版。

瞿同祖：《中国法律与中国社会》，中华书局 1981 年版。

雷小政：《法律生长与实证研究》，北京大学出版社 2009 年版。

李培林、李强、马戎主编：《社会学与中国社会》，社会科学文献出版社 2008 年版。

梁治平编：《法律的文化解释》，生活·读书·新知三联书店 1998 年版。

梁治平：《寻求自然秩序中的和谐——中国传统法律文化研究》，中国政法大学出版社 1997 年版。

刘金国、舒国滢主编：《法理学教科书》，中国政法大学出版社 1999 年版。

刘星：《法律是什么？——二十世纪英美法理学批判阅读》，广东旅游出版社 1997 年版。

刘作翔：《法律文化理论》，商务印书馆 1999 年版。

陆学艺主编：《当代中国社会阶层报告》，社会科学文献出版社 2002 年版。

戚渊、郑永流、舒国滢等：《法律论证与法律方法》，山东人民出版社 2005 年版。

邱泽奇：《社会学是什么》，北京大学出版社 2002 年版。

沈宗灵：《现代西方法理学》，北京大学出版社 1992 年版。

舒国滢、王夏昊、梁迎修等：《法学方法论问题研究》，中国政法大学出版社 2007 年版。

翁定军：《社会统计》，上海大学出版社 2006 年版。

武飞：《法律解释：服从抑或创造》，北京大学出版社 2010 年版。

薛梅卿主编：《新编中国法制史教程》，中国政法大学出版社 1995 年版。

喻中：《乡土中国的司法图景》，中国法制出版社2007年版。

张卫平：《转换的逻辑——民事诉讼体制转型分析》（修订版），法律出版社2007年版。

汤维建主编：《美国联邦民事司法制度与民事诉讼程序》，中国法制出版社2001年版。

蒋惠岭：《法院独立审判问题研究》，人民法院出版社1998年版。

张文显：《二十世纪西方法哲学思潮研究》，法律出版社1996年版。

赵震江主编：《法律社会学》，北京大学出版社1998年版。

郑永流：《法律方法阶梯》，北京大学出版社2008年版。

朱景文主编：《法理学》，中国人民大学出版社2008年版。

最高人民法院政治部编：《域外法院组织和法官管理法律译编》，人民法院出版社2017年版。

崔丽娟、才源源：《社会心理学》，华东师范大学出版社2008年版。

康士勇：《工资理论与工资管理》，中国劳动保障出版社2006年版。

二 中文论文

[德] J. H. 冯·基尔希曼：《作为科学的法学的无价值性——在柏林法学会的演讲》，赵阳译，《比较法研究》2004年第1期。

刘作翔：《中国司法地方保护主义之批判——兼论"司法权国家化"的司法体制改革思路》，《法学研究》2003年第1期。

强世功：《一项法律实践事件的评论——"法律"是如何实践的》，王铭铭、王斯福主编《乡土社会的秩序、公正与权威》，中国政法大学出版社1997年版。

傅郁林：《民事审判监督制度的实证分析》，王亚新等主编《法律程序运作的实证分析》，法律出版社2005年版。

傅郁林：《审级制度的建构原理——从民事程序视角的比较分析》，《中国社会科学》2002年第4期。

艾佳慧：《中国法官最大化什么》，《法律和社会科学》第三卷，法律出版社2008年版，第99页。

艾佳慧：《社会变迁中的法院人事管理——一种信息和知识的视角》，博士学位论文，北京大学，2008年。

苏力：《司法体制改革的制度逻辑》，《战略与管理》2002年第1期。

苏力：《法官遴选制度考察》，《法学》2004年第3期。

贺卫方：《法官等级与司法公正》，《法学》1999年第10期。

胡昌明：《中国法官职业满意度考察——以2660份问卷为样本的分析》，《中国法律评论》2015年第4期。

胡昌明：《"终审不终"现象的成因与消解》，舒国滢主编《法学方法论论丛》（第二卷），中国法制出版社2014年版。

胡昌明：《如何在司法体制改革中善待法官》，《人民法院报》2015年7月23日。

苏永钦：《飘移在两种司法理念间的司法体制改革——台湾司法体制改革的社经背景与法制基础》，《环球法律评论》春季号。

黄斌：《当前中国法官流失现象分析与对策建议》，《中国审判新闻月刊》2014年第3期。

贺绍奇：《英国法官制度》，唐明毅、单文华主编《英美法评论》（第一辑），法律出版社2003年版。

夏艳玲、雷红菊：《企业员工流失研究综述》，《法制与社会》2006年第10期。

甘劲草：《法官流失现象透视》，《民主与法制》2009年第12期。

杜萌：《谁来陕西当法官——陕西法官断层危机调查》，《法律与生活》2005年6月上半月。

叶竹盛：《法官的出走》，《南风窗》2012年第21期。

叶竹盛：《政法委协调会机制面临变革》，《南风窗》2014年第10期。

马金贵、张长元：《另类离职模型：推拉模型》，《南华大学学报》（社会科学版）2005年第5期。

王浩云：《从法官到律师：中国司法职业逆向选择现象透视》，《湖南社会科学》2014年第3期。

陈柏峰：《领导干部干预司法的制度预防及其挑战》，《法学》2015年第7期。

胡健华：《法官的级别和工资待遇——外国法官制度简介之五》，《人民司法》1994年第5期。

冯国超：《法官职业风险的实证分析及其对司法公信力建设的影响》，《建设公平正义社会与刑事法律适用问题研究：全国法院第 24 届学术讨论会获奖论文集》，人民法院出版社 2012 年版。

王子伟、严培佳：《从"心"开始：法官流失之风险预控——基于心理契约视角的实证研究》，贺荣主编《司法体制改革与民商事法律适用问题研究——全国法院第 26 届学术讨论会获奖论文集》，人民法院出版社 2014 年版。

尹丽华：《俄罗斯刑事诉讼中的法官职权及其保障》，《法律适用》2005 年第 3 期。

魏胜强：《错案追究何去何从？——关于中国法官责任追究制度的思考》，《法学》2012 年第 9 期。

徐显明：《司法体制改革二十题》，《法学》1999 年第 9 期。

周永坤：《论法官错案责任追究制》，《湖北社会科学》2015 年第 12 期。

马长山：《藐视法庭罪的历史嬗变与当代司法的民主化走向》，《社会科学研究》2013 年第 1 期。

徐昕、田璐：《法院执行中的暴力抗法：1983—2009》，《法治论坛》2011 年第 2 期。

石必胜：《法官需求状态的解析与法官行为模式的规制》，《法治论丛》2005 年第 2 期。

刘鸣：《美国百年法律史》，贵州人民出版社 1988 年版，第 36 页。

全亮：《论司法独立的有限性——以法官选任为视角》，《甘肃政法学院学报》2014 年第 1 期。

郭文利、潘黎：《司法人员遭受违法侵害状况调研报告——以浙江省湖州市两级法院为例》，《中国法治发展报告（2016）》，社会科学文献出版社 2016 年版，第 382 页。

徐家新：《建立符合职业特点的法官管理制度》，《人民日报》2016 年 4 月 18 日。

李建平：《法院调查报告揭示法官职业风险》，《法制日报》2006 年 11 月 14 日。

柴立军、邬耀广、许东劲：《广州法院法官人身安全保障情况的调研报告》，《法治论坛》2008 年第 2 期。

郭宁：《法官豁免权的存在空间及其限度——基于两大法系的比较视角》，《山东师范大学学报》（人文社会科学版）2013年第6期。

陈海光：《中国法官制度研究》，博士学位论文，中国政法大学，2002年。

柳心宽：《台湾司法独立的实现及其对大陆的启示》，硕士学位论文，华中师范大学，2011年。

王琪林：《中国法官与律师职业流动研究》，硕士学位论文，吉林大学，2011年。

高芳：《中国法官流失问题及其对策》，硕士学位论文，湘潭大学，2008年。

杨伟贤：《法官裁判言论责任制度豁免》，硕士学位论文，云南大学，2015年。

莫晓岚：《法官豁免制度的研究》，硕士学位论文，湘潭大学，2010年。

杨伟：《职业化进程中的法官断层问题研究》，硕士学位论文，四川大学，2006年。

三　外文资料

Hoppock, R., *Job Satisfaction*. New York: Hamper & Row, 1935.

Thomas C. Grey, Langdell's Orthodoxy, *University of Pittsburgh Law Review*, 1983.

Oliver Wendell Holmes, The Path of Law, *Harvard Law Review*, 1897.

William N. Eskridge, Jr. and Sanford Levinson, ed., *Constitutional Stupidities, Constitutional Tragedies*, New York University Press, 1998.

David N. Atkinson, *Leaving the Bench: Supreme Court Justices at the End*, University Press of Kansas, 1999.

Sambhav N. Sankar, Disciplining the Professional Judge, *California Law Review*, July 2000.

Posner, R. A., What do, Judges and Justices Maximize, *Supreme Court Economic Review* 1994.

R. Dwokrin, *Taking Right Seriously*, Harvard University Press, 1978.

Henry J. Abraham, *An Introductory Analysis of the Courts of the United States*,

England, and France, 7th ed. Oxford University, 1998.

Henry J. Abraham, Judicial Process. Oxford University Press, 1998.

Arthur Taylor von Mehren and James Russell Cordley, *The Civil Law System, An Introduction to the Comparative Study of Law*, 2nd ed., Little, Brown and Company, 1977.

后　记

本书是在我的博士后出站报告的基础上修改而成的。在我赶完了十几万字的报告正文、格式修改、所有的摘要、参考文献、出站考核表等一系列工作以后，最后只差这篇致谢。不是因为致谢最难写，而是因为这短短两年的博士后研究工作期间经历的事情太多，需要感谢的人和事也实在太多太多。

两年前对于是否要进站研究曾经也犹豫过，原因当然不仅是要在微薄的收入中掏出不菲的学费，而更多的是考虑作为法官的自己有没有继续做博士后研究的必要和动力。但是，出于对科研的热爱和对"法官制度改革"这个选题的浓厚兴趣，我愿意给自己一个鞭策和学习的机会。

感谢中国社会科学院法学研究所和中国应用法学研究所帮助我实现了自己的理想和愿望，两年来能够站在国内法学理论和应用研究最前沿的平台上进行科研以及今天能够拿出这篇报告。另外，两个所还给我配备了德高望重、极具人格魅力的郝银钟教授和李明德教授作为我的合作导师。

感谢合作导师郝银钟教授多次耳提面命，使我在课堂、学术研讨中感受到他对中国现实问题的敏锐把握，领悟到他对于中国法治和司法的独特见解，更让我感动的是，在自己的学术研究遇到困难时，郝老师给予我巨大的支持和鼓励，使我重拾信心，继续法官保障制度改革这一课题的研究。

感谢合作导师李明德教授，虽然我对于李老师精通的知识产权法知之甚浅，但是无论是在敝作《社会结构对法官裁判影响》入选中国社会科学博士后文库的评选过程，博士后中期考核，还是在董必武青年法学成果评选过程中，李老师都给予了我全力帮助。

感谢在制作问卷调查过程中给予我诸多帮助的法院小伙伴们，恕我无法一一列举你们的姓名，但是我深知没有你们的帮助，我无法获得第一手的真实的资料和素材，无法获得实证的数据，无法完成这项研究。我和你们素不相识，但是我们都有同一个称谓"法官"，希望今天的研究能够为提高法官生存状态，为加强法官保障贡献绵薄之力。

感谢母亲大人王绪芬女士，为了全心照顾我们，你舍弃了江南小城的闲适生活，来到北京跟我们共同拼搏奋斗，帮我们照料家务，照看孩子；感谢妻子王麟女士无论是在精神上还是在生活中为我分担了太多的忧虑，始终给予我坚定不移的支持；感谢胡翼林小朋友，看着你快乐成长一点，我的工作压力就能够减少一分。出站后的第一件事就是弥补这些日子对你们的亏欠！

除此之外，博士后基金会给予我充分的信任和支持，颁发给我第58批面上资助和第9批特别资助，《中国法律评论》《司法改革内刊》的编辑对报告的部分内容先予以刊发，都增强了我对中国法官保障研究的信心。

最后，还要感谢法院，感谢我工作多年的北京市高级法院和北京市朝阳区法院，是你们让我对法官职业有了最深切的体悟和感受，也是你们给我提供了研究法官保障制度最鲜活的例子，最真实的素材。十几年的法官生涯，我学到了很多，得到了很多，我想为法院、为法官做的也有很多很多，我想一定会有机会报答法院十二年来对我的栽培和历练，这将是我一生难忘的经历。

这份匆匆而就的致谢，挂一漏万。一路走来，感谢的人和事还有很多，法研所的李明老师和钟莉老师，法学所的孙秀升老师和缪树蕾老师，西北政法大学的张书友副教授、"法官之家"微信号创办人李量……都以各种形式给予过我各种帮助。感谢所有在我生命中出场的兄弟姐妹，是你们让我的生活更加精彩，令世界更加美好。报告提交了，但是对法官的情谊不会变，对法官制度，对法官保障研究的兴趣不会变，这份报告应该只是两年博士后研究工作的一个逗号而远非句号。